# ESPORTE 4.0
CIÊNCIA E TECNOLOGIA APLICADAS AO ALTO RENDIMENTO

Capa

## Osley Alves Silva

Zagueiro - Clube Atlético Paranaense -1960
Médico Pediatra - Ponta Grossa - Paraná - 2020


Autor

## Alcion Alves Silva

Doutorado pela Universidade Federal do Rio de Janeiro (UFRJ). Radicado na cidade de Curitiba - Paraná. Coordenador Científico do Grupo Prática Clínica. Coordenador de Ciência e Tecnologia do Projeto Inteligência Esportiva desenvolvido pela Universidade Federal do Paraná (UFPR) em parceria com a Secretaria Nacional de Esporte de Alto Rendimento (Brasilia). Autor das obras Crescimento Craniofacial (Santos, 2006), Prática Baseada em Evidências (Gen, 2009) e Empreendedorismo na Área da Saúde (Amazon, 2014).


Colaboradora

*Capítulo 08: Segurança da Informação e Responsabilidade*

## Giorgia Bach Malacarne

Bacharel em Direito com especialidade em Direito Médico. Radicada na cidade de Curitiba - Paraná, colaboradora nas obras Prática Baseada em Evidências (Gen, 2009) e Empreendedorismo (Amazon, 2014).

**Editora**

A obra foi editada em formato digital (*e.Book*) pela *SciTech* Grupo Prática Clínica (Aceleradora de ciência e tecnologia) www.praticaclinica.com.br.

Dados Internacionais de Catalogação na Publicação (CIP)

_______________________________

Silva, Alcion Alves

Título: Esporte 4.0: ciência e tecnologia aplicada ao alto rendimento

Prefixo Editorial: 81195
Número ISBN: 978-65-81195-00-7
Tipo de Suporte: E-book
Formato Ebook: EPUB
Curitiba : Grupo Prática Clínica, 2020.
30770.633000000002 Kb; e-pub

1. Educação Física e Treinamento   2. Esporte   3. Métodos 4. Estatística   5. Tecnologia

# MANIFESTAÇÃO

Dedico esta obra à equipe do Projeto
*Inteligência Esportiva*

Um exemplo sobre como a integração entre iniciativa pública e privada, e pessoas bem intencionadas, pode contribuir  para o desenvolvimento da ciência em benefício da sociedade

**Equipe de Ciência e Tecnologia do Projeto IE**

Alcion Alves Silva, Felipe Correa Fiori, Guilherme Muller, Jhonny Ivair de Lima Maciel, Marcelo Marzola Leite, Matheus Rodrigo Marzola Leite, Nickolas Menezes da Silva, Jean Carlos Rodrigues.

*Fizemos ciência*
*e contribuímos para a história do esporte no Brasil*

**Alcion Alves Silva**

# PREFÁCIO

Professor

**Fernando Marinho Mezzadri** - M.Sc.; Ph.D

Licenciatura em Educação Física pela Universidade Estadual de Ponta Grossa (UEPG), Mestre em Educação pela Universidade Federal do Paraná (UFPR), Doutor em Educação Física pela Universidade Estadual de Campinas (UNICAMP). Professor Titular da Universidade Federal do Paraná. Pró-reitor de Planejamento do Universidade federal do Paraná.

Esta obra apresenta dois temas relevantes e atuais para a sociedade. Primeiro coloca o esporte como um fenômeno social, político, econômico e cultural; segundo, posiciona a ciência e a tecnologia como elementos estruturantes para a produção do conhecimento. Entretanto, a principal essência demonstrada no transcorrer do texto é a articulação dos temas e a forte indicação de subsidiar as ações nas áreas da política pública, da gestão e da governança esportiva.

Como primeiro destaque, o esporte atualmente pode ser compreendido sob a ótica de diferentes dimensões como educacional, participativa, reabilitadora, alto rendimento, profissionalizante e espetacularização. Todas essas dimensões esportivas acabam inseridas nas políticas públicas dos governos municipais, estaduais e federal e também nas entidades esportivas. Muitas vezes os gestores têm dificuldades de definir o rumo a ser seguido para a construção das políticas públicas do esporte justamente pela falta de informações e dados confiáveis para instrumentalizar as tomadas de decisões. Ao apresentar as técnicas para estruturar os dados esportivos   na forma de evidências, o autor possibilita novas alternativas para os gestores.

O segundo tema estruturante nesta obra é o campo científico e tecnológico. Mais do que nunca o avanço destas áreas torna-se essencial no século XXI. Todas as áreas do conhecimento, seja humanas, sociais, saúde, biológicas, tecnológicas e esportiva precisam do suporte científico para avançar e melhorar a intervenção na sociedade. Dentro do campo científico uma das questões primordiais, essência deste trabalho, é o rigor metodológico que as pesquisas devem apresentar.

Prefaciar uma obra com tal envergadura, qual tem como centralidade o esporte e com aprofundamento no campo científico é uma grande honra, haja vista ser o autor uma das pessoas mais dedicadas ao desenvolvimento da ciência que eu conheço. Durante anos acompanho o seu trabalho incansável na luta pelo avanço da pesquisa científica no Brasil, sem medir esforços para consolidar trabalhos nas áreas da saúde, direito, empreendedorismo e agora o esporte.

Quando iniciamos o Projeto Inteligência Esportiva, no ano de 2013, na Universidade Federal do Paraná (UFPR), não sabíamos exatamente o que poderíamos alcançar, mas  tínhamos a certeza que a direção a ser seguida era o desenvolvimento científico no campo esportivo para subsidiar a gestão e a governança nas políticas públicas. Neste sentido, contar com a participação do Dr. Alcion Silva foi essencial para oferecer suporte metodológico na consolidação da pesquisa e no aconselhamento dos rumos a serem seguidos no campo da tecnologia.

A obra representa uma parte da fundamentação científica e tecnológica que o autor balizou no projeto de pesquisas Inteligência Esportiva nos últimos anos. Para articular os temas propostos, a obra segue uma lógica racional organizada em oito capítulos, iniciando com a abordagem da necessidade do esporte estar baseado na ciência e seguindo com a discussão sobre o método científico, tecnologia, raciocínio probabilístico, segurança da informação, decisão baseada em dados e o uso da informação nas ações de governança, bem como a responsabilidade sobre dados neste novo ambiente qual o esporte se desenvolve.

Há de se valorizar este esforço na construção do conhecimento e da ciência no Brasil.  Desejo uma boa leitura desta relevante contribuição acadêmica para a área do esporte.


Fernando Marinho Mezzadri

Curitiba (2020)

# SUMÁRIO

**Capítulo 01**

# INTRODUÇÃO AO ESPORTE 4.0

A EDUCAÇÃO CIENTÍFICA COMO FERRAMENTA PARA O SUCESSO

Nas discussões acadêmicas, teórico-epistemológicas, a matiz da Educação Física é abordada sob dois aspectos: o pedagógico e o científico. O primeiro ocupa-se da abordagem sócio-cultural, qual entende o movimento do corpo como um modo de comunicação construtora da cultura de certo grupo social. O segundo, com foco na produção do conhecimento acadêmico, oferece suporte teórico às atividades práticas [17].

Na intenção de construir sua própria identidade como uma disciplina que trabalha nos campos do esporte, da atividade corporal e da educação física, muitos autores entendem como um paradoxo a dependência da área em relação ao conhecimento de outras disciplinas, tais como a biologia, a fisiologia e a sociologia. Neste entendimento, a Educação Física não possuiria uma identidade epistemológica própria que a consagrasse como ciência *per si*.

Embora a origem do esporte moderno, europeu, aristocrático, social e recreativo o tenha mantido por algum tempo distante do aspecto científico; a importância político-econômica assumida depois da Segunda Guerra ascendeu à atividade ao campo da pesquisa com a intenção de maximizar o rendimento dos atletas, fortalecendo a Ciência do Esporte (BETTI, 2005). Entretanto, esse novo paradigma parece ainda não ter resolvido o conflito de identidade entre muitos autores, quais buscam uma metodologia e um corpo de conhecimento teórico próprio para caracterizar a Educação Física [17, 126].

Ocorre que a Educação Física (como muitos outros) é um campo de articulação de métodos e conhecimentos por transitar nas áreas dos temas sociais, culturais, da saúde, mas também da política e da economia, e atualmente permeado de tecnologia, que requer aplicação da ciência para seu estudo e desempenho em campo [117].

Logo, no contexto atual, os grandes problemas práticos a serem resolvidos estão na interseção das diversas áreas e não no reducionismo aos limites rígidos de uma especialidade; e este fenômeno não é exclusividade da Educação Física, basta ver a medicina em relação aos campos da engenharia, computação de dados, epidemiologia, além de todas as ciências básicas que fundamentam seu escopo teórico. Ademais, na ciência não existem métodos padrões para cada área, além do que seu objetivo amplo é estabelecer teorias gerais para explicar o comportamento dos fenômenos [17]. É o método científico que legitima as melhores práticas de campo, em particular para o esporte de alto rendimento, atualmente numa maior integração entre iniciativas públicas, privadas e atividades acadêmicas, pois a ciência tornou-se área profissional e multidisciplinar [117].

Neste sentido, o século XXI culminou com um descompasso entre a formação do profissional (quando voltada apenas à formação técnica, conceitual e às ciências básicas) e o mercado de trabalho (então voltado ao empreendedorismo, à tecnologia e a prática baseada em evidências). A educação superior, até então focada na discussão acadêmica sobre a natureza da profissão e ao treinamento técnico dos profissionais para o desempenho em ambientes sem concorrência, passou a ser pressionada por uma adequação mais ágil aos novos cenários científico-tecnológicos e insuficiente aos formandos para sobreviverem em mercados competitivos característicos do ambiente globalizado onde ocorrem as transformações tecnológicas [118].

Tais transformações dos processos produtivos não são disruptivas, mas ocorreram de modo progressivo ao longo do tempo, promovendo o repensar das estruturas de negócios para que se adaptem às novas e sucessivas fases [118]:

- Trabalhar – neste processo produtivo decorrente da Revolução Industrial, presente na primeira metade do século XX, vigorava a ideia do trabalho intensivo;

- Fazer – com o desenvolvimento de novas técnicas de produção ocorridas na segunda metade do século XX, passou a vigorar a ideia do saber fazer;

- Pensar – no início do século XXI o desenvolvimento das tecnologias que facilitaram a interatividade entre pessoas e culturas sedimentou a necessidade da inovação e criação, o pensar.

Não resta dúvida sobre a transformação global em curso, qual afeta todas as faces do sistema, independente da proteção que lhe dê o regulamento local (muitas vezes determinados pelos conselhos corporativos). Em nenhuma outra época da história a humanidade alcançou tantos avanços tecnológicos e científicos em tão curto espaço de tempo como na transição entre os séculos XX e XXI. O final dos anos 90 foi cenário de sensíveis transformações nas organizações, em decorrência da expansão de dois setores insurgentes da economia: o da biologia e o de alta tecnologia (tecnologia da informação, do DNA recombinante e nanotecnologia são exemplos) [118]. Como se pode estimar, o impacto dessa transformação provavelmente será sentido de modo mais significante quando educação é precária e a formação essencialmente técnica [99].

Quando o poder do algoritmo torna-se ubíquo, exigindo das novas atividades laborais um maior nível de educação e treinamento [97], é importante que os agentes relacionados ao campo do esporte estejam atentos aos atuais paradigmas determinados por esse novo ambiente que reúne ciência e tecnologias emergentes, conectadas e inteligentes capitaneado pela industria 4.0. Diferentes padrões de gestão, treinamento e consumo do esporte provavelmente emergirão nesse contexto, e as instituições esportivas que não se posicionarem de modo proativo, provavelmente terão dificuldades em tornarem-se competitivas. Trata-se de manter a atenção em dois fatores, o problemas insurgentes e as oportunidades para resolvê-los [84].

**Revolução 4.0 no Esporte**

Deste tempo, em breve as mudanças incrementais provavelmente não farão diferença significativa nas organizações, serão necessárias ideias disruptivas. No cenário da Revolução 4.0, organizações esportivas modernas estão se transformando em plataformas tecnológicas orientadas para o controle da gestão (governança) e desempenho dos atletas por meio da tomada de decisões baseadas em dados. Trata-se da transição do mundo analógico para o digital [67, 82].

Rupturas acontecem no mercado quando inovações habilitam novos modelos de negócios assimétricos (aqueles que migram valor entre mercados), por meio do redesenho dos conceitos e experiências antigas e da relação entre as pessoas. Entretanto, as rupturas de grande impacto ocorrem quando acontece o redesenho do próprio pensamento [83].

Neste cenário, o esporte, por muito tempo tratado como uma arte em vários aspectos, tem se voltado à ciência e a tecnologia, com a produção e análise de dados associada à utilização das melhores evidências para aumentar a eficiência das decisões administrativas, de treinamento e desempenho de atletas [80, 117].

Entretanto, a formação científica dos agentes do esporte não se resume apenas à tratativa de aumentar o desempenho de atletas e equipes, a governança das instituições ou aprimorar a experiência dos consumidores e torcedores [117]. A aplicação de ciência e tecnologia está relacionada à própria sobrevivência dos atores que trabalham nesse campo, pois está inserida numa revolução maior do contexto sócio-político e econômico da sociedade, caracterizada nesse início de século XXI pelo encolhimento das classes médias e consequente concentração de renda, se não aprisionado na armadilha da classe média, convergindo esse grupo em direção aos mais pobres [118, 30].

As transformações decorrentes desse modelo, conectado, digitalizado e autônomo, qual adota técnicas de realidade virtual e aumentada, inteligência artificial (IA), sensores baseados em Internet das Coisas (IoT) e *softwares* (programas de computador) para digitalização de processos (governança) e produtos (trajes personalizados), afetarão não somente o ambiente da prática esportiva, mas também o modo como o expectador interage com esta nova realidade.

O futuro que se apresenta, nas suas diversas possibilidades, é muito complexo para ser compreendido sem um estudo criterioso, e quando alguém está convicto que entende o cenário presente, provavelmente não está prestando atenção em todas as suas dimensões [50]. Desse modo, a educação é o ativo necessário para o ingresso nesse novo tempo, seja para melhorar o desempenho individual dos atletas, a eficiência dos técnicos e das técnicas, bem como para o desenvolvimento do esporte do país [117].

## Educação Científica Aplicada ao Esporte

Países desenvolvidos, há muito se deram conta que uma maior taxa de educação está relacionada a significativa elevação do bem-estar e saúde da população, além da qualificação para atividades melhor remuneradas e aumento da produtividade do trabalhador; logo, trata-se de um decisão estratégica dos governos.

Para compreender os efeitos de um sistema sócio-econômico é preciso identificar contra quem e com qual objetivo o poder é exercido. Teorias liberais propõem que o desenvolvimento econômico conduz aos sistema democráticos. Isto se deve à emergência de uma classe média grande e exigente, qual passa a requerer abertura política. Um segundo motivo é a dependência, para o crescimento econômico no longo prazo, de inovações e aumento de produtividade. Tais fenômenos só podem ocorrer em ambientes onde pesquisadores podem trocar informações com liberdade. Neste sentido, uma das principais críticas ao capitalismo reside na permanência de uma parcela da sociedade na condição de exclusão e pobreza [118].

No início da segunda década do século XXI o Brasil chega ao fim do seu "bônus demográfico". Significa que o aumento da população ativa (entre 15 e 64 anos) torna-se menor que o de dependentes, idosos (aposentados) e crianças. A partir desse momento, para o aumento da renda *per capita,* a produtividade do trabalhador será dependência exclusiva [109].

A educação é o fator de diferença para aumentar a produtividade, além de igualar oportunidades e melhorar a distribuição de rendas. Segundo a escola de Chicago, a concentração de rendas não decorre do modelo econômico, mas da baixa renda destinada ao trabalho desqualificado, evidenciando a importância da educação para a sociedade [110]. Entretanto não se trata de qualquer educação, mas daquela científica, que concentra-se no desenvolvimento da reflexão, muito além da simples repetição da técnica instituída nos mestrados profissionalizantes.

A ciência, que transita no domínio da dúvida, não no domínio das verdades e da certeza, oferece as ferramentas adequadas para resolver problemas; por este motivo centra-se no desenvolvimento de processos mais eficientes e novas tecnologias. Historicamente a ciência é o motor do progresso [117, 32], haja vista uma coisa é compreender a natureza de um fenômeno por meio da reflexão crítica, outra é basear decisões em impressões pessoais, intuição e experiência.

Esta mudança de paradigma está relacionada com um significante movimento da sociedade, da era da indústria, para a da informação, na qual a informação é entendida como moeda e fonte de poder. O segredo do gerenciamento do conhecimento e da informação está no desenvolvimento e manutenção de tecnologias, pois essas são as ferramentas usadas para levantar, organizar e manipular dados, a matéria bruta da informação [107].

Esportes geram grandes quantidade de dados, quais podem ser captados por dispositivos tecnológicos e tratados por meio de técnicas estatísticas. Jogadores usando uniformes providos de sensores (IoT - Internet das Coisas) podem produzir dados para o técnico que, assistido por um cientista do esporte, avalia em tempo real, à distância, e por meio do cruzamento de informações, oferece evidências sobre o condicionamento físico dos atletas. Magnitude do deslocamento em campo usando mapas de calor, frequência cardíaca, níveis de oxigênio e pressão arterial são alguns dos parâmetros. Esse nível de informação subsidia a equipe técnica para tomar decisões como uma substituição não programada, com a intenção de elevar o desempenho da equipe durante uma competição.

Logo, para a ciência, os esportes são eventos medidos, como: porcentagem de passes certos, pontos, tempo, posse de bola, distância percorrida. Para a ciência, os esportes são interações táticas entre equipes. Para a ciência, o aumento do desempenho de atletas e sucesso das equipes reside em formular as questões corretas. Quando um recuo de bola deve ser tomado? Qual o risco em se adotar uma tática de ataque para a equipe? Qual o perfil de tomada de decisão de um jogador? O que gera valor para o clube, e para o torcedor? [39].

Na Revolução 4.0 não existe esporte de alto rendimento sem ciência. Não existe ciência sem informação. Não existe informação sem dados. Não existem dados sem tecnologias. Não existe tecnologia sem cientistas. Não existem cientistas sem educação de alto nível. Segundo Adam Smith (1723-1790), em citação livre, uma pessoa que possui capital não é um cidadão do seu país, mas do mundo, pois pode mover-se para onde desejar.

Atualmente o raciocínio se aplica à   mão de obra altamente qualificada [86].

## Ciência do Esporte de Alto Rendimento

A área do esporte, como todas as outras, procura interpretar fenômenos. Esses fenômenos podem estar relacionados às características dos atletas, como rendimento e treino, desempenho em competição, táticas e estratégias de jogo, frequência de lesões, recuperação ou melhores práticas de governança. Mas também aplica-se para a melhor compreensão no campo da gestão, governança e espetáculo (mercado esportivo).

Entretanto, a interpretação dos fenômenos necessita ser fundamentada por critérios, para que se aproxime da verdade sobre a real natureza destes. Tais critérios são definidos pelo *método científico*. *Método* (Gr. *Methodos*) significa o caminho para se chegar a um fim, refere-se ao conjunto de etapas ordenadas para a investigação da verdade. É a ciência que define quais indicadores de desempenho, instrumentos de mensuração e escalas de medida devem ser aplicados para analisar o fenômeno. De modo geral, o método científico obedece a seguinte sequência de fases [117]:

- Observação de um fenômeno;
- Formulação de um problema relacionado ao fenômeno;

- Construção das prováveis hipóteses que resolvam o problema;
- Delineamento de experiências controladas para testar as hipóteses;
- Interpretação dos resultados das experiências;
- Conclusão sobre a natureza do fenômeno observado.

Embora o método científico seja o que mais nos aproxima da verdade sobre determinado fenômeno, não é exato. Fornece uma estimativa provável sobre certa relação (causa/efeito), a qual pode ser interpretada por meio de critérios previamente estabelecidos, gerando muitas vezes dificuldades no processo de tomada de decisão [117].

Significa que a ciência não traz somente soluções, pois todo conhecimento emergente traz consigo novas dimensões pouco exploradas e percebidas pelos pesquisadores. Por exemplo, em 2019, Caster Semenya (corredora sul-africana) foi banida pela Corte Arbitral do Esporte das provas de atletismo entre as distâncias de 400 metros e 1.600 metros. O curioso é que a pena não  abrangia as provas de 100 e 200 metros ou as corridas mais longas. A atleta, como intersexual, produz naturalmente mais hormônios andrógenos, ou seja, uma mulher que apresenta níveis mais altos desse hormônio sem recorrer a nenhum tipo de doping. Trata-se de uma característica epigenética (característica biológica com forte determinação genética) que lhe confere vantagem competitiva em relação às atletas com níveis médios de androsterona. O problema é que ainda não existe conhecimento científico que explique os efeitos do fenômeno ou que possa medir (quantificar) seus parâmetros [112].

A fronteira atual da ciência aplicada ao esporte de alto rendimento é dar suporte para a tomada de decisões aos agentes esportivos (técnicos, gestores e atletas) por meio da utilização de dados espaço-temporais em larga escala. A individualização das estratégias (adequação dos meios aos fins considerando tempo e espaço) de treinamento, a aplicação das melhores práticas clínicas para prevenção e recuperação de lesões e a maior transparência da gestão das organizações caracteriza o esporte de precisão [91, 118]. Neste sentido a tecnologia é um recurso auxiliar do método científico, compondo um conjunto (ciência e tecnologia) que permite considerar a individualidade do atleta (sexo, raça, idade), e não apenas comparações dos dados do atleta com a média do grupo [117].

Muito provável que, de modo progressivo, instituições com departamentos de ciência do esporte tenham uma vantagem significante em relação às demais. Pois os cientistas do esporte proverão com dados interpretados e informações baseadas nas melhores evidências, os técnicos, gestores e profissionais da saúde. A inclusão da gestão de projetos em clubes e quadras estará entre os novos paradigmas para competir.

**Cientista do Esporte como Membro da Equipe**

O conhecimento está se transformando em um *commodity* (mercadoria de baixo valor), um produto que se pode acessar de modo livre por meio da internet [45]. Atualmente o que importa não é o que se sabe, mas o que se pode fazer com aquilo que se sabe. Utilizando ciência e tecnologia aplicada as organizações esportivas podem alcançar o século XXI.

A função do cientista do esporte é auxiliar os agentes (atletas, técnicos, médicos, gestores) a alcançar o melhor desempenho esportivo possível, aplicando conhecimentos e técnicas de áreas como: medicina, fisiologia, biomecânica, nutrição, psicologia e fisioterapia.

A decisão de introduzir ciência e tecnologia nas instituições esportivas exigem mudança na organização (teoria organizacional) e nos padrões pessoais (conhecimento especializado), pois um sistema de TI (tecnologia da informação) não deve simplesmente ser adaptado na estrutura existente, mas inserido nos processos organizacionais (processos de desempenho, governança e saúde). A incorporação de uma estratégia de TI e mudanças associadas aos processos, seja para melhorar o desempenho da equipe ou da gestão do clube exige treinamento extensivo aos colaboradores [108].

Atletas de alto rendimento e equipes vencedoras provavelmente não serão apenas aqueles com uma capacidade física e aptidão acima da média humana, mas os que possuírem assessoria de cientistas (matemáticos, estatísticos, pesquisadores, analistas de dados), provendo inovação, no sentido de indicar as melhores práticas de treinamento, gestão e saúde, com a expectativa de que isso se traduza em uma vantagem competitiva para atletas e equipes, e econômica para os clubes [117, 33].

## A Dimensão Econômica da Aplicação de Ciência e Tecnologia ao Esporte

Não é possível ignorar a intenção política e econômica que movimenta as atividades esportivas em vários níveis, em particular no esporte de alto rendimento. O interesse das instituições (clubes, associações) em gerar capital, e dos países em promover suas policias nacionais e internacionais são exemplos claros deste fenômeno.

Sobre as aplicações comercias das tecnologias, cumpre observar que nos Estados Unidos, praticamente não há equipe esportiva profissional que não possua um *website* (página na internet), sendo a maioria  interligada por meio de redes coordenadas pelos vários escritórios da liga esportiva [108]. Os fãs que desejam acompanhar um jogo podem fazê-lo acessando o site da equipe. Outro exemplo da aplicação da internet é como algumas equipes de hockey recomendam que seus jogadores tenham endereços de e-mail como ferramenta para   interagir com a administração da equipe e com seus fãs (Figura 01) [108].

Figura 01 - Website da *National Hokey League* (NHL). Liga profissional de hóquei no gelo na América do Norte, composta por 31 equipes: 24 nos Estados Unidos e 7 no Canadá.

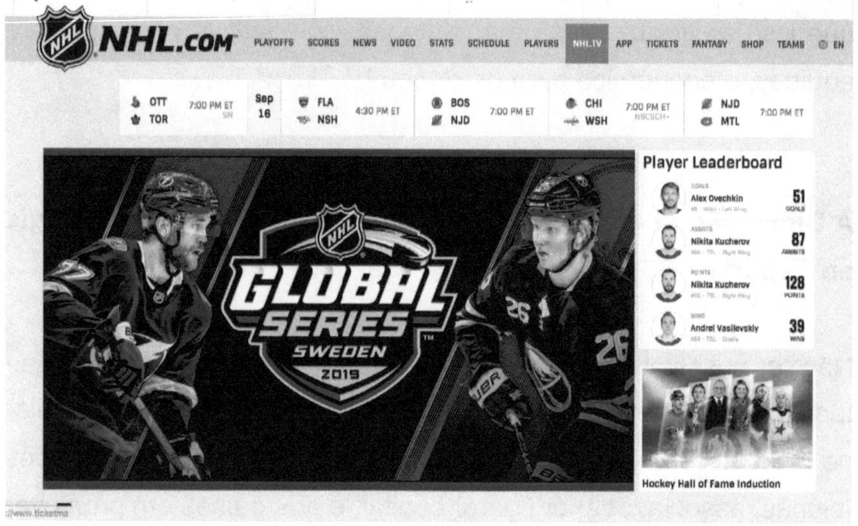

As estratégias econômicas no esporte são tão competitivas quanto as próprias competições esportivas. Logo, o campo do esporte de alto rendimento assemelha-se em vários aspectos às ações bélicas, pois envolve interesses políticos, econômicos e estratégicos dos países. Neste sentido, na guerra, a cibernética está inovando nas técnicas de enfrentamento sem uso de força convencional. Sum Tzu (2006) já citava em sua obra "A Arte da Guerra" que a maior proeza militar é vencer sem combater, e nesse campo a astúcia e a manipulação apresentam mais vantagens do que a agressividade, para impor uma vontade sobre terceiros. Desta feita surge a preocupação com a segurança dos dados de atletas e instituições esportivas, pois perfazem ativos estratégicos, não apenas competitivos, mas também comerciais.

A guerra cibernética, definida como a utilização de meios numéricos para desenvolver a função de controlar terceiros (pessoas ou empresas), transforma, de modo significativo, os três fatores tradicionais de um conflito: a espionagem, a sabotagem e a guerra da informação, com o objetivo de conseguir vantagem política, econômica e militar. Nesse contexto, quando milhões de novos dispositivos digitais podem ser conectados (Internet das Coisas - IoT) e integrados ao cotidiano das pessoas (torcedores), dos negócios (governança) e dos atletas; competidores e adversários tentarão maior acesso às informações protegidas por governos e instituições esportivas. Essas ações podem ser realizadas à distância. O processo de recolher informações, associado aos algoritmos de inteligência artificial (IA) poderá aumentar o impacto das novas vulnerabilidades criadas no adversário. Desse modo, as ferramentas cibernéticas, de modo progressivo, são  instaladas no centro da guerra permanente do esporte e alto rendimento [13].


**Objetivo da Obra**

O objetivo da obra é ampliar a discussão sobre o papel da ciência, do pensamento crítico, do estado da tecnologia e do modo como a prática baseada em evidências está modificando o desenvolvimento do esporte num contexto amplo (sócio-econômico); e em particular, nos aspectos de desempenho dos atletas, das equipes e da gestão das instituições.

Adotar métodos científicos válidos e as melhores práticas de campo em detrimento das impressões pessoais e outras formas pseudo-científicas de tomar decisões, permite a construção de hipóteses e teorias fundamentadas. Quando a ciência associa-se às inovações tecnológicas, um novo impulso é gerado para a produção do conhecimento aplicado.

O conceito da *Prática Esportiva Baseada em Evidências* funciona como o amálgama dessas ferramentas (ciência e tecnologia), no sentido da sua aplicação efetiva, na prática desportiva, tomando como preceito imperativo a adoção das melhores evidências disponíveis.

A prática esportiva baseada em ciência sedimenta-se como um ponto de inflexão a partir da primeira década do século XXI, devido aos novos processos de levantamento, organização e análise de dados, proporcionado pela emergência de novas tecnologias. Trata-se da revolução 4.0 no esporte, num comparativo à indústria 4.0, um conceito proposto em 2011 que engloba inovações tecnológicas dos campos de automação, internet das coisas (IoT), controle e tecnologia da informação, para tornar os processos mais eficientes, autônomos e customizáveis.

Na intenção de lograr êxito o texto fundamenta-se nos campos da ciência, tecnologia, engenharia, arte e matemática, devido à forte crença deste autor no movimento STEAM, como um modo positivo de ação para atender às necessidades de uma economia do século XXI.

STEAM é uma abordagem educacional que utiliza a Ciência, a Tecnologia, a Engenharia, as Artes e a Matemática como pontos de acesso para guiar a investigação, o diálogo e o pensamento crítico. Busca como resultados, profissionais que assumem riscos ponderados, envolvam-se em aprendizado experimental baseado em problemas, persistam na solução de questões relevantes, valorizem a colaboração e trabalham por meio de processos criativos. Isto porque a qualidade da atividade intelectual pode modificar o modo como o indivíduo reage a eventos futuros, pois as memórias podem ser evocadas como lembranças (aprendizado por experiência) ou antecipadas por meio de estimativas (aprendizado baseado em ciência) [117, 118, 56].

**Capítulo 02**

# MÉTODO CIENTÍFICO APLICADO AO ESPORTE

## INTELIGÊNCIA NO ESPORTE MEDIADA PELO MÉTODO CIENTÍFICO

A Ciência do Esporte é o processo utilizado para orientar as atividades práticas com o objetivo, em última instância, de melhorar o desempenho esportivo [134]. Sua principal ferramenta é a pesquisa científica, usada para gerar a melhor evidência disponível, num ambiente espaço-temporal específico, para determinado atleta (ou grupo de atletas), com intuito de maximizar o seu desempenho [19, 117].

Grande parte dos problemas investigados no campo do esporte são classificados como complexos e indefinidos. Complexos quando tratam de situações que envolvem inúmeras variáveis (Exemplo: o aspecto psicológico de um atleta envolve dimensões: social, econômica, genéticas). Indefinido pelo fato de que nem sempre as relações entre essas variáveis são plenamente compreendidas [117, 134]. Por este motivo é necessário ao profissional conhecer os fundamentos e a lógica do método científico, bem como o modo como esse pode transformar dados em conhecimento aplicado.

O conhecimento assume diversos níveis, característicos a cada fase da história da humanidade. No mundo contemporâneo o nível científico prevalece, proporcionando ao homem o domínio sobre a natureza. A ciência é caracterizada pelo modo (método) como produz o conhecimento, sendo racional, exata e lógica.

O aspecto histórico do desenvolvimento do conhecimento revela que somente na Idade Moderna (1453 a 1789) a ciência adquiriu o caráter que conhecemos hoje. A revolução científica ocorreu durante os séculos XVI a XVII. No século XVIII, o desenvolvimento dos estudos de química e biologia culminou com a revolução industrial do século XIX e como o desenvolvimento científico em todos os campos do conhecimento no século XX. De acordo com as fases históricas, 4 níveis de conhecimento podem ser definidos, segundo a natureza de cada um [117]:

- Empírico ou vulgar – conhecimento popular, ametódico e assistemático; gerado por impressões pessoais do observador. É limitado e sujeito à alta frequência de erros, pois os órgãos sensoriais podem apresentar restrições (deficiência auditiva, visual, olfativa, gustativa ou tátil). As receitas caseiras para curar a gripe são exemplos de conhecimento empírico, pois o fato de haver uma sequência temporal entre a administração do remédio caseiro e o desaparecimento dos sintomas da doença não significa que exista relação entre os fenômenos, considerando que a gripe é uma infecção viral auto-remissiva;

- Científico - vai além do empírico, procura conhecer os fenômenos, mas também suas causas. Os objetos da ciência são dados imediatos, de ordem material e física, suscetíveis à experimentação (método experimental). O conhecimento científico busca alcançar a verdade por meio de evidências e mensuração dos fenômenos;

- Filosófico - distingue-se do conhecimento científico pelo objeto de investigação e pelo método. O objeto da filosofia é mediato, não perceptível pelos sentidos ou instrumentos, ultrapassando a experiência (método racional). A tarefa fundamental da filosofia é a reflexão. Este nível é empregado para resolver problemas que a ciência não é capaz, devido a limitações técnicas e tecnológicas. São exemplos de questões filosóficas: Existe vida forma da Terra? Qual a origem do universo? Como se originou a vida?

- Teológico - aceita explicações numa atitude de fé diante do conhecimento revelado. Não é sujeito a discussão. A crença em Deus é um exemplo.

Cada nível de conhecimento é característico de um determinado período da história. O conhecimento empírico na Idade Antiga, o filosófico no Helenismo, o teológico na Idade Média e o conhecimento científico a partir da Renascença. Porém não existe uma relação de maior ou menor importância entre esses. Todos co-existem para a solução de problemas do cotidiano, conforme cultura, educação e nível do problema a ser resolvido. Então, podemos deduzir que o conhecimento, nos seus diversos níveis, tem por objeto a compreensão da verdade sobre determinado fenômeno [117].

## Compreensão da Verdade

O homem não é capaz de perceber tudo que se manifesta a sua volta devido às limitações dos seus órgãos sensoriais e à complexidade da realidade; logo, o conhecimento da verdade não é completo. Muitas vezes, levado por aparências ou pela utilização de instrumentos de mensuração inadequados, emite juízos precipitados, ocorrendo então o erro (exemplo: geocentrismo e geração espontânea) [117].

*Verdade* é quando se percebe e diz o que se manifesta, porém isto só ocorre quando há evidência, caracterizando a transparência do objeto estudado. A adesão firme a uma verdade, sem temor de engano, fundamentada em evidência, gera um estado de espírito no pesquisador denominado *certeza*. Quando a certeza não é alcançada, outros estados de espírito podem se manifestar, de acordo com o nível de transparência do objeto. Na *ignorância* existe a ausência de conhecimento relativo ao objeto. A *dúvida* é o estado de equilíbrio entre a afirmação e a negação; e na *opinião* se afirma com temor de engano, podendo esta assumir forma de probabilidade matemática (Figura 02).

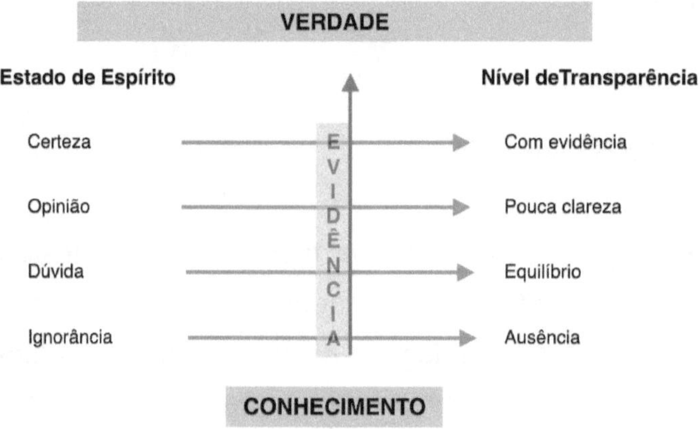


Figura 02 - Representação da manifestação dos estados de espírito e seus respectivos níveis de transparência quando se busca o conhecimento verdadeiro sobre determinado objeto estudado [117].

Para compreender o meio em que vive o homem utiliza os distintos níveis de conhecimento, de acordo com seu grau de educação e cultura, bem como da complexidade do objeto estudado. Dentre os níveis de conhecimento, o científico é o que possibilitou o grande progresso técnico e tecnológico, por buscar a verdade sobre o objeto em estudo com base em evidências, reduzindo a chance de erro.

**Sistema de Fundamentos para a Produção do Conhecimento Científico**

O acúmulo de dados desorganizados não caracteriza ciência, pois estes seriam irrelevantes na busca da verdade. A desorganização deixa de oferecer condições para sistematizar o conhecimento, formar conceitos, explicar e sintetizar fatos, descobrir lacunas ou orientar pesquisas. A ordenação dos dados é fundamental para formalizar o conhecimento. O método científico tem um sistema de fundamentos que possibilita ordenar a realidade estabelecendo uma série fases, dispostas do modo hierárquico, com o objetivo de produzir conhecimento com maior probabilidade de aproximação da verdade, através da coleta, organização, inferências e o estabelecimento de um sistema de proposições [117].

- Fenômenos – o profissional da área de esporte observa no dia a dia diversos atributos   relacionados ao desempenho do atleta. A expressão desses atributos denomina-se *fenômeno*, e sua ocorrência interessa por estar relacionada ao desempenho esportivo. Buscar a explicação das características e da ocorrência dos fenômenos é um dos objetivos da pesquisa científica, desse modo, no esporte, o método caracteriza-se por ser descritivo-explicativo (tem como objetivo construir modelos descritivos e explicar sua ocorrência);

- Dados - os aspectos (características) captados sobre os fenômenos e registrados pelo pesquisador, ainda que sem elaboração refinada, são denominados *dados*. A organização e análise dos dados por meo de operações lógicas produzem as *informações*. A interpretação das informações através do raciocínio lógico (hipótese, tese, teoria, lei) gera o *conhecimento*;

- Evidências científicas – a informação cuja validade está baseada nos critérios definidos pelo método científico (gerada por meio de estudos randomizados, cegados, calibrados e controlados), representa a evidência científica;

- Fatos – evidências, quando aceitas como verdadeiras são consideradas *fatos*. O modo  preconizado pelo método científico estabelece a relação entre os fatos ou a ordenação destes, construindo de modo hierárquico, os conceitos, classificações, princípios, leis e teorias. Desta maneira, os fatos apresentam importante função na formação do conhecimento como:

> - Sustentar uma lei - Arquimedes diante do problema da determinação do peso específico dos corpos percebeu que ao se banhar, seus membros submersos perdiam parte do peso, tal fato conduziu aos princípios da hidrostática. Galileu, ao observar as oscilações de uma lâmpada suspensa na abóbada da catedral de Pisa, verificou que essas eram sempre em tempos iguais, dando início à lei do isocronismo;

> - Reformular as leis - qualquer lei é passível de modificação, pois constitui uma expressão funcional das observações;

- Leis - as leis buscam encontrar explicações para os fatos observados. São enunciados que descrevem o mecanismo regular de ocorrência dos fenômenos. Duas são as principais funções de uma lei: resumir uma grande quantidade de fatos e estimar sobre novos fatos, pois quando um fenômeno se enquadra numa lei ele deverá se comportar conforme estabelecido por esta. Por exemplo, a *Primeira Lei de Mendel* (os padrões hereditários são determinados por um par de fatores [genes] que se segregam [separam] durante a formação dos gametas) explica por qual motivo o cruzamento de duas plantas de ervilhas da mesma cor, cruzadas entre si, podem produzir plantas de cor diferente das parentais. Mas também explica o comportamento de diversas outras características em diferentes seres vivos, inclusive humanos.

Para cumprir a função requerida, as leis geralmente expressam enunciados de uma classe isolada de fatos, portanto o "universo" de uma lei é limitado. Para a formulação e permanência de uma lei, ela é dependente da correta classificação dos fatos, pois as mesmas permitem a identificação dos aspectos invariáveis comuns a estes. Por exemplo, uma lei que resumisse o comportamento da comunidade classificada como *hippie*, desapareceria quando a última comunidade fosse desagregada. Ao contrário, a lei permaneceria útil se a classificação abrangesse todos os grupos alternativos com valores semelhantes existentes ou que viessem a surgir, prevendo novos fatos. Para a formulação das leis científicas, geralmente duas estruturas podem ser utilizadas:

- Sempre que houver a propriedade "A", então haverá a propriedade "B". Esta estrutura estabelece uma regularidade de coexistência (um padrão das coisas). Exemplo: toda barra de ouro funde-se a 1.063 graus Celsius;

- Sempre que uma coisa "A" apresenta determinada relação com outra coisa "B", estas produzirão "C". Tal estrutura estabelece uma regularidade de sucessão (um padrão de eventos). Exemplo: sempre que uma pedra é jogada na água, produzirá uma série de ondas concêntricas.

- **Teses** - refere-se a um conjunto de hipóteses confirmadas pela experimentação científica;

- **Teorias** – nas ciências o termo teoria tem significado distinto daquele empregado usualmente como oposição à prática, no sentido de ação. Refere-se à tendência das pesquisas quanto aos seus resultados, desta forma as teorias científicas procuram reunir um determinado número de leis particulares sob a forma de uma lei universal. Por exemplo, a *Teoria da Evolução* explica para todos os seres vivos de que forma estes se adaptaram ao ambiente e originaram novas espécies. De forma distinta das leis (universo limitado), a teoria é muito mais ampla; procura expressar as uniformidades explicadas pelas leis. A *teoria* é um sistema de princípios fundamentais ou proposições, constatadas como válidas e sustentáveis utilizado na explicação de fatos. É um conjunto de teses que explica determinado fenômeno. Diversas características devem ser observadas numa teoria:

- Consistência formal interna - toda teoria deve apresentar uma estrutura lógica. A ausência desta pode ser ilustrada por meio da relação matemática: $x+y=z$, $x-y=z$, quando $y>0$. Nesta condição não existe uma coerência lógica interna. Num segundo exemplo, através de um silogismo categórico, é possível identificar uma relação lógica "estudantes gostam de pesquisa, pesquisa exige esforço, logo estudantes são esforçados";

- Consistência formal externa - ocorre quando um sistema de proposições pode ser verificado, ou seja, os fundamentos sustentados pela teoria devem estar de acordo com os fatos observados;

- Regras de conotação empírica - são regras que orientam a construção das proposições da teoria e servem de base para a confirmação dessa. São exemplos: A confirmação de uma teoria é obtida pela confirmação de todas as hipóteses. A confirmação independente de uma hipótese não sustenta a teoria. A falsificação de uma teoria é impossível sem a falsificação das hipóteses;

- Universalidade da teoria – a validade universal de uma teoria indica que seu sistema de hipóteses pode ser admitido como valido e sustentável.

Uma teoria tenta explicar o funcionamento do mundo natural. Para um entendimento mais claro de como isto pode ser feito, sua função pode ser subdividida em [117]:

- Orientar os objetivos da ciência – a teoria restringe a amplitude dos fatos a serem estudados em cada campo do conhecimento, definindo os principais aspectos de uma investigação;

- Oferecer um sistema de conceitos – fornece um vocabulário científico que facilita a comunicação;

- Unificar o conhecimento – sintetiza o conhecimento já existente sobre o objeto em estudo;

- Estimar fatos – resume os fatos já observados e estabelece uma uniformidade das relações que ultrapassa a observação imediata;

- Indicar lacunas no conhecimento – por resumir e prever os fatos, a teoria pode detectar áreas do conhecimento inexploradas; assim, antes de iniciar uma pesquisa é necessário conhecer as teorias existentes;

Embora a teoria represente o modo que melhor explica os fatos, sempre pode ser modificada por correções e aperfeiçoamentos. Isto ocorreu com a teoria da evolução das espécies através da seleção natural. A proposta de Charles Darwin explicou de modo mais adequado o processo, em relação àquela de Lamarck, qual sustentava a possibilidade dos organismos herdarem traços adquiridos pelos seus antepassados. Porém, algum tempo depois, foi revisada pela moderna teoria da evolução (neodarwinismo) que explicou satisfatoriamente o surgimento de novos genótipos por meio do fenômeno da mutação [117].

## Fatos, Leis e Teorias

Evidências, fatos, leis e teorias, representam instrumentos científicos na busca da verdade. São elementos inter-relacionados, pois inexiste teoria sem base em fatos; bem como a compilação de fatos ao acaso, sem um principio de classificação (teoria), não produz ciência (ciência é sistematização) (Quadro 01).

Quadro 01 - Relação entre fatos, leis e teorias, na construção do conhecimento científico:

| INSTRUMENTOS PARA A CONSTRUÇÃO DO CONHECIMENTO | | | | | | |
|---|---|---|---|---|---|---|
| **D E F I N I Ç Ã O** | **Fenômenos** | **Evidências** | **Fatos** | **Princípio** | **Lei** | **Teoria** |
| | Qualquer manifestação de ocorrência natural ou provocada | Informações validadas através do método científico | Aceitação das evidências como verdadeiras | Identificação dos aspectos variáveis e invariáveis dos fatos | Enunciados explicativos dos fatos de forma limitada | Conjunto de leis que explicam os fatos de forma universal |
| **E X E M P L O** | Sinais e sintomas de uma doença | Resultado de um ensaio clínico de alto nível | Resultados de vários ensaios clínicos de alto nível | Ordem das informações na literatura científica | Explicação da ação de um fármaco em determinada doença | Explicação da fármaco-dinâmica num organismo |

Distinto da simples informação, o conhecimento é intencional e tem um propósito de utilidade. É uma atividade intelectual da qual o processo pode ser aprendido (Figura 03).

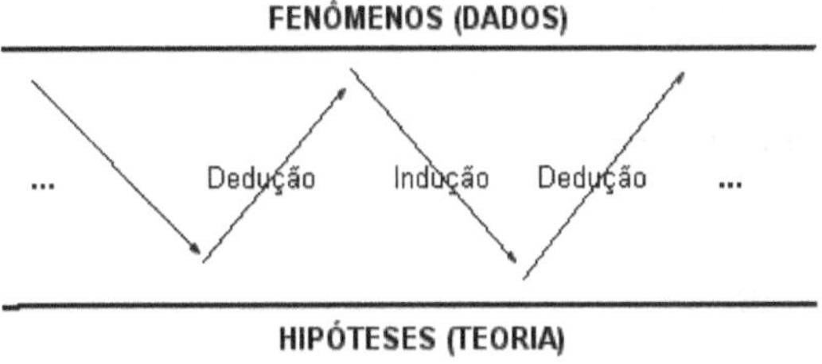


Figura 03 - Processo de aprendizado através do método científico. De fenômenos particulares, o raciocínio indutivo estabelece conclusões gerais, auxiliando a construção de hipóteses explicativas. A partir das hipóteses gerais sobre o comportamento dos fenômenos, a dedução procura explicar os fenômenos particulares [117].

Parte do conhecimento é a simples descrição do observado; outra parte é a generalização ou indução, por meio de inferências sobre experiência passadas para estimar o comportamento dos fenômenos no futuro [117].

Por assim dizer, o conhecimento científico é formado por conceitos reais, generalizações de generalizações. Sua construção exige a relação dos conceitos com o objeto para além da experiência, exige imaginação. Tal relação com o objeto atualiza o conceito e proporciona a criação de novos conceitos, pressupondo a existência de um sistema baseados no uso crítico da razão; até por esse motivo, deve estar relacionado aos princípios éticos e valores sociais, conforme pode ser compreendido numa apreciação mais pormenorizada sobre a natureza da ciência [117].

Numa sequência lógica organizada sobre os conceitos estudados, Popper (1972) sugeriu que o método científico pode ser construído por meio de quatro fases [102, 117]:


(1) Definição de um problema;
(2) Proposição das hipóteses;
(3) Teste e validação das hipóteses;
(4) Análise da teoria, retornando à fase 3.


Nessa perspectiva, o conhecimento científico nunca é absoluto, mas incremental e pode abranger várias dimensões.


**Dimensões da Pesquisa**

A identificação das várias dimensões de uma pesquisa é uma ferramenta efetiva no desenvolvimento dos projetos. Uma proposta para essa organização segue [58, 117]:


- Natureza do fenômeno - físico, biológico, psicológico, comportamental, social;
- Escopo de investigação - caso único vs amostra de uma população;
- Técnica de investigação - observacional vs intervencionista;
- Análise de dados - quantitativa vs qualitativa;


O conhecimento científico para avaliação do desempenho de atletas, com muita frequência é quantitativo. Como diz uma máxima da ciência, para realmente conhecer um fenômeno, meça o que é mensurarei e trone mensurável o que não é. Para esse fim, existem as técnicas estatísticas.


**Técnicas Estatísticas**

Qualquer um pode criar uma estatística, mas se não houver capacidade explicar o significado dessas e como podem ajudar a melhorar o desempenho de uma equipe, então a estatística é inútil [94]. É necessário conhecer as técnicas e dominar as regras do negócio para interpretar dados e analisar informações.

A palavra *estatística* tem sua origem no grego *statizen* (Gr. *Statizein,* verificar / *Stao,* estado). Refere-se à área do conhecimento que utiliza a probabilidade para explicar a ocorrência dos fenômenos. É composta por uma coleção de técnicas para a obtenção, organização, análise e interpretação de dados. Possibilita o estudo e a mensuração dos fenômenos coletivos para a melhor compreensão destes [117].

Sua utilização é antiga, referida em obras de Confúcio; em recenseamentos chineses de 2.275 a.C., e em documentos do Império Romano que registraram o arrolamento de pessoas e a extensão territorial, demonstrando o interesse dos governos por informações sobre suas populações e riquezas.

 A partir do Renascimento, difundiu-se a idéia de sistematização da coleta de dados estatísticos pela administração pública, fato evidenciado pela obra pioneira de Sansovini (1521-1586) publicada na Itália. No século XVII surgiram vários estudiosos do assunto como: Hermann Coring (Alemanha), John Grant (Inglaterra) e Blaise Pascal (França), por meio dos quais se desenvolveu o cálculo das probabilidades. Atualmente a estatística caracteriza-se por seu alto grau de sofisticação matemática e pelo uso crescente dos computadores (Figura 04) [117].

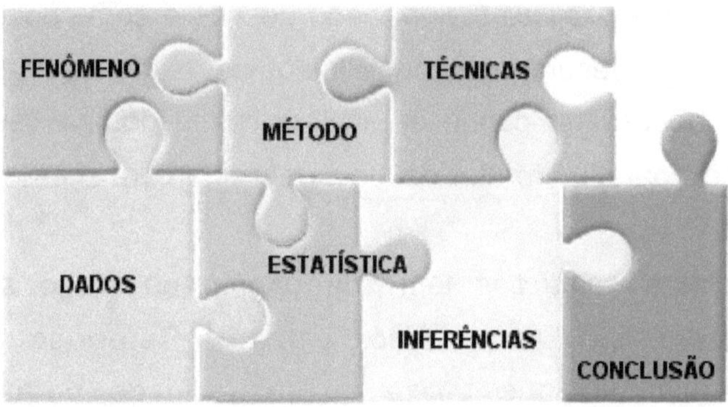


Figura 04 - A pesquisa científica é uma atividade multidisciplinar. Procura investigar sobre a natureza do fenômeno através do método científico. As técnicas estatísticas permitem ao pesquisador inferir sobre os dados coletados, para concluir com probabilidade estimada de encontrar a verdade [117].

O profissional da área de esporte não necessita ser um especialista em estatística para interpretar dados ou os resultados dos artigos científicos publicados. Esta análise pode ser feita conhecendo os fundamentos da disciplina, e é de suma importância, pois possibilita a obtenção da própria conclusão sobre os estudos consultados, sem depender da informação de terceiros.

Função da Estatística

Num estudo científico o ideal seria que o pesquisador pudesse analisar todos os indivíduos de uma população. Nesta condição a estatística seria desnecessária, pois os atributos da população estariam representados pelos parâmetros levantados. Porém esta meta é geralmente inviável por questões relacionadas ao custo, tempo, distância e logística [117].

Uma alternativa para viabilizar o estudo é analisar apenas uma parte (amostra) da população. Esta representação deve possibilitar, por meio de técnicas estatísticas, tirar conclusão referente à população, ação denominada de *inferência estatística.*

As técnicas estatísticas devem, então, estar inseridas nos planejamentos que avaliam uma parte da população, para permitir que, a partir dos resultados obtidos, possam ser realizadas inferências. Isto possibilita a observação de um menor número de unidades amostrais com consequente redução de custo, tempo e estrutura no desenvolvimento da pesquisa.

Em termos técnicos, *estatística* ou *estimador* é uma função de valores da amostra, utilizado para estimar os parâmetros da população. *Parâmetro refere-se* a medidas que descrevem, de modo resumido, as características de determinada população. Em geral, são valores fixos, porém desconhecidos pelo pesquisador. Os parâmetros podem ser estimados ou testados a partir dos dados da amostra, para tanto é preciso conhecer a *distribuição de probabilidades*, que  pressupõe *normalidade* ou *amostras grandes* [117].


Amostragem

O  processo  de  seleção  da  amostra  denomina-se *amostragem*. Para que esta represente a população nos aspectos quantitativos e qualitativos, três princípios devem ser respeitados:

- A amostra deve ser grande o suficiente;

- A  amostra  deve  representar  as  características  clínicas, sociais e demográficas da população;

- Cada elemento da população deve ter igual chance de ser selecionado;

É importante reconhecer que a coleta de forma imprecisa ou  desorganizada,  torna  os  dados  sem  valor,  mesmo  que  a amostra tenha tamanho suficiente. Tome-se, por exemplo, uma pesquisa  estimulada  por  determinado  meio  de  comunicação (rádio,  televisão,  telefone)  sobre  a  impressão  do  público  em relação à imagem do professor de Educação Física na mídia. As pessoas motivadas a responder, provavelmente são aquelas que tiveram alguma relação emocional com a questão, seja por uma experiência  positiva  ou  negativa,  deste  modo  constituem  uma *amostra auto-selecionada*, apresentando forte possibilidade de tendenciosidade [117].

Diversas técnicas podem ser aplicadas para selecionar a amostra, ordenadas em dois grupos: *técnicas probabilísticas* e *técnicas não-probabilísticas* (Figura 05).

Técnicas de Amostragem Probabilistica

Nas técnicas de amostragem probabilísticas a amostra é selecionada de modo aleatório, proporcionando a mesma chance para que cada indivíduo da população possa ser escolhido. São consideradas *padrões-ouro* para estudos descritivos e explicativos por fundamentarem, com maior rigor, as inferências estatísticas e o cálculo do intervalo de confiança:

- Amostra aleatória simples - é a técnica mais utilizada por ser prática e eficaz. Toma como premissa que cada indivíduo da população tem a mesma chance de ser selecionado para compor a amostra. Consiste na enumeração dos elementos da população e no sorteio destes para compor a amostra, utilizando uma tabela de números aleatórios;

- Amostra aleatória estratificada - em populações heterogêneas (o fenômeno estudado tem características distintas para as diferentes categorias que dividem a população), a seleção desproporcional de grupos menos frequentes pode ser evitada; considerando-se inicialmente a divisão da população em subgrupos (estratos), de acordo com a característica considerada (raça, gênero, idade, classe social), para depois proceder a randomização;

- Amostra por conglomerados – existem situações nas quais é difícil levantar as características da população, como em agrupamentos naturais de indivíduos. Nestes casos, a técnica propõe inicialmente a divisão da área da população em seções (conglomerados). Em seguida é realizada a seleção de alguns destes conglomerados, nos quais todos os elementos são avaliados. No caso dos indivíduos de uma cidade, faz-se inicialmente a divisão em quadras (conglomerados), sorteiam-se algumas, das quais todos os indivíduos são avaliados. A diferença em relação à amostra estratificada é que esta utiliza todos os elementos dos conglomerados selecionados;

## Técnicas de Amostragem Não-probabilísticas

São as técnicas de opção quando considerada a facilidade de acesso do pesquisador aos sujeitos de interesse. É o caso das pesquisas que selecionam atletas de um determinado clube ou alunos esportistas de uma escola; desde que estes atendam aos critérios de inclusão. Embora de uso frequente, estas técnicas apresentam significativa limitação para generalizar os resultados obtidos na amostra para a população (Figura 05):

- Amostra acidental ou de conveniência – geralmente aplicada em estudos exploratórios (série de casos) e descritivos. Utiliza os elementos que estão disponíveis, ao alcance imediato. Exemplo é a pesquisa de opinião dos atletas de um determinado clube, no qual o pesquisador intencionalmente dirige-se a um grupo acessível, não ocorrendo randomização;

- Amostra de quotas ou proporcional – variação da amostragem por conveniência, na qual apenas uma quota dos indivíduos é considerada, conforme o objetivo do estudo. Por exemplo, no caso do pesquisador ter interesse em conhecer a opinião, apenas de atletas femininos, sobre determinado tema do esporte, ele estima antecipadamente a proporção destes indivíduos na população, e esta passa a ser a quota de trabalho;

- Amostra desproporcional – utilizada quando a amostra selecionada é desproporcional à população (um estrato com o dobro da população de outro deveria ter o dobro da amostra). Nesta circunstância, o pesquisador atribui pesos para os dados coletados, de acordo com a proporção real, como forma de ajustar os resultados conforme a verdadeira distribuição na população. Esta técnica obtém *dados ponderados* que representam apenas a amostra em estudo.

Figura 05 – Na *amostra aleatória* cada elemento da população tem igual chance de ser selecionado, programas de computador podem ser utilizados para gerar números aleatórios. Na *amostra estratificada* a população heterogênea é classificada, ao menos em dois estratos, dos quais se extrai a amostra randomizada. Na *amostra por conglomerado* a população é dividida em seções, algumas das quais são selecionadas aleatoriamente, de onde se tomam todos os elementos. Na *amostra de conveniência* utilizam-se elementos de fácil acesso, como os pacientes de determinada serviço de saúde [117].

O real interesse do pesquisador deve estar sobre a população e não na amostra. As amostras são trabalhadas por conveniência de tempo e recursos, possibilitando inferir sobre a população quando corretamente selecionadas.

Alocação dos Sujeitos nos Grupos: Controle e Experimental

Depois da fase de composição da amostra, de modo que cada elemento da população tenha igual probabilidade de ser selecionado para o estudo, de modo calculável e diferente de zero, a alocação dos sujeitos nos grupos controle e experimental deve empregar *técnicas de randomização*.

Somente pela distribuição eqüitativa dos atributos dos sujeitos da amostra, por meio das técnicas de randomização, as diferenças observadas entre os grupos (experimental e controle) podem ser atribuídas às intervenções (diferenças entre técnicas de treinamento ou estratégias de jogo) comparadas pelo estudo. Embora tais técnicas estatísticas não assegurem a distribuição homogênea dos atributos em todos os casos, a probabilidade de que isso aconteça aumenta conforme o tamanho da amostra torna-se maior [117].

Técnicas de alocação por ordem de chegada, numeração sequencial ou dias da semana devem ser evitadas (Quadro 02), pois são de fácil dedução quanto à intervenção aplicada nos sujeitos, fato que pode comprometer os resultados da pesquisa.

Quadro 02 – Nas estratégias de randomização por meio da numeração sequencial e dos dias da semana, a ordem gerada é de fácil dedução.

| ESTRATÉGIAS DE RANDOMIZAÇÃO | |
| --- | --- |
| **Números Sequenciais** | **Dias Alternados** |
| Números ímpares: tratamento A | 2ª, 4ª, 6ª feira: tratamento A |
| Números pares: tratamento B | 3ª, 5ª, sábado: tratamento B |
| **Sequência gerada** | **Seqüência gerada** |
| ABABABABABAB | ABABABABABAB |

Técnicas mais apropriadas utilizam *tabelas de números aleatórios*. Essas favorecem a ocultação do processo de randomização, dificultando a possibilidade de manipulação da alocação de sujeitos nos grupos amostrais (Quadro 03).

Quadro 03 - Extrato de uma tabela de números aleatórios, utilizada para randomização da amostra. Um número aleatório é aquele que pertence a uma série numérica, porém não pode ser previsto a partir dos valores anteriores da série.

| NÚMEROS ALEATÓRIOS |
| --- |
| 60 80 85 44 44 74 41 28 11 05 |
| 80 94 04 48 93 10 40 83 62 22 |
| 85 27 48 68 93 11 30 32 92 70 |
| 84 13 38 96 40 44 03 55 21 66 |
| 64 42 52 81 08 16 55 41 60 16 |
| 90 04 58 54 97 51 98 15 06 54 |

Utilizando a tabela de números aleatórios, mesmo que os membros da equipe de pesquisa saibam que os ímpares correspondem à intervenção A e pares à intervenção B, não existe a possibilidade de dedução da sequência de alocação dos sujeitos (Quadro 04).

Quadro 04 - Estratégia de randomização por meio da utilização de uma tabela de números aleatórios. A sequência gerada é de difícil dedução.

| ESTRATÉGIAS DE RANDOMIZAÇÃO |
| --- |
| **Números Aleatórios** |
| Números ímpares: intervenção A |
| Números pares: intervenção B |
| **Sequência gerada** |
| AABAAABABB |

A sequência gerada obedece à ordem estabelecida na primeira linha da tabela de números aleatórios, considerando a ordem de números ímpares e pares.

Fases da Análise Estatística

Na análise de um conjunto de dados, inicialmente o pesquisador deve identificar se estes são relativos a uma amostra ou a uma população. Esta determinação afetará as técnicas utilizadas e a conclusão obtida no estudo. Técnicas de *estatística descritiva* são utilizadas para descrever as características de um conjunto populacional. Técnicas de *estatística inferêncial* são aplicadas sobre dados amostrais com a intenção de fazer generalizações. Esses são dois grandes ramos da estatística [117]:

- Estatística descritiva – utilizada para descrever a população, evidênciando suas principais características;

- Estatística inferencial.- utilizada para fazer inferências (generalizações) sobre os dados obtidos de uma amostra. Procura identificar a existência de leis de comportamento da população, por meio do cálculo de probabilidades que possibilita estimar o risco de erro assumido ao chegar a determinada conclusão.

Quando um médico do esporte calcula a média dos valores dos exames de pressão arterial dos atletas de uma equipe, o resultado é um exemplo de estatística descritiva, se observados os dados de todos os atletas (população). Porém, se o resultado for utilizado como uma estimativa da media da pressão arterial de outras equipes, está se fazendo uma inferência que ultrapassa o âmbito dos dados conhecidos, caracterizando a estatística inferencial.

Estatística Descritiva (Analitica)

Também denominada *estatística dedutiva,* tem por objetivo analisar, organizar, descrever e sintetizar os dados levantados de uma população, sem pretensão de tirar conclusões de caráter mais genérico. A estatística descritiva possibilita ao pesquisador um melhor entendimento do conjunto dos dados analisado, por meio da identificação das suas características, das quais três proporcionam uma visão bastante satisfatória para este fim [117]:

- Características da distribuição de frequências dos dados;
- Valores representativos da tendência central dos dados (média, moda, mediana);
- Medidas indicativas da dispersão ou variação dos dados em torno da média (desvio padrão, variância).

Muitas vezes, em publicações, a condensação dos dados proporciona a perda de informações devido à supressão das observações originais. Essa perda pode ser irrelevante mediante a clareza de interpretação proporcionada pela estatística descritiva. Porém, quando os dados originais se fizerem fundamentais para a interpretação ou confirmação dos resultados de uma pesquisa, estes também devem ser apresentados.

Estatística Inferencial (Estimativa)

Para entender a necessidade da estatística inferencial, tome-se como exemplo o caso de um pesquisador que deseja investigar a possível relação entre as variáveis: privação do sono e desempenho esportivo em uma determinada população [117].

Num primeiro momento a probabilidade da existência de relação é apenas uma hipótese a ser testada, pois o pesquisador desconhece se ela realmente existe. Esta é a primeira questão fundamental a ser investigada (existe relação entre as variáveis?).

Por meio do método científico, a hipótese pode ser confirmada (existe relação) ou negada (não existe relação); porém nunca é função deste método tentar provar determinado resultado, mas somente evidenciar a verdade sobre o fenômeno.

Considerando que o tempo e os recursos financeiros geralmente são fatores que impõem limites para o levantamento dos dados de toda uma população, então uma amostra representativa dessa pode ser utilizada. Este fato gera uma segunda dúvida. Serão os resultados obtidos da amostra iguais aos da população de origem (a relação observada é real ou apenas ocorreu por mero acaso?).

Nestas circunstâncias, a estatística inferencial ou indutiva procura estimar as leis de comportamento da população de origem, fazendo inferência sobre os dados não coletados da população. Em síntese, o objetivo da estatística inferencial é fazer generalizações sobre a população com base em uma amostra.

Para se estimar a força de uma provável relação entre as variáveis, testes estatísticos que quantificam a *magnitude do efeito* são aplicados. Para estimar se os resultados obtidos ocorreram ao acaso, testes que determinam à *precisão da magnitude* do efeito (*teste de significância estatística*) são aplicados [117].

Considerações sobre os Testes Estatísticos

Uma população pode ser definida por meio de dois parâmetros: a média e o desvio-padrão. Entretanto, as técnicas estatística não consideram populações inteiras, mas utiliza subconjuntos dessas. As estatísticas procuram tirar conclusões sobre os parâmetros populacionais, partindo de informações obtidas de amostras [117].

Como as amostras são compostas por um número reduzido de elementos, é de se esperar que a média e o desvio-padrão difiram em algum grau dos parâmetros da população. Mesmo considerando amostras pertencentes à mesma população, podem existir diferenças. Por este motivo, a variação decorrente da própria variabilidade casual da amostragem deve ser considerada.

É preciso respeitar certa faixa de variação, dentro da qual as amostras são consideradas como originadas de uma mesma população ou como iguais entre si. Os testes estatísticos, em geral, visam estabelecer com mais precisão os limites além dos quais duas amostras já não devem ser consideradas como retiradas de uma mesma população, mas como pertencentes a populações diferentes.

Realizados os testes estatísticos, os resultados são apresentados sob a forma numérica, denominados conforme o teste aplicado: valor de $F$ (análise de variância), de $t$ (teste $t$, de Student), $U$ (Mann-Whitney), $Q$ (teste de Cochran), $x^2$ (letra grega qui, testes diversos, que usam o qui-quadrado), $z$ (McNemar e Wilcoxon), $H$

(Kruskal-Wallis), ou **r** (letra grega rho, utilizada nos testes de correlação).

Independente do valor calculado pelos testes, este é confrontado com *valores críticos* que constam em tabelas apropriadas, localizados por meio da associação de dois parâmetros: o nível de probabilidades (usualmente 5% [$\propto = 0{,}05$] ou 1% [$\propto = 0{,}01$]), e o número de graus de liberdade (GL) das amostras comparadas. Quando os valores obtidos são menores que o tabelado, indicam que esse não pode ser considerado diferente daquele que se obteria se as amostras comparadas fossem iguais. Neste caso não existe significância estatística e a hipótese nula ($H_0$) é aceita. Caso o valor calculado seja maior que o tabelado, é aceita a hipótese alternativa ($H_1$) [117].

Significância Estatística Versus Relevância Prática

A significância estatística do resultado de um estudo não deve ser interpretada como uma condição *sine qua non* para a aplicação de determinada intervenção na prática esportiva. Antes da substituição da técnica ou estratégia já utilizada, com desempenho satisfatório, por uma nova prática, a *relevância* dos resultados deve ser avaliada [117]:

- Qual o custo/benefício da nova prática?

- Qual o risco/benefício da nova prática?

- Qual a similaridade da amostra do estudo com o atleta em questão?

- A tecnologia necessária para aplicar a nova prática está acessível?

- A técnica necessária para aplicar a nova prática é de domínio?

Outro fator a observar antes da extrapolação dos resultados de um estudo para a prática esportiva refere-se ao modo de apresentação e interpretação dos dados estatísticos, muitas vezes falaciosa [117]:

- Interpretação tendenciosa - resultados obtidos por meio de pequenas amostras podem ser interpretados de modo a influenciar o leitor. Por exemplo, a preferência de apenas 10 atletas por determinado artigo esportivo não deve servir de base para generalizações como "7 entre 10 atletas preferem tênis X";

- Números relativos – estudos procuram mascarar pequenas amostras apresentando apenas números relativos. Por exemplo, concluindo que 70% dos atletas preferem tênis X, sem enfatizar que a amostra considerou somente 10 indivíduos;

- Gráficos enganosos – o modo de apresentação dos gráficos pode distorcer a real natureza do conjunto de dados (Figura 06).

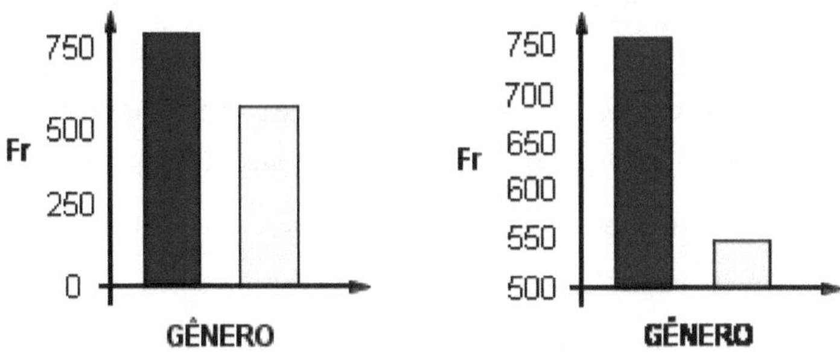


Figura 06 - na ilustração, os dois gráficos representam exatamente à mesma freqüência (Fr) de lesões entre atletas do sexo masculino (azul) e feminino (amarelo) numa determinada modalidade esportiva. O modo da apresentação pictórica pode causar uma impressão errônea quando as escalas não são observadas [117].

- Resultados parciais – conclusões como "90% dos tratamentos das lesões em atletas apresentaram resultado favorável" só terão significado caso o seguimento tenha sido por tempo suficiente para avaliar com segurança o desfecho. A apresentação de resultados parciais, com pouco tempo de acompanhamento, embora tecnicamente corretos, não permitem tal conclusão;

- Questões tendenciosas – nos questionários (instrumentos de coleta de dados das pesquisas descritivas), o modo de elaboração das questões pode induzir a resposta dos sujeitos. A questão "o técnico deve ter o poder de decisão sobre o tipo tratamento clínico da lesão do atleta?"

provavelmente terá mais respostas afirmativas que a forma "o técnico  deve ou não ter o poder de decisão sobre o tipo de tratamento clínico da lesão do atleta?". A ordem dos termos na questão também pode produzir o mesmo efeito;

- Questões de ordem pessoal – questões relacionadas a comportamentos socialmente reprováveis tendem a respostas distorcidas. Por exemplo, na questão "você costuma lavar as mãos após utilizar o sanitário?" provavelmente terá mais respostas afirmativas do que a realidade;

- Qualidade da amostra – amostras selecionadas por meio de técnicas inadequadas podem conduzir a falsos resultados. Na situação que o pesquisador pretende avaliar distúrbios da articulação do joelho de atletas e decide por uma amostra de conveniência, selecionada na clínica de uma instituição que é referência nesse tipo de lesão, provavelmente será uma alta frequência do distúrbio, considerando a natureza do serviço e a necessidade das pessoas que o procuram;

- Pesquisa auto-selecionada – nesta modalidade o próprio indivíduo decide se participará ou não da pesquisa. Como exemplos estão os estudos nos quais os pesquisadores enviam questionários por meio do correio eletrônico (*e-mail*). Provavelmente só participarão aqueles que tiverem uma posição convicta ou interesse sobre o assunto, não representando a população (amostra auto-selecionada);

- Presença de vieses - resultados estatisticamente significantes podem ocorrer por vários fatores, além da real diferença ou associação entre as variáveis  como: relação casual, viés de seleção, de aferição ou de confundimento;

- Significância ao acaso - nos estudos em que, na mesma amostra, são cruzadas inúmeras variáveis, a chance de um resultado estatístico significante ocorrer apenas ao acaso aumenta. Por exemplo, se numa amostra, inúmeros marcadores biológicos (parâmetros do exame clínico, radiográfico, ou do exame microbiológico) forem cruzados com várias características sócio-demográficas (sexo, idade, condição social, hábitos), a chance de um resultado com significância estatística ocorrer devido ao acaso é maior;

- Ajuste de resultados - resultados discrepantes decorrentes da mensuração de determinada característica da amostra podem ocorrer por fatores como: idiossincrasia do objeto estudado (metabolismo raro ou relacionado a uma patologia), erro de mensuração (falha de equipamento), equívoco de interpretação (engano de leitura), erro de cálculo (posicionamento incorreto de casas decimais). Embora somente a primeira opção ofereça um resultado real, a correção de resultados só deve ser procedida por meio de recursos estatísticos específicos. Nunca devem ocorrer ajustes com base na impressão pessoal, pela qual o pesquisador acha que o resultado não corresponde à realidade.

Torna-se claro que apenas a observação da significância estatística não garante  segurança para que os resultados de um estudo sejam aplicados na prática esportiva. É necessária a análise detalhada do delineamento da pesquisa, abordando proposições como [117]:

- O que a estatística pode indexar a respeito dos dados coletados?
- O que diz a hipótese nula?
- Quais as características da população em estudo?
- Qual a relação entre os tópicos supracitados e o problema?

Finalmente é relevante atentar sobre a questão do tamanho da amostra selecionada para o estudo. Amostras grandes permitem encontrar significância estatística em diferenças mínimas, o que não é possível com amostras pequenas. Por este motivo, é necessário durante a fase de planejamento da pesquisa, estimar o tamanho adequado da amostra que possibilite testar relações entre as variáveis.

**Considerações Finais**

A aplicação do método científico na prática esportiva tem por objetivo reduzir a frequência de erros por meio do questionamento de todo conhecimento sem grau satisfatório de evidência. Tomar decisões baseadas apenas na experiência pessoal em detrimento do levantamento e avaliação crítica da melhor literatura disponível favorece a perpetuação de práticas estabelecidas, nem sempre eficazes.

O exercício profissional fundamentado apenas em impressões torna-se duvidoso numa realidade em que os meios de comunicação e a tecnologia da informação possibilitam acesso imediato ao conhecimento, pois estas são limitadas e o julgamento, em consequência, falacioso, principalmente quando realizado em situações sem controle.

O método científico é proposto como modo de tornar a prática mais eficiente, considerando o maior rigor no controle das intervenções clínicas e justificado pelas seguintes assertivas:

- Existe uma heterogeneidade das técnicas e estratégias praticadas;
- A eficácia ou não das práticas esportivas está se tornando mais conhecida,
- A escassez de recursos requer o emprego de tratamentos eficazes;
- Esgota-se a possibilidade de aumento do desempenho dos atletas por meio da preparação física, alimentação e equipamentos.

A *Prática Esportiva Baseada em Ciência*, mesmo com limites e dificuldades inerentes à sua aplicação, pois exige a formações de equipes multidisciplinares, incluíndo analista de dados, estatísticos e profissionais para desenho de pesquisas, parece estar cada vez mais sedimentada nas atividades relacionadas ao esporte. Isto se deve à relação com o ambiente técnico-científico,  competitivo, jurídico e administrativo em que o esporte é desempenhado.

**Capítulo 03**

# TECNOLOGIA APLICADA AO ESPORTE

ORGANIZAÇÕES ESPORTIVAS BEM SUCEDIDAS SERÃO AQUELAS MAIS INTELIGENTES

Atualmente a influência da tecnologia é uma das razões pelas quais existe uma maior probabilidade de os atletas serem mais bem sucedidos em termos de vitória ou derrota em determinada competição [3]. Num futuro próximo, provavelmente as organizações esportivas bem sucedidas não serão necessariamente as maiores, porém a mais inteligentes. Significa ter acesso em tempo real à dados relevantes e utilizá-los para melhorar a gestão esportiva e o desempenho dos atletas [35].

Na área do esporte, como em tantas outras, o impacto da tecnologia, antes de criar e destruir empregos, vai transformar o mercado de trabalho tal como se conhece, em particular por meio do levantamento e análise de dados em tempo real e pela automatização de tarefas. Gestores, técnicos, preparadores físicos, fisioterapeutas e médicos do esporte continuarão exercendo suas profissões, porém executando tarefas diferentes das tradicionais.

A tecnologia provavelmente tornará dispensável certas habilidades humanas básicas, em particular aquelas repetitivas, quais poderão ser automatizadas, bem como outras que exigem análise de grandes volumes de dados [98]. Esse fenômeno poderá se intensificar em decorrência do uso de técnicas de computação como *big data* (grandes bases de dados) e inteligência artificial (ramo da Ciência da Computação que se ocupa do desenvolvimento de dispositivos tecnológicos que possam simular o raciocínio humano) [99].

Nesse contexto de mercado, o conhecimento sobre, e o investimento em tecnologia da informação, passam a ser indispensáveis para as organizações esportivas que tenham como intenção elevar a eficiência da gestão e o desempenho dos atletas; envolvendo os agentes em sistemas progressivamente complexos, que dependem de modo intenso de equipes de cientistas trabalhando integrados aos clubes e órgãos gestores [117, 44].

## Tecnologia da Informação e Sistemas de Informação

*Tecnologia da Informação* (TI) abrange toda a tecnologia utilizada para criar, armazenar, trocar e usar a informação nos seus diversos formatos (dados, imagens, vídeos, áudio). Trata-se de uma ferramenta utilizada para melhorar o aproveitamento do tempo (organização das informações), tornar mais eficiente a comunicação, aumentar a produtividade e controlar processos de produção e desempenho dos serviços; deste modo constitui um campo de estudo essencial para a administração e gestão da governança das organizações [118].

O desenvolvimento tecnológico é progressivo, de modo que seu impacto ocorreu de início sobre as atividades que não requeriam interação pessoal (serviços financeiros, por exemplo). Entretanto o processo avançou de modo gradativo às atividades de alta interação, tal como os serviços de saúde e atividades esportivas. Três períodos caracterizam o fenômeno:

- Era transacional (1960-70) – a TI era utilizada com foco contábil;

- Era informacional (1970-90) – desenvolvimento de bases de dados para gerar relatórios de modo à fundamentar as decisões gerenciais;

- Era do conhecimento – (a partir dos anos 90) – surgiu o termo Tecnologia da Informação (TI) em substituição ao termo Informática. Nesta fase a informação passou a ser considerada um ativo estratégico para as organizações.

Além das aplicações técnico-esportivas, o valor da informação para as organizações também está relacionado ao conhecimento sobre o mercado (pesquisas de mercado), ao domínio dos custos, eficácia dos serviços e a satisfação dos consumidores (torcedores). Entretanto, para gerar a informação é necessário um processo de levantamento e análise de dados de modo que essas adquiram valor agregado e se tornem conhecimento sensível utilizado na tomada de decisões das fases de desenvolvimento do planejamento estratégico (Figura 07).

Figura 07 – A elaboração do conhecimento sensível utilizado para a tomada de decisões estratégicas deve obedecer ao rigor e as técnicas descritas pela metodologia científica.


O valor da informação está relacionado ao modo com que essa auxilia atletas, técnicos e gestores a tomar decisões para alcançar as metas da organização esportiva. Este processo ocorre por meio de um *sistema,* definido como um conjunto de elementos inter-relacionados que coletam dados (entrada) converte em informações (processamento), organizam, registram (armazenamento) e a tornam disponível ao usuário (saída); de modo a fornecer um mecanismo de retro-informação (*feedback*) e controle que direciona ao cumprimento das metas e avalia o desempenho do próprio sistema, respectivamente (Figura 08).

Figura 08 – Sistema de informação. A *Entrada* representa a atividade de levantamento de dados brutos, deve ser criteriosa e precisa, baseada em técnicas científicas. O *Processamento* transforma a informação em conhecimento sensível. O *Armazenamento* refere-se à coleção de registros e arquivos. A *Saída* permite a difusão da informação. A *Retroalimentação* promove a correção dos processos.

Num ambiente globalizado os sistemas de informação asseguram uma vantagem competitiva para organizações esportivas e equipes quando interrelacionam e distribuem as informações que irão basear as tomadas de decisões estratégicas. Por meio da análise da informação um técnico ou gestor pode avaliar a capacidade dos adversários que pretende enfrentar. Assumindo que o objetivo do planejamento estratégico é reduzir incertezas e deste modo gerar maior probabilidade de sucesso, a utilização da tecnologia da informação possibilita levantar dados atualizados para a tomada de decisões. Para ser eficiente, o planejamento de como agir em relação aos pontos fortes e fracos do concorrente deve se dar sobre dados reais e não apenas impressões pessoais. Nesse sentido a tecnologia da informação passa a ser uma facilitadora das atividades da organização, deste modo, combinada com as ações estratégicas competitivas e de gestão de processos.

Um exemplo, em maior dimensão, da importância do tema Tecnologia da Informação, para organizações públicas e privadas nos dias atuais (e no futuro), é a natureza estratégica que o assunto é tratado pelos governos. No Brasil o Decreto nº 8.638/2016, instituiu a Política de Governança Digital com o propósito de promover a utilização, pelo setor público, de tecnologias da informação e comunicação com o objetivo de melhorar a informação e a prestação de serviços, incentivando a participação dos cidadãos no processo de tomada de decisão e tornando o governo mais responsável, transparente e eficaz.

No cenário global, as grandes potências investem nas tecnologias que provavelmente formarão o ciberespaço do futuro (espaço das comunicações formado por redes de computadores). São essas, os semicondutores (uma subclasse da cerâmica), a computação quântica (aplicação das teorias e propriedades da mecânica quântica à computação), a inteligência artificial (inteligência similar à humana exibida por *softwares*) e a nova geração de redes móveis 5G (evolução da atual rede de celulares de quarta geração). Essa (5G), além da capacidade de multiplicar por 20 a velocidade de transmissão de dados nos smartphones, fornecerá infraestrutura para inovações como carros autônomos e para a gestão de cidades inteligentes; além dos sistemas de processamento de informações relacionados à internet das coisas - IoT e *big data*, com capacidade de enviar em segundos bilhões de dados para a nuvem (termo utilizado para descrever uma rede global de servidores), processar, e retornar a informação processada para gerir os aplicativos conectados. O país que dominar estas tecnologias determinará o padrão da infraestrutura tecnológica para o resto do mundo [51].


## INFRAESTRUTURA TECNOLÓGICA

No campo da tecnologia, infraestrutura consiste conjunto de elementos e serviços que sustentam todos os sistemas de informação possibilitam o tráfego de informações. A infraestrutura de TI (Lat. *infra* = interno, estrutura = alicerce) existe para dar suporte as organizações no âmbito global da Tecnologia da Informação, sua implantação deve gerar impacto sobre a eficiência do negócio (sim, esporte é um grande negócio), havendo diversas perspectivas para o alinhamento da TI nas organizações (Figura 09).

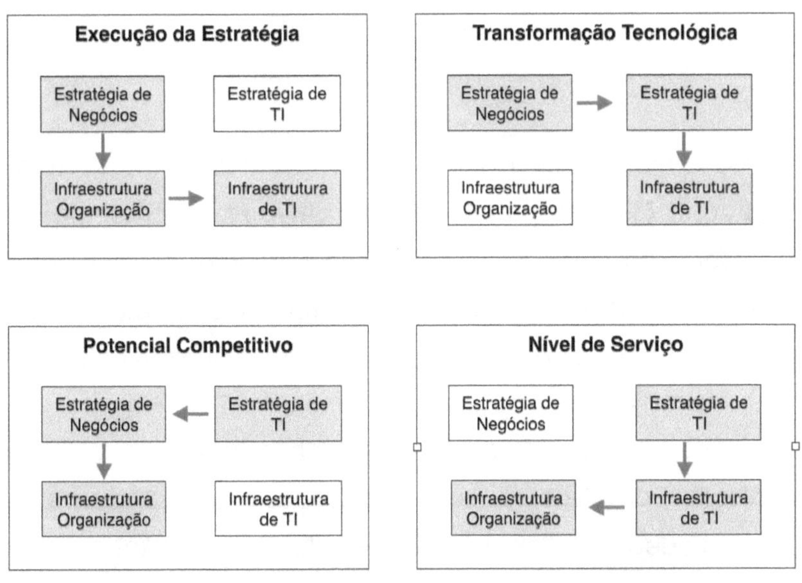


Figura 09 - Perspectivas de alinhamento da TI nas organizações [53].

As razões para o rápido crescimento da base de informações nas organizações está diretamente relacionada ao desenvolvimento da infraestrutura tecnológica [53]:

1. O crescimento do uso da Internet;
2. Disponibilidade de banda larga;
3. Conversão da informação analógica em formato digital;

4. Queda dos preços e aumento de desempenho de diversos dispositivos digitais.

Organizações competitivas requerem grande variedade de equipamentos, softwares e ferramentas de comunicação para funcionar, além de serviços de   profissional no campo da tecnologia. As organização devem planejar e administrar suas infraestruturas, de modo que ela possuam o conjunto de serviços tecnológicos necessários para o trabalho que desejam realizar.

De modo mais específico, os componentes da infraestrutura de tecnologia (TI) abrangem os *hardwares* (tecnologia para processamento computacional, armazenamento, entrada e saída de dados), *softwares* (administram recursos e atividades ou especificam para o computador uma tarefa solicitada pelo usuário final.), tecnologias de gestão de dados (organizam dados captados e armazenados para disponibilizar a usuários), tecnologias de rede e telecomunicações (responsáveis pela conectividade de dados, voz e vídeo da organização) e serviços de tecnologia para manutenção.

**Computadores (Hardware)**

Adriaan Van Wijngaarden (diretor de computação do *Matematisch Centrum* de Amsterdã), ao apresentar para o Ministro da Educação, no ano de 1948, o primeiro computador da Holanda (*ARRA*), o fez com a seguinte explicação *"Ministro, são três departamentos., o de matemática pura, que pensa de modo abstrato, acha que é um cubo com 13 dimensões. O de estatística está jogando dados com esse cubo. E o de matemática aplicada escreveu um programa para o computador ARRA simular esse processo.*" Até o referido ano os cálculos complexos eram realizados por mulheres utilizando calculadoras de mesa, as "computadoras" [131].

Para o leitor, computador pode ser definido como uma máquina eletrônica controlada por um programa (*software*), utilizada para armazenar, organizar, recuperar e processar dados (cálculos), além de controlar outras máquinas. Num breve histórico:

- O termo "computador" deriva do verbo "computar" que significa "calcular". Uma das primeiras máquinas de computar foi o "ábaco" (instrumento mecânico de origem chinesa criado no século V a.C.);

- John Napier (matemático escocês - 1550/1617) foi responsável pela invenção da "régua de cálculo" (considerada a base das calculadoras modernas). O primeiro instrumento analógico de contagem capaz de efetuar cálculos logarítmicos;

- Pascal (matemático francês - 1640) inventou a primeira máquina de calcular automática; e Gottfried Wilhelm Leibniz (matemático alemão - 1716), desenvolveu o primeiro sistema de numeração binário moderno, conhecido com "Roda de Leibniz";

- George Boole (1815-1864) foi um dos fundadores da lógica matemática, uma poderosa ferramenta no projeto e estudo de circuitos eletrônicos e arquitetura de computadores que contribuiu para que, no século XIX, o matemático inglês Charles Babbage (1840) criasse a primeira máquina analítica comparada ao computador atual com memória e programas.

- Ada Lovelace (1815 - 1852), escritora e matemática inglesa, escreveu o primeiro algoritmo a ser processado na máquina analítica de Charles Babbage. Ada é considerada a primeira programadora da história. Em tempo, algoritmo é uma uma sequência finita de instruções, as quais podem ser realizadas mecanicamente, em um tempo finito [85].

O computador moderno chegou ao seu estado por meio de quatros fases de desenvolvimento:

- Primeira geração (1951/1959) - os computadores funcionavam por meio de circuitos e válvulas eletrônicas. Eram grandes, de uso limitado e consumiam enorme quantidade de energia. O ENIAC (*Eletronic Numerical Integrator and Computer*) foi o primeiro computador digital eletrônico, desenvolvido a pedido do exército dos EUA para seu laboratório de pesquisa balística, pesava 30 toneladas, ocupava 180 m² de área construída, consumia cerca de 200 quilowatts de energia e possuía 19.000 válvulas. Sua capacidade de processamento era menor que uma calculadora de mão moderna (Figura 10);

- Segunda geração (1959/1965) - funcionavam por meio de transistores que substituíram as válvulas (maiores e mais lentas). Nesse período já começam a se destinar ao uso comercial. Transistor é um dispositivo semicondutor, geralmente feito de silício ou germânio, usado em função semelhante a um interruptor, permitindo ou impedindo o fluxo da corrente elétrica em circuitos eletrônicos. Essa função faz dos transistores os componentes básicos dos *chips* dos computadores que funcionam com linguagem binária (0/1);

- Terceira geração (1965/1975) - equipamentos com dimensão menor e maior capacidade de processamento, passaram a utilizar circuitos integrados (CI) em substituição aos transistores.   CI são circuitos eletrônicos que incorporam miniaturas de diversos componentes (transistores, diodos, resistores e capacitores), impressos em uma pequena lâmina (chip) de silício. Os chips desenvolvidos nesse período deram início a era dos computadores pessoais;

- Quarta geração (1975) - com o desenvolvimento da tecnologia da informação, os computadores diminuíram de tamanho, e aumentaram a velocidade e capacidade de processamento de dados. Os microprocessadores passaram a consumir cada vez menos   energia e o desenvolvimento de *softwares* tornou possível o surgimento dos computadores de mão (*smatphone*, iPod, iPad, tablet) com conexão móvel e navegação na internet.

Figura 10 - ENIAC (*Eletronic Numerical Integrator and Computer*), o primeiro computador digital eletrônico.

Os computadores modernos são compostos por diversas partes. Os componentes básicos de um computador podem ser divididos em dois grandes grupos: *hardware* e *software*.

1) Hardware

É a parte física do computador, qual inclui os componentes eletrônicos, placas de circuitos impressos, periféricos (teclado, mouse, monitor, impressora);

- Placa mãe - elemento responsável por conectar todos os demais componentes do computador (processador, memória RAM, disco rígido, placa gráfica, SSD, placas de rede entre outros), além de permitir o tráfego de informação e alimentar alguns periféricos com a energia que recebe da fonte de alimentação;

- Unidade central de processamento (CPU) - a CPU, de início composta por vários componentes independentes, foi aperfeiçoada para um único circuito integrado denominado microprocessador acoplado à placa-mãe. Trata-se de um dispositivo programável de entrada e saída de dados, que processa os dados digitais de entrada e, associando as instruções armazenadas em sua memória, fornece como saída os dados do processamento. A CPU é composta por:

- Unidade lógica e aritmética (ULA) - executa as operações aritméticas e lógicas;

- Unidade de controle (UC) - extrai instruções da memória, decodifica e executa, requisitando a ULA quando necessário;

- Registradores e memória cache - armazena dados para o processamento.

A velocidade de processamento das informações está diretamente relacionada à velocidade do processador. A velocidade de um processador é mensurada em função da velocidade do seu relógio, utilizando a unidade de frequência "Hertz" (Hz) ou "Mega Hertz" (MHz)). A frequência corresponde ao número de ciclos por segundo. A frequência interna do relógio do processador varia de processador para processador, sendo comuns velocidades entre 2 MHz e 3200 MHz (3.2

GHz). Intel e AMD são duas empresas fabricantes mundiais de processadores.

- Memória - os programas utilizam os dados armazenados na memória do computador (*hardware*) para realizar operações lógicas e aritméticas, de teste condicional, de escrita e leitura de dados, de atribuição de valores, de configuração do sistema entre outras. Em relação ao espaço de armazenamento de dados, o ideal seria uma memória grande, veloz, não volátil, a um baixo custo. Entretanto as tecnologias atuais ainda não permitem alcançar esse objetivo. Por tal motivo, a maioria dos fabricantes estrutura uma hierarquia de memórias para o desenvolvimento dos seus computadores, combinando uma pequena memória do tipo cache (volátil, veloz, porém de alto custo); uma grande memória principal - RAM (volátil, com dimensão na escala de gigabytes, veloz e com custo médio); e uma memória secundária, de armazenamento não volátil em disco, também na escala de gigabytes, porém de custo baixo. É o Sistema Operacional (gerenciador de memórias) o responsável por coordenar a utilização dessas memórias.

- Unidades de entrada e saída (E/S) - são dispositivos que estabelecem a comunicação do computador com o meio externo. Os principais dispositivos de E/S são: teclado, drive, monitor, mouse, impressora, modem, scaner.

## 2) Software

Software é uma sequência de instruções interpretada pelo computador com o objetivo de executar uma tarefa específica. O termo foi usado pela primeira vez em 1958 em um artigo escrito por John Wilder Tukey (cientista americano), também responsável por introduzir o termo "*bit*" para designar "dígito binário". Os programas (softwares) podem ser classificados em três tipos:

- Software de Sistema - conjunto de informações processadas pelo sistema interno do computador voltados ao gerenciamento e controle dos recursos do hardware. Permite a interação da máquina com o usuário por meio de uma interface gráfica. Abrange o sistema operacional (SO) e os controladores de dispositivos (memória, impressora, teclado e outros);

- Software de Programação - conjunto de ferramentas que permitem ao programador desenvolver sistemas computacionais usando linguagens de programação e um ambiente visual de desenvolvimento integrado;

- Software de Aplicação (APP) -  programas que permitem ao usuário executar tarefas específicas como: editar imagens, tocar música, editar texto, jogos e comunicação;

Por melhor que sejam os computadores usados para o gerenciamento de organizações esportivas, o poder real da tecnologia da informação ocorre quando esses equipamentos individuais passam a ser interligados por meio de uma rede que forma o *ciberespaço*. A rede de computadores mais conhecida é a *Internet*, pois conecta milhões de computadores pelo mundo, enquanto a web (*World Wide Web*) é uma das várias ferramentas de acesso a essa rede. A web usa o protocolo HTTP (*Hypertext Transfer Protocol*) para promover a transferência de informações e depende de *browsers* (navegadores como Internet Explorer e Chrome). Atualmente existem mais de 15 milhões de endereços na *web* (rede) denominados *Uniform Resource Locators* (URLs), com dezenas de páginas em seus *websites* (sítios).

**Ciberespaço**

O termo ciberespaço foi citado pela primeira vez no ano de 1984 pelo escritor norte-americano    William Gibson, na obra de ficção científica Neuromancer. O autor fazia referência a um espaço virtual formado por computadores (usuários) conectados em uma rede mundial, por onde circulava todo tipo de informação.

Ciberespaço é um ambiente de escala mundial, não-físico, constituído pelas redes digitais que interconectam computadores (e suas memórias) e também os sistemas de comunicação eletrônica quais transmitem informações originadas de fontes digitais. Esse amplo espaço transformou-se num ambiente de comunicação, socialização, organização, transação, informação e conhecimento.

As tecnologias digitais (conjunto de tecnologias que permite a transformação de qualquer informação ou dado em números binários, isto é, em zeros e uns - 0/1) surgiram no século XX como a infraestrutura do ciberespaço, revolucionando a indústria, a economia e a sociedade pela possibilidade de armazenar e difundir a informação.

As tecnologias digitais são a contraproposta às tecnologias analógicas que dependiam de meios materiais para existir (por exemplo, uma câmera analógica dependia de filmes quais necessitavam ser revelados, a câmera digital dispensa esse processo). A Internet pode ser compreendida como parte dessas tecnologias digitais, ou como a infraestrutura de comunicação que sustenta o ciberespaço, sobre as quais se desenvolvem diversos ambientes, como a Web, os fóruns, os chats [68]. Em suma, o ciberespaço é o ambiente e a Internet uma das infraestruturas.

Quando computadores pessoais são conectados em rede ocorre a convergência de duas áreas, informática e comunicação. A internet cria uma área pública sem limites geográficos, o ciberespaço, no qual as pessoas podem interagir por meio da troca de informações e ideias, do comércio e da prestação de serviços.

Uma rede de computadores é simplesmente o *hardware* e o *software* necessários para conectar duas ou mais máquinas de modo a permitir o compartilhamento de dados e outros recursos. Esta definição é representada pela formula N(N-1), na qual N refere-se ao número do nós (pontos de conexão) da rede. Deste modo, uma rede com 3 nós produz seis (06) conexões, significando que o número de conexões será maior que o de nós em uma rede.

Pode-se pensar na *internet* como uma rede composta por milhões de outras pequenas redes privadas com capacidade de operar de modo independente ou em conexão, sem um sistema de computador central. Existem, entretanto 13 servidores raiz distribuídos ao redor do mundo (10 nos EUA, 02 na Europa e 01 na Ásia) para efetuar o roteamento (encaminhamento) de pacotes de dados.

Esse (13) é o número máximo, tecnicamente possível, de servidores. No caso de um servidor quebrar, os outros continuam funcionando, e mesmo se todos caírem simultaneamente a resolução dos nomes de domínio (DNS - a principal função dos servidores raiz) continua sendo feita por outros servidores de nome de domínio distribuídos hierarquicamente através da internet. Para aumentar a base instalada destes servidores, foram criadas réplicas localizadas por todo o mundo, inclusive no Brasil e Portugal.

**Telecomunicação**

Telecomunicação é a troca de qualquer tipo de informação pela rede (texto, imagens, voz, vídeo, áudio). Os sistemas abertos (sistemas de informação que adotam padrões comuns de *hardware*, *software* e aplicações de rede) que utilizam a tecnologia de rede da *internet* representam a principal tendência em telecomunicação.

Os sistemas de telecomunicação aumentaram seus desempenhos de velocidade, volume, economia e taxa de erro (redução), com a mudança da tecnologia de redes analógicas (frequências elétricas geradas pela voz humana) para digitais. Analógico e digital são técnicas utilizadas para transformar informação em sinais elétricos para que estas sejam processadas. Um microfone converte ondas de pressão (som) em uma voltagem ou corrente elétrica para que possa ser amplificada em um sistema de som. No sistema analógico, a corrente elétrica gerada é proporcional a quantidade observada (um termômetro analógico eletrônico que mede a temperatura de 36 graus gera 83 volts, logo a voltagem resultante é análoga à temperatura). Na técnica digital a quantidade observada é expressa de modo numérico (trinta e seis graus medidos pelo termômetro digital resulta no dígito 36 em código binário). A vantagem do método digital é que os dados binários ("zero" e "um") podem ser recebidos e processados por um computador, ao passo que o analógico precisa ser convertido por meio de um *modem* (modulador/demodulador).

A infraestrutura de telecomunicação é formada por redes dos quais os tipos básicos são as redes em área ampla (WAN - *Wide Areas Network*) que cobrem grandes espaços geográficos; as redes de área metropolitana (MAN - *Metropolitan Area Network*) que cobrem desde blocos de edificações até toda uma cidade; e as redes locais (LAN - *Local Area Network*) que conectam computadores dentro de uma área física limitada como um escritório (Figura 11).

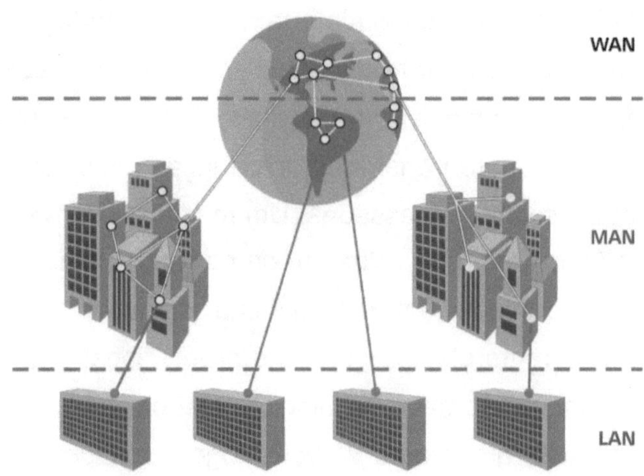


Figura 11 - Classificação de rede de computadores segundo à extensão geográfica 4[3].

O controle de comunicação nas redes é realizado por meio de protocolos (conjunto padronizado de regras e procedimentos). O *HyperText Transfer Protocol* - HTTP (Protocolo de Transferência de Hipertexto) é um protocolo de comunicação entre sistemas de informação que permite a transferência de dados entre redes de computadores, em particular na *World Wide Web* (Internet). Esse protocolo permite a transferência de páginas HTML do computador para a Internet (os endereços dos websites (URL) utilizam no início a expressão "http://", definindo o protocolo usado). Esta informação estabelece a comunicação entre a URL e o servidor

Web que armazena os dados, enviando então a página HTML solicitada pelo usuário.

Para que a transferência de dados na Internet ocorra, o protocolo HTTP necessita estar associado  a outros dois protocolos de rede: TCP (*Transmission Control Protocol*) e IP (*Internet Protocol*). O modelo TCP/IP estabelece a conexão entre computadores clientes-servidores para endereçar os pacotes de dados. Por convenção o endereço IP é expresso por quatro conjuntos de números decimais separados por pontos (127.154.95.6), no qual a primeira parte identifica a rede em que está instalado o servidor central, a segunda um computador específicos da rede. Com esta hierarquia de dois níveis é possível identificar qualquer computador conectado à internet.

Por meio dessas tecnologias, as redes de longa distância (WANs) podem interligar administradores de esportes localizados em todo um   país, tornando possível o compartilhamento de informações [108].

ESTUDO DE CASO
**SISTEMA PULSE DE TELESAÚDE E TELEMONITORAMENTO**

Para a ciência só é possível controlar aquilo que se pode medir. Atletas e treinadores concordam com esta premissa, pois acreditam que quanto mais dados se tem para analisar características biológicas e de desempenho, maior a probabilidade de melhorar a performance esportiva.

O que os atletas comem, como se exercitam, a qualidade do sono, o comportamento fisiológico (frequência cardíaca, taxa de oxigênio, pressão sanguínea) frente à carga de exercidos. Todas essas variáveis provavelmente são correlacionadas com o desempenho durante as atividades esportivas.

A dificuldade para impor à prática à teoria é a necessidade de obtenção de dados longitudinais. Significa acompanhar o atleta por um determinado período de tempo, pois uma única aferição da pressão arterial ou a aplicação de um questionário sobre a qualidade do sono no ato de uma avaliação clínica médica não fornece informações precisas sobre o real estado do indivíduo. Considerando que os atletas passam mais de 90% do tempo fora do ambiente clínico, esse breve recorte (dados transversais) pode ser enganador.

A resposta para o problema está nas ferramentas de telesaúde e inovação em saúde digital, entre essas o telemonitoramento ou monitoramento à distância de parâmetros de saúde e/ou doença do indivíduo por meio das TICs (tecnologias da informação e comunicação). Essas ferramentas ampliam a capacidade de o treinador ou clínico (fisioterapeuta, médico) em coletar e analisar dados do atleta ao longo do tempo, sob as diferentes condições ambientais que ocorrem durante o dia e para diferentes características individuais.

**Telesaúde**

Telessaúde (telemonitoramento, teletriagem, teleconsulta, telediagnóstico, telecirurgia, teleconferência, teleconsultoria) envolve o uso de telecomunicações e tecnologia virtual para fornecer assistência além das instalações tradicionais dos serviços biomédicos, por meio de atendimento virtual, acompanhamento remoto, orientação de especialistas à profissionais situados em locais remotos.

A experiência com o uso da tecnologia em países como Estados Unidos, Israel e nos continentes Europeu e Asiático sugere que, além de reduzir a demanda por serviços de saúde prestados de modo presencial nas instalações físicas tradicionais, gera economia de recursos (água, luz, pessoal) e redução de custos operacionais devido à menor necessidade de espaço (instalações de saúde menores com melhor controle de resíduos e menor impacto ambiental) [60]. Também facilita o cotidiano das pessoas que podem ser atendidas por profissionais sem a necessidade de deslocamento aos centros de atendimento (seguem para os postos de saúde apenas os casos complexos e graves), reduzindo filas de espera e limitando o agravamento de patologias) [60].

No campo do esporte os serviços de telesaúde são solicitados com maior frequência nas áreas de triagem de atletas, monitorando durante a prática de esportes radicais, assistência de especialistas à equipe médica, suporte aos atletas em treinamentos, supervisão da prática de   exercícios em domicílio (em particular para indivíduos com doenças crônicas), progresso de reabilitação de lesões e análise de desempenho de atletas [95].

Segundo o Conselho Federal de Medicina, a telesaúde é uma das ferramentas com maior potencial para agregar novas soluções em saúde, por meio da qual muitos dos procedimentos e atendimentos presenciais poderão ser substituídos por interações intermediadas por tecnologias [25, 42].

**Telemonitoramento**

O telemonitoramento (monitoramento remoto) refere-se à transmissão de dados biológicos como: frequência cardíaca, pressão arterial, saturação de oxigênio, qualidade do sono e telemetria  diretamente aos prestadores de cuidados (treinadores, fisiologistas, nutricionistas, psicólogos, médicos), por meios eletrônicos automatizados, por entrada de dados baseada na web ou por telefone [78].

Um estudo longitudinal (6 meses de seguimento) avaliou o efeito do telemonitoramento na adesão ao treinamento físico (exercícios domiciliar não supervisionado), a capacidade funcional, qualidade de vida e controle glicêmico em 39 pacientes divididos em grupo controle e experimental (diabetes tipo II). Os pacientes do grupo telemonitorado melhoraram o pico de VO2 e completaram mais horas de exercício em comparação aos controles. O Volume de Oxigênio Máximo (VO2) é a capacidade máxima do corpo de um indivíduo em transportar e metabolizar oxigênio durante um exercício físico incremental. Trata-se da variável fisiológica mais acurada para refletir a capacidade aeróbica de um indivíduo [77].

Um dos primeiros sistemas de cardiologia teleconsultativa aplicado na reabilitação e medicina esportiva (TELECARD) foi desenvolvido para uso nos departamentos ambulatoriais na cidade de Kaunas (segunda maior cidade da Lituânia), e usado para avaliação funcional de esportistas lituanos durante os Jogos Olímpicos de Sydney em 2000. Os resultados dos examinados mostraram que todos os esportistas responderam de modo diferente à aclimatação e o sistema TELECARD forneceu suporte aos médicos e treinadores para tomar as melhores decisões em relação à adaptação dos atletas [18, 128].

Projetos nacionais, como a *Pulse Telesaúde,* estão em progressivo desenvolvimento para oferecer serviços de telemonitoramento em vários campos, como esporte, saúde, treinamento tático, transporte de produtos perigosos e profissões de risco. Empresas internacionais também concorrem para oferecer serviços no Brasil a partir dos seus países de origem, logo fora do âmbito da norma legal brasileira.

**Pulse Telesaúde: Monitoramento Remoto**

*Pulse* é um projeto brasileiro desenvolvido pelo Grupo Prática Clínica (www.praticaclinica.com.br), no campo da telesaúde e telemonitoramento. Trata-se de um sistema de uso profissional com parâmetros baseados em evidências científicas empregado para o monitoramento remoto de pacientes, atletas, profissões de risco e treinamento tático.

Entre as características que posiciona o sistema como um dos mais promissores do mercado   é a aplicação do conceito de prática baseada em evidências no algoritmo de validação e tratamento de dados, bem como a individualização dos parâmetros por meio da avaliação clínica presencial do usuário, antes de iniciar a coleta de dados (Figura 12).

Figura 12 - Sistema Pulse de telemonitoramento.

A tecnologia permite, por meio de uma pulseira com sensores, a coleta detalhada de dados fisiológicos do corpo humano necessários para avaliação do estado funcional do usuário, entre esses: pressão arterial, frequência cardíaca, nível de oxigênio, sono, calorias, fadiga e deslocamento. Para alcançar um nível profundo de análise dos processos biológicos, uma grande quantidade de informações precisa ser gerada ao longo do tempo e armazenada em bases de dados.

Os dados são então submetidos à análises fundamentadas em métodos matemáticos e metanálises para gerar novas informações. Por exemplo, a relação peso/altura pode gerar, entre outros, o Índice de Massa Corporal (IMC) do atleta, e a relação desse índice com a circunferência da cintura e outros parâmetros (hábitos, nível de atividade física, idade, sexo) pode indicar probabilidade de risco cardíaco. Considera também que alterações de um órgão (ex. coração) leva a mudanças em outros (ex. rins e pulmões).

O processo de individualização dos parâmetros decorre do cruzamento dos dados relativos às condições iniciais do indivíduo, auferidas por um profissional (médico, fisioterapeuta, psicólogo), sobre as quais o sistema inteligente define os limites mínimo e máximo, individualizados para sexo, raça, idade e condições físicas.

Os resultados são usados na construção do histórico e apresentação gráfica dos parâmetros do usuário. Deste modo a tecnologia monitora os dados fisiológicos com a intenção de definir a melhor técnica e carga de exercícios por meio da individualização das atividades de cada atleta, otimizando a performance durante o processo de treinamento (Figura 13).

Figura 13 - Fluxo de dados do sistema Pulse - Telemonitoramento.

Além da função de controle de tratamentos e treinamentos por meio de dados, as vantagens do uso do sistema de telesaúde (telemonitoramento) são associadas à maior adesão do atleta ao treinamento e do paciente ao tratamento.

O nível de precisão do sistema pode alçar os serviços de saúde e esporte à outros patamares ao individualizar intervenções de acordo com a diferença entre sexos, tipo racial e idade; e descobrir as melhores abordagens de acordo com as respostas fisiológicas do indivíduo.

Ferramentas da tecnologia da informação, telesaúde (provisão direta de cuidados clínicos à distância), telemonitoramento (uso de tecnologias para monitorar o paciente à distância) e telehomecare (suporte ao paciente antes do acesso ao profissional da saúde), estão entre as técnicas mais promissoras para entregar cuidados de saúde em escala à baixo custo. Um estudo de revisão sistemática sobre 65 estudos concluiu que os resultados do telemonitoramento sobre a eficácia clínica para a redução de visitas de emergência, internamentos hospitalares e tempo de permanência média de internamento tem se mostrado consistente [96].

O mesmo modelo de monitoramento pode auxiliar clubes e confederações à proteger seus investimentos aplicando ciência e tecnologia na rotina de técnicos e atletas para aumento de performance e gestão de saúde; bem como empresas podem aumentar a segurança para seus funcionários e clientes avaliando em tempo real as condições físicas e emocionais dos seus colaboradores, quando em atividades periculosas.

## TECNOLOGIAS APLICADAS AO ESPORTE

O lema dos Jogos Olímpicos, *"Citius, Altius, Fortius"* (mais rápido, mais alto, mais forte), criado pelo padre Henri Didon, amigo do Barão Pierre de Coubertin, quando da criação do Comitê Olímpico Internacional em 1894, foi introduzido nos Jogos Olímpicos de Verão de 1924 em Paris, é uma mensagem de superação pessoal, um convite do Movimento Olímpico para que cada atleta tente melhorar o próprio desempenho. Não obstante à intenção dos autores, a tecnologia tornou-se indissociável ao desenvolvimento do esporte e do desempenho dos atletas para lograr tal êxito.

A aplicação de ciência e tecnologia permite ampliar as habilidades naturais dos atletas. A superação de recordes mundiais tornou-se frequente com o desenvolvimento de novos materiais, projetos de arenas, instalações, equipamentos e vestíveis. Isso porque a indústria esportiva é tão competitiva quanto os próprios atletas

Partindo da premissa de que um atleta vencedor é idealizado como aquele que possuí o melhor conjunto de capacidades físicas, técnicas, táticas e psicológicas para suportar as demandas de uma competição e superar seus concorrentes, qual o limite para que variáveis externas possam influir no resultado final? A tecnologia pode distanciar o esporte da sua essência e dos seus princípios ao limitar a competitividade àqueles agentes com maior condição de acesso, desvalorizando o talento do atleta? É justo comparar o desempenho de atletas com acesso à informação e tecnologia contra os demais?

Sobre o tema também versam as questões de segurança. Por exemplo, o centro de gravidade dos dardos foi alterado no final da década de 1980 para garantir que permanecessem dentro dos limites dos campos de lançamento. Entretanto, consequências não intencionais também ocorrem. Por exemplo, a adoção de luvas de boxe para proteger as articulações desnudas dos pugilistas aumentou a frequência de lesões cerebrais e morte na modalidade [123].

## Robótica e Inteligência Artificial (IA)

O termo "robô" denota na sua origem o sentido de "revolta" quando proposto pela primeira vez por  Karel Capek (dramaturgo tcheco) com o significado de servidão ao se referir aos autômatos. Segundo a neurocientista cognitiva Agnieszka Wykowoka, o antagonismo humano aos robôs não difere do modo como esses (humanos) se agridem, talvez devido aos aspectos da psicologia tribal que caracteriza os grupos sociais dos homens, onde existem "os de dentro" e "os de fora", logo, robôs não são membros do grupo (Figura 14).

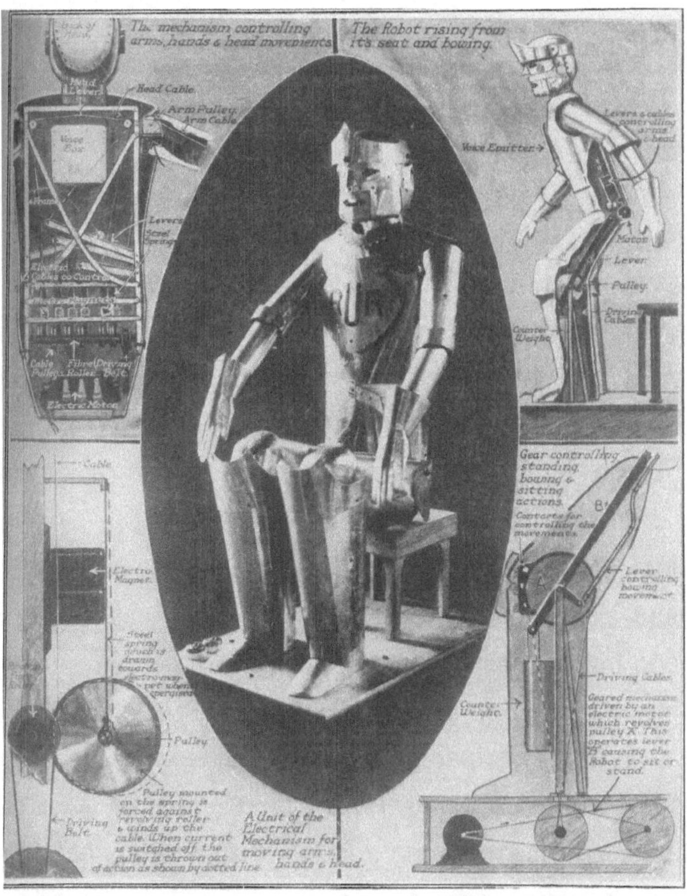

Figura 14 - Primeiro conceito de "robô" por Karel Capek.

De modo paradoxal, a tendência a desumanizar os robôs parece vir do desejo de querer torná-los humanos ou dos humanos se perceberem como máquinas, não conseguindo separar essas ideias; haja vista o sistema nervoso ter sido explicado apenas depois da descoberta da eletricidade, e o DNA ser explicado como análogo ao código de um computador, não esquecendo a representação dos neurônios artificiais. O convívio com robôs parece ser melhor percebidos por humanos quando estes recebem nomes, (Joe, Sally, Mike), tornando parte do grupo. Neste momento surgem as iniciativas dos robôs de companhia.

No campo do esporte, até o presente, os robôs são e estão sendo desenvolvidos para simular movimentos possibilitando o teste de equipamentos, treinamento de atletas, bem como já existem testes de trajes robóticos vestíveis.

No ano de 2019 foi publicado na revista Science um artigo apresentando um traje desenvolvido pelo consórcio entre as Universidades de Harvard, de Nebraska (EUA) e a Universidade de Chung-Ang (Seul). Flexível e pesando aproximados 5 Kg. o traje cobre a cintura e as coxas, com cabos apoiados às costas, em função traciona as coxas durante os movimentos por meio de um motor elétrico. O maior avanço desta tecnologia é o processo de calibragem do equipamento para as diferenças entre andar e correr por meio de sensores. Para caminhar a uma velocidade de 1,5 metros/segundo há uma redução de energia na ordem de 9,3%, qual aumenta para 4% para corridas à velocidade de 2,5 metros/segundo. Inicialmente concebido para auxiliar na reabilitação de pessoas com deficiência e aumentar a capacidade humana para o transporte de peso, não está descartado o uso esportivo do traje (Figura 15) [20].

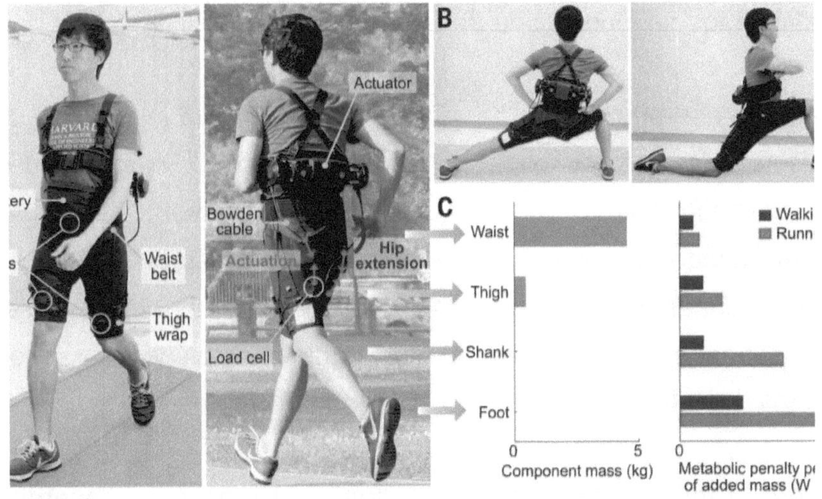


Figura 15 - Traje robotico (Fonte: Revista Science, 2019).

No tênis de campo robôs podem, em breve, substituir as máquinas de disparo de bola para treinamento, permitindo aos jogadores (humanos) aprender a antecipar o tipo de saque e os maneirismos que possam ser típicos dos  oponentes humanos. Tecnologia similar já existe no tênis de mesa, o *TreinerBot* é um robô auxiliar no treinamento dessa modalidade de esporte (Figura 16).

Figura 16 - *TreinerBot*. Equipamento robótico para treino dos movimentos na modalidade de tenis de mesa.

Não seria surpreendente para os próximos anos a introdução de *bots* de coleta de bola em esportes como o tênis de campo, o uso de árbitros-robôs para tomar decisões, entidades cibernéticas (termo usado no senso geral) auxiliares em testes anti-doping; e desempenhando parte do trabalho dos treinadores, em particular analisando os dados coletados de equipamentos vestíveis dos atletas durante o treinamento.

Robôs também já participam dos seus próprios eventos esportivos. A federação *RoboCup* foi criada com o objetivo de promover a robótica e a pesquisa em IA. Os primeiros jogos foram realizados em 1997 com mais de 40 equipes participantes e mais de 5.000 espectadores (Figura 17).

Figura 17 - RoboCup. A idéia de robôs jogando futebol foi mencionada pela primeira vez pelo professor Alan Mackworth (Universidade da

Colúmbia Britânica, Canadá) em um artigo intitulado "On Seeing Robots" (1992) [75].

Embora os robôs atuais, ainda sem agilidade física, percepção ou resistência apresentem um aspecto cômico, não vamos nos iludir com a aparente superioridade humana. Na história da inteligência artificial e da robótica, o ano de 1997 é reconhecido como um ponto singular. Em maio desse ano o supercomputador *IBM Deep Blue* equipado com 256 co-processadores e capazes de analisar aproximadamente 200 milhões de posições por segundo, derrotou o campeão mundial no xadrez Garry Kasparov (natural do Azerbaijão) num confronto de 6 partidas, com 2 vitórias, 3 empates e 1 derrota (pontuação final: 3,5 a 2,5) (Figura 18).

Figura 18 - Kasparov x Deep Blue (supercomputador da IBM) em 1996. O computador venceu o primeiro jogo, disputado na Filadélfia. Na revanche realizada em Londres no ano de 1997 Kasparov venceu o primeiro jogo, perdeu o segundo e houve empate no 3º, 4º e 5º. A máquina terminou vencedora no sexto e decisivo jogo.

Houve quem desse pouco crédito à inteligência da máquina pelo fato de o jogo contra Kasparov ter sido baseado essencialmente em cálculos matemáticos, campo para a qual os computadores são desenvolvidos. Entretanto, em 2015 uma nova tecnologia foi desenvolvida pelo DeepMind, o laboratório de IA do Google. A máquina AlphaGo depois de vencer em 2015, Fan Hui, campeão europeu do jogo chinês Go por 5 a 0, conseguiu superar em 2016, pelo placar de 4 a 1, o Sr. Lee Sedol, campeão mundial, repetindo o feito por 18 vezes (Figura 19).

Figura 19 - AlphaGo é um programa de computador que joga Go (jogo de tabuleiro). Desenvolvido    pelo Google DeepMind da Alphabet Inc (Londres). Em março de 2016 a máquina venceu Lee Sedol em uma partida de cinco jogos. O AlphaGo usa um algoritmo de busca denominado árvore de Monte Carlo para decidir seus movimentos com base no conhecimento previamente "aprendido" (aprendizado de máquina), por meio de jogos contra humanos quanto em  computadores.

O evento torna-se surpreendente, haja vista que nesse jogo (Go) o jogador tem 200 opções por jogada, contra 20 no xadrez. Logo o algoritmo usado contra Kasparov analisava todas as opções possíveis de jogada para decidir pelo próximo movimento (busca por força bruta). No Go, pela quantidade de saídas possíveis, isso não pode ser feito, pois o jogo permite $10^{171}$ posições possíveis, maior até que a quantidade de átomos no universo (!). Para comparar, o xadrez tem $10^{50}$. Para resolver o problema, o AlphaGo foi programado com técnicas de Aprendizado de Máquina e redes neurais artificiais, tornando possível o *pensamento* simultâneo sobre as jogadas. Desse modo o computador não precisou aprender todos os movimentos, mas foi treinado por meio da análise de mais de 30 milhões de movimentos realizados por outros jogadores, além de vencer 494 jogos contra outros computadores, o que foi imprescindível para seu êxito.

**Equipamentos Vestíveis**

A tecnologia vestível é um recurso para coleta de dados, tornando-se popular entre equipes esportivas para vários fins, da prevenção de lesões à análise de desempenho de atletas [95]. Scanners 3D, capazes de detectar milhares de pontos na superfície do corpo, são utilizados para análise cinética e morfológica dos atletas, permitindo desenvolver roupas e equipamentos personalizados.

- Engenharia de tecidos - no campo da engenharia de tecidos o náilon foi desenvolvido nos anos 50 e a Lycra nos anos 80, permitindo trajes com menor absorção de água. O traje *LZR Racer* da *Speedo*, projetado para reduzir o arrasto e aumentar o desempenho de nadadores foi introduzido nas Olimpíadas de Pequim (2008). Nesses Jogos, 94% das provas foram vencidas e 98% dos recordes quebrados por atletas usando o vestimento. O traje comprime o corpo do nadador reduzindo o arresto e fazendo com que a água possa fluir de modo mais rápido através das fibras do tecido, além da capacidade de absorver menor quantidade de água, haja vista a menor espessura dos fios (Figura 20).

Figura 20 - Traje LZR Racer (Speedo) introduzido nas Olimpíadas de 2008 contribuiu para a quebra de 43 recordes mundiais. Macacão de poliuretano complicas de teflon posicionadas no peito e nas pernas

Depois de 43 recordes quebrados em 40 eventos no Campeonato Mundial de Natação de 2009 e 130 recordes mundiais superados em menos de um ano, a Federação Internacional de Natação (FINA) proibiu trajes de corpo inteiro. Esses devem estar entre a cintura e os joelhos para os homens, não além dos ombros ou abaixo dos joelhos para as mulheres. O que define o problema é que muitos dos os recordes mundiais permaneceram mantidos por muitos anos, nos quais os atletas não contavam com a mesma vantagem daqueles que os estabeleceram. Várias das marcas dos tempos dos super-trajes foram superadas apenas no Campeonato Mundial da Coréia do Sul, em 2019, por atletas como o Húngaro Kristóf Milák (bateu o recorde estabelecido por Michael Phelps nos 200 metros borboleta) e o norte-americano Caleb Dressel (superou o recorde nos 100 metros borboleta, também de Michael Phelps);

- Tecidos de nanopartículas - nas aplicações da tecnologia *nano*, tecidos revestidos com partículas de prata em escala da bilionésima parte do metro, conferem propriedades antimicrobianas (controle de odor e combate a fungos e bactérias). Partículas a base de zinco, por sua vez, criam uma proteção anti-UV. Outras propriedades obtidas por meio dessa tecnologia são: antiestática, retardante a chamas, repelentes de água e/ou óleo e capacidade autolimpante. Entre os potenciais dessa tecnologia ainda são estudados os trajes capazes de gerar energia com movimento e armazenar energia solar.

**Materiais Esportivos**

O surgimento dos polímeros permitiu um leque de possibilidades para o desenvolvimento de novos produtos. Polímero (Gr. poli = muitos, meros = partes) são macromoléculas formadas por moléculas pequenas (monômeros) que se ligam por meio de uma reação química denominada polimerização [102]. Os polímeros podem ser naturais (celulose (plantas), caseína (proteína do leite), látex natural e seda), ou sintéticos (PVC, náilon, acrílico, poliestireno, policarbonato, PET, baquelite, poliéster, neopreno e ABS).

Entre outros materiais e processos de fabricação que modificaram a produção de materiais esportivos está o titânio e a fibra de carbono. O primeiro, de início um material caro, de uso militar, atualmente é hoje utilizado para vários fins, de relógios esportivos a acessórios para alpinismo [103]. A fibra de carbono, desenvolvida para aplicações bélicas ou de segurança, como coletes à prova de balas e pontas de ogivas nucleares, por suas características de leveza e alta resistência mecânica, passou a ser considerada nos projetos para fabricação de bicicletas, raquetes de tênis, chassis de veículos e outros (Figura 21) [37, 103].

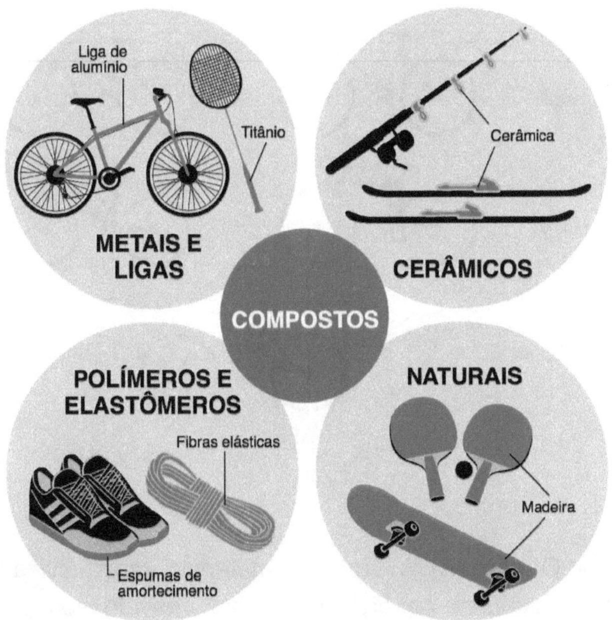


Figura 21 - Materiais [103].

- Bicicletas - no ciclismo, diferentes materiais apresentam vantagens de acordo com o objetivo de uso. O quadro (estrutura central da bicicleta), responsável por grande parte do desempenho do equipamento apresenta várias opções de material para sua fabricação, cada uma com características e qualidades próprias. Quanto mais aerodinâmico, leve e resistente, mais facilidades o ciclista terá para pedalar, dependendo do tipo de pedal e terreno, há materiais que resultam em melhor desempenho que outros (Figura 22) [103].

Figura 22 - O aço (A) é um dos materiais mais utilizados para a fabricação de quadros de bicicleta, porém, devido aos processos de fabricação por extrusão e estiramento, a forma fica limitada. O alumínio (B) pode ser processado por dobragem de chapa ou por fundição, facilitando alterações no design. O magnésio (C) é restrito ao processo de fundição. O polímero náilon (D) pode ser fabricado pelo processo de injeção sob pressão. O material mais leve e resistente é o compósito de resina epóxi, reforçado com fibra de carbono (E), cujo problema de utilização está na junção entre as partes, que, em muitos casos, pode gerar aumento de peso ou fragilidade (o processamento obtém melhor resultado quando fabricado em formato de casca) [104].

Preocupado com o fato de que os engenheiros estivessem assumindo demasiada evidência nos resultados das competições, as regras para uso dos designs foram reavaliadas. Porém, no final de 2014, o órgão permitiu projetos contemporâneos para uso em provas contra-relógio, dando ao esporte algum espaço de manobra tecnológico, mantendo maior interesse dos patrocinadores e atenção dos torcedores.

- Bola de futebol - até a década de 70 a bola de futebol com peso entre 410 g e 450 g era de couro, logo absorvia umidade, o que influenciava seu comportamento e o desempenho dos atletas. Nos chutes aplicando a técnica de *Spin* o fluxo de ar circunjacente criava vetores de forças transversais gerando um movimento de rotação do objeto, modificando sua trajetória para uma curva, dificultando a atuação do goleiro. Esse efeito era mais acentuado quando o jogo se dava em clima seco. A partir de 2006 as bolas passaram a ser revestidas com polímeros, sob o revestimento de poliuretano são aplicadas até dez camadas de poliestireno e na câmara é usada borracha butílica com os gomos unidos por ligação térmica em vez de costuras. As bolas tornaram-se mais estáveis, proporcionando um maior controle sobre ela. As bolas de futebol também passaram a ser responsabilizadas pela decisão de jogos, como a Jabulani, da Copa da África do Sul de 2010 (Figura 23) [104];

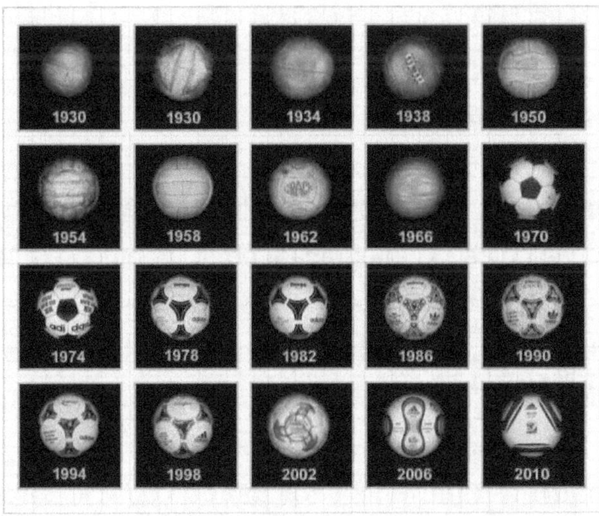

Figura 23 - As primeiras especificações para a bola de futebol foram estabelecidas pela *The Football Association* em 1863 e revistas pela *International Football Association Board* em 1872. As primeiras bolas de futebol, feitas de borracha e couro, eram adequadas para chutar, no entanto, machucavam a cabeça dos atletas por absorver água, ficando pesadas.

- Raquetes de tênis - em 1874 Walter C. Wingfield registrou a patente para as regras e equipamentos do jogo em gramado, descrevendo o uso de raquetes de madeira. A *Wilson Sporting Goods* introduziu a primeira raquete de metal em 1967, denominada T2000, que aumentou a vida útil e a rigidez desse equipamento, sem aumentar o peso. Em 1980 as raquetes de madeira tornaram-se obsoletas frente às de grafite (mais leves) de melhor  desempenho. Raquetes inteligentes surgiram em 2014, equipadas com chips (sensores) que enviam dados para aplicativos baixados em celular com a intenção de registrar parâmetros de efeito e velocidade da  bola, e o ponto de contato sobre as cordas da raquete entre outros.

**Tecnologia de Sensores**

Sensores para todos os tipos de aplicação são destaques entre as novas tecnologias. A integração entre o mundo analógico e o digital por meio destes dispositivos representa grande parte das características inovadoras da Fórmula 1. Um carro da equipe Lotus conta com mais de   300 sensores que enviam 25 MB de dados a cada volta na pista (uma corrida têm entre 50 e 70 voltas). Os sensores também são usados para captar dados meteorológicos e analisar a performance dos outros pilotos para cada tipo de ambiente (chuva, sol), o resultado das análises fundamentam as decisões sobre o melhor momento para seus pilotos trocarem os pneus ou reabastecerem. O ponto fraco da tecnologia ainda é a a baixa qualidade da banda da conexão para envio de dados entre o carro e os engenheiros (a velocidade de transmissão dos dados é de apenas 10 Mbps,  mais baixa do que a maioria das bandas largas domésticas) (Figura 24).

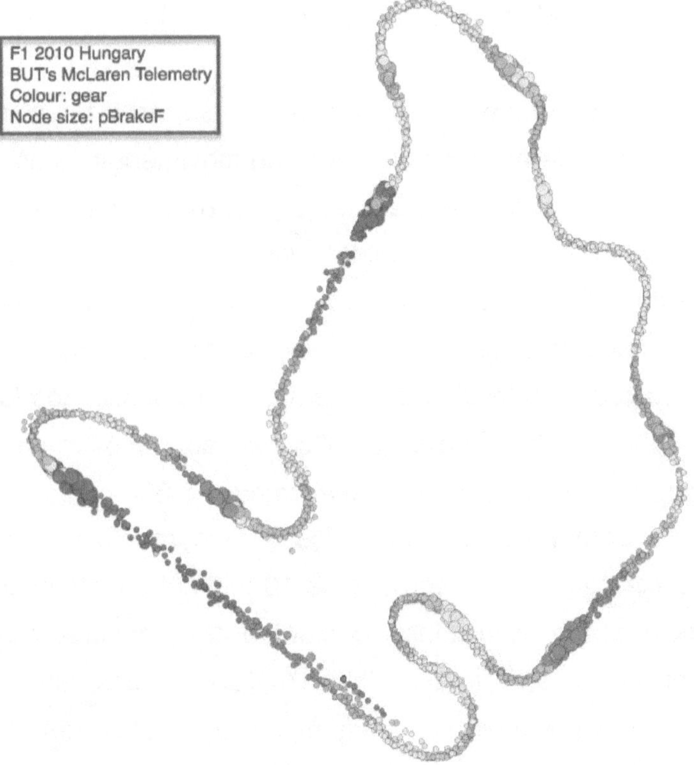


Figura 24 - Telemetria (uso de freios). por meio da tecnologia as equipes da F1 coletam dados dos carros, analisam e interpretam, de modo a melhorar a performance de cada piloto em treinos e corridas.

- Na esgrima, uma das modalidades esportivas mais tecnológicas, sistemas eletrônicos e sensores são conectados à ponta das armas dos atletas. Quando o oponente é tocado, esse é detectado por meio de uma malha condutora elétrica que recobre o traje dos competidores. Na espada e no florete, em que a regra só permite pontuar com a ponta da arma, ao toque, um sensor acende uma luz no painel de pontuação (vermelha ou verde, a depender do atleta que pontuou, e branca quando o toque é numa região inválida) [54];

- Sistema de rastreamento de atletas - nos esportes coletivos a tecnologia de análise automática da movimentação do jogador ou rastreamento permite usar os dados no planejamento do seu treinamento e na avaliação individualizada dos resultados obtidos. Entre os parâmetros avaliados estão: a distância percorrida durante o jogo e a velocidade dos movimentos. Em um estudo, realizado na Unicamp, foram analisados jogos de futebol de salão para cegos. Os resultados mostraram que os atletas corriam, em média, aproximados 3.600 metros em cada jogo. Com base nesses dados o treinamento considerou a redução das longas corridas de 10 mil metros, cuja estimativa era baseada na distância percorrida por jogadores de futebol profissional em uma partida. Análises táticas também são possíveis por meio do rastreamento de atletas, uma vez que sua distribuição pelo campo é conhecida, bem como a posição da bola. Assim, pode-se saber em que região do campo cada jogador permaneceu mais tempo e qual equipe se distribuiu melhor. Este tipo de sistema exige muitos recursos computacionais, além de algoritmos (modelos matemáticos) inteligentes, devido à complexidade do problema e à quantidade de informações a serem processadas. Num jogo de futebol de 90 minutos são processadas 162 mil imagens para cada câmera usada a uma velocidade de 30 Hz (imagens/segundo) [103];

- Análise do movimento humano - o movimento de cada segmento do corpo humano (braço, perna, cabeça) depende de rotações e ângulos de articulação específicos. Esse tipo de análise, denominado cinemática, começou a ser realizada sistematicamente no final do século XIX com a invenção da fotografia. Com o advento dos vídeos no século XX, a cinemática ganhou mais uma dimensão e passou a ser empregada na área de reabilitação com a finalidade de diagnosticar alterações do aparelho locomotor, e de modo progressivo avançou para a análise do movimento de atletas. Os sistemas para análise cinemática tridimensional se baseiam em imagens de registro estereoscópico (fotografias ou filmagens realizadas simultaneamente a partir de perspectivas diferentes), de modo a registrar as três dimensões do movimento. Um corpo que se movimenta no espaço tridimensional tem seis graus de liberdade de movimentação, considerando as rotações de joelho, cotovelo, pulso, tornozelo e outras articulações. São necessárias, portanto, seis coordenadas independentes para descrever a posição e a orientação do movimento, e medir os ângulos das articulações em momentos de flexão ou extensão do braço ou da perna, durante os movimentos de afastamento ou aproximação dos membros em relação ao corpo (abdução/adução) ou ainda durante a rotação do segmento do corpo, seja essa rotação interna ou externa. Com esses dados os softwares especialistas podem calcular a eficiência da movimentação de cada segmento do corpo, as velocidades relativas e outras variáveis relacionadas à orientação do atleta [103].

## Tecnologias de Áudio e Vídeo

Audio e vídeo são, provavelmente, as tecnologias mais populares em diversas áreas, logo conhecidas por grande parte dos usuários. Entretanto, também estão em constante avanço. Um exemplo são os vídeos em 360 graus e da realidade virtual, devido à expansão dessas, também foi preciso potencializar os áudios para proporcionar a sensação de imersão com máxima aproximação da realidade (Figura 25).

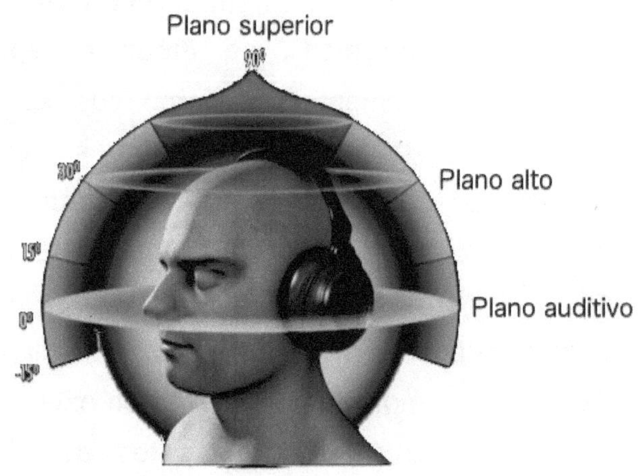

Figura 25 - Dimensões da tecnologia de áudio 8D desenvolvida para criar imersão do usuário quando associada a vídeos em 360 graus.

O áudio 8D (desenvolvido pelo argentino Hugo Zucareli) é um formato que reproduz além do plano horizontal, cobrindo as fontes de som acima e abaixo do ouvinte, de forma que o ouvido humano tenha uma experiência imersiva. Embora a tecnologia não seja uma novidade, pois foi desenvolvida na década de 80 em discos conceituais ("The Final Cut", 1983) de grupos de rock como Pink Floyd, permitem imaginar como a integração de som e imagem podem se aplicados. No campo do esporte, entre os principais usos estão:

- Arbitro Assistente de Vídeo (*Video Assistant Referee* - VAR) - essa tecnologia já conhecida no futebol americano e no vôlei ganhou maior atenção no ano de 2018 quando introduzida no futebol durante a copa do mundo da Rússia [54]. O VAR é composto por um conjunto de câmeras que transmitem as imagens para uma sala fora do campo, onde assistentes de vídeo podem rever as jogadas. Existem apenas quatro tipos de lances que podem ser revistos: 1) gol (determinar se houve alguma infração que impeça de validar o gol), 2) pênalti (decisão correta seja tomada ao se marcar ou não um pênalti), 3) cartão vermelho (garantir que um jogador receba a merecida punição em caso de falta ou infração.) e 4) identificação de jogador (determinar quem cometeu a falta). Esta assistência pode ocorrer a pedido do árbitro ou caso os assistentes observem um lance duvidoso e comuniquem o juiz por meio do fone de ouvido. Os assistentes de vídeo reproduzem as imagens em seus monitores e transmitem suas conclusões ao árbitro, último a tomar a decisão. Este também pode consultar as imagens em um monitor localizado na lateral do gramado (Figura 26) [72];

Figura 26 - O Video Assistant Referee (VAR) é um sistema de apoio em tempo real para os árbitros tomara decisões que poderiam influenciar a pontuação ou os incidentes da partida. Foi utilizado pela primeira vez na de 2018.

- *Hawk-eye* (olho de falcão) - a tecnologia do olho de falcão "Hawk-eye" é um sistema que utiliza câmeras de alta velocidade e de ângulos diferentes capazes de registrar o percurso da bola e criar uma imagem computadorizada de alta precisão em 3D de cada lance. Usada de início em esportes como críquete e rugby, foi adotada pelo tênis por decisão da *International Tennis Federation (ITF)*, a partir de 2004, quando Serena Willians contestou com veemência as decisões do árbitro durante o US Open. Posteriormente o sistema passou a ser testado no futebol como parte da avaliação da linha de meta. Uma das pioneiras, a *Premier League of Football* do

Reino Unido introduziu sensores na linha do gol, de modo que o sistema forneceria a decisão definitiva sobre se a bola havia cruzado a linha. Nesta ocasião o *Hawk Eye* foi equipado com uma câmera capaz de registrar 600 *frames* por segundo, sendo a informação analisada por computador e enviada ao *headset* (fone de ouvido) ou um dispositivo no pulso do árbitro;

- *Dive Cam* (câmera de mergulho) - tecnologia usada nas provas de salto ornamental, desenvolvida para filmar de modo contínuo o movimento do mergulhador em queda livre, a partir da plataforma. A câmera se move em um tubo de 15.24 metros, acima e abaixo do nível da água, sempre alinhada com  a posição do mergulhador;

- Câmeras e áudio subaquático - Na modalidade de nado sincronizado, câmeras são usadas para mostrar detalhes da performance das nadadoras. O sistemas de audio de subaquático, de ótima qualidade, permitem a audição da música durante a atividade esportiva.;

- Imagem virtual - nas transmissões das provas de natação, tecnologias de imagem virtual como a *Orad Hi-Tec Systems* permite projetar imagens virtuais na tela na TV, como uma linha virtual de referência que indica os recordes mundiais e acompanha os nadadores em tempo real. É a mesma tecnologia que projeta bandeiras virtuais representando o país de cada nadador em sua raia (Figura 27).

Figura 27 - Imagem virtual da linha de recorde projetada durante a transmissão de uma prova de natação.

Tecnologias de áudio e vídeo estão entre os temas mais debatidos no mundo do esporte. Neste sentido, vale apreciar a experiência do futebol americano quando à utilização destes recursos. O árbitro usa microfone e tudo o que ele diz é ouvido em todo o estádio para que os espectadores conheçam os motivos pelos quais certa decisão foi tomada. As decisões podem ser desafiadas (discutidas), exceto as faltas, que não são passíveis de revisão. A NFL (*National Football League*) ainda conta com um escritório de vídeo em Nova York, que funciona em tempo real durante os jogos para tomar a decisão final sobre as jogadas.

**Próteses e Equipamentos para Atletas Paralímpicos**

Se nos esportes olímpicos a tecnologia já tem um papel fundamental no rendimento dos atletas, nos esportes adaptados (ou paralímpicos) este tipo de recurso tem ainda mais importância. Atletas paralímpicos são conhecidos como super humanos, haja vista o nível tecnológico alcançado pelas próteses e equipamentos de competição.

- Próteses - podem ser utilizadas em qualquer modalidade paralímpica que se encaixa na categoria "ALA" (de amputados e outros) como atletismo, ciclismo, hipismo, levantamento de peso, vela, tiro e outros (natação não permite o uso de próteses). No atletismo, as próteses, feitas de madeira até a década de 70, passaram a ser desenvolvidas com articulações em plástico e fibra de carbono (leves, flexíveis, resistentes e capazes de absorver energia e retorná-la), permitindo aos atletas maior capacidade de movimentos [54]. A maioria dessas, ora denominadas "lâminas de corrida" são compostas por 80 camadas de fibra de carbono (mais finas que um fio de cabelo) e utilizadas nas provas de velocidade por simular a função do tornozelo ao se comprimir contra o chão e armazenar energia cinética, liberada no momento da descompressão da lâmina. O grau de especialização das lâminas é específico para cada tipo de prova. Também existem tipos de próteses customizadas para diferentes modalidades esportivas. No ciclismo paralímpico um modelo dispensa a necessidade de tênis, permitindo o encaixe ao pedal adaptado. Cada modalidade está associada a um biotipo próprio, de modo que os componentes da prótese também são customizados para cada um deles. Para atletas amputados acima do joelho o movimento natural das pernas por meio das articulações dos joelhos mecânicos é realizado através de pequenos cilindros, que operam por base hidráulica, proporcionando estabilidade e minimizando a perda de energia, assegurando que a força gerada pelo atleta seja empregada em um impulso. Neste esporte, Oscar Pistorius (2012) tornou-se o primeiro amputado de duas pernas a competir nos Jogos Olímpicos. Considerado inelegível em 2008 pela Associação Internacional de Federações de Atletismo (IAAF), depois que pesquisadores concluíram que suas próteses conferiam uma vantagem sobre os demais atletas que não as usavam; a decisão foi revista considerando que os membros artificiais de Pistorius, embora mecanicamente diferentes dos membros intactos, eram fisiologicamente semelhantes. No entanto, questões sobre se as diferenças mecânicas podem ou não melhorar as velocidades de corrida ainda permanecem (Figura 28);

Figura 28 - O resultado da influência da tecnologia sobre os corpos dos atletas são referidos pela literatura como um produto da cibernificação (processo de produção de um ciborgue). Corredores de cadeiras de rodas paraolímpicos e atletas que usam próteses são os exemplos mais explícitos desse fenômeno [59].

- Toucas - toucas de natação com tecnologia desenvolvida pela Samsung foram utilizadas por alguns atletas da delegação espanhola durante a Paralimpíada Rio 2016. Essas vestes emitiam um alerta vibratório para alertar ao nadador deficiente visual o momento de fazer a virada junto à borda da piscina;

- Bicicletas - os modelos conhecidos como *Wind tunnel bikes* (bicicletas túnel de vento) foram desenvolvidos pela BMW para a equipe norte-americana (Rio 2016). O equipamento, testado em túnel de vento contava com um novo desenho de chassi construído em fibra de carbono (Figura 29).

Figura 29 - Bicicletas adaptada de alta tecnologia (BMW) utilizada pelos atletas da equipe norte-americana durante as Paralimpíadas do Rio de Janeiro em 2016.

No caso de cadeiras de rodas, alguns fabricantes já testam a velocidade e resistência em túneis de vento com a intenção de melhorar a aerodinâmica, peso e conforto. Nesse sentido, as inovações paralímpicas desenvolvidas para situações extremas, quando testadas com êxito, muitas vezes passam a ser adaptadas para o uso cotidiano de não-atletas contribuindo para melhorar a qualidade de vida das pessoas com deficiência.

O desenvolvimento de novas tecnologias gera impacto sobre a sociedade e atividade sociais, produzindo novas formas de comportamento e integração dos indivíduos. São as tecnologias emergentes para uso no esporte de alto rendimento que, de modo progressivo, adaptadas ao uso cotidiano das pessoas especiais, facilitam o convívio dessas num ambiente, em geral, de pouca acessibilidade nas cidades.

## Bandagem Terapêutica

Denominadas "*kinesio taping*", as fitas funcionais tem por intenção preservar músculos, tendões e ligamentos, além de estabilizar articulações durante a prática esportiva. A bandagem elástica KT é formada por um tecido poroso constituído por fios de polímero elástico enrolados por fibras de algodão (100%). O adesivo acrílico é aplicado num padrão de onda semelhante ao das impressões digitais. Seu desenho foi planejado para permitir a deformação longitudinal de 55-60% do seu comprimento de repouso. Esse grau de deformação se aproxima das qualidades elásticas da pele humana. A bandagem não foi criada para esticar horizontalmente. Estudos ainda são   pouco claros quando aos mecanismos fisiológicos e controversos quanto sobre à eficiência do uso do KT para o controle da dor ou ganho de força muscular (Figura 30) [6, 40].

Figura 30 - As bandagens funcionais são utilizadas na érea de fisioterapia em conjunto com outras técnicas. Existem dois tipos de bandagens funcionais: as elásticas e as não elásticas. A bandagem elástica possui como princípio a adequação do tônus muscular e a estabilização articular, com a correção de seu posicionamento.

**Realidade Virtual**

Realidade Virtual (RV) é uma tecnologia de interface capaz de iludir os sentidos de um usuário, por meio de um ambiente virtual criado por computador [31].  O termo (RV) foi utilizado pela primeira vez em 1938 na obra "Le Théâtre et Son Double", do francês Antonin Artaud para se referir a um teatro onde "a ilusão natural de personagens e objetos criavam uma realidade virtual". Com o uso da estereoscopia, a ilusão de profundidade foi criada, representando um dos elemento de imersão para a realidade virtual. Nesta técnica duas imagens diferentes são geradas, uma para cada olho. O efeito ocorre durante a sobreposição das imagens na interpretação do cérebro, quando as duas imagens parecem ser apenas uma [31].

Das fotos a tecnologia evoluiu para os filmes e ambientes tridimensionais gerados por computador. Ao induzir efeitos visuais, sonoros e até táteis, a realidade virtual passou a permitir a imersão completa em um ambiente simulado. Não obstante ambiente RV faça menção há algo irreal, para o cérebro a experiência é real. De fato, estudos de Ressonância Magnética sugerem que basta imaginar uma ameaça para acionar as mesmas regiões do cérebro que seriam acionadas frente a ameaça na real. Esse fenômeno ocorre por meio da ativação das áreas corticais que representam os eventos físicos. As ativações podem ser dos tipos: direta (utilizando eletrodos), interna (sonhos, divagações ou alucinações) ou externa (por meio dos órgão sensoriais) [55].

Entre os fatores que tornam a RV tão real estão, a imersão total de imagem e som (tecnologia 8D) sem outros sinais conflitantes, bem como a possibilidade de interação com os objetos imersos no ambiente. O grande destaque dos equipamentos (óculos RV) modernos é a capacidade de interagirem em sincronia com o movimento da cabeça do usuário.

No esporte os equipamento de realidade virtual (RV) começaram a ser introduzidos no rugby em 2016 por meio de um aplicativo que permitia aos torcedores ingleses comparar seus tempos de reação aos dos ex-jogadores Martin Johnson e Lawrence Dallaglio. Em 2019 os *headsets* VR (dispositivo que fornece realidade virtual para o usuário) passaram a ser testados por equipes profissionais desse esporte para criar cenários simulados com a intenção de aprimorar no treinamento, a visualização de jogo e a tomada de decisões dos atletas.

Logo ao início da Copa do Mundo de 2018, a empresa holandesa *Beyond Sports* anunciou que a seleção alemã estava utilizando soluções de realidade virtual que permitam rastrear jogadas de qualquer perspectiva e criar cenários personalizados baseados em dados reais. O objetivo era prover treinamento para melhorar a performance dos jogadores, analisar partidas para melhorar a tomada de decisão, transmitir partidas sobre ângulos e criação de aplicações imersivas para o público (Figura 31).

Figura 31 - A possibilidade (hipótese) de colocar jogadores em simulação de situações reais pode aumentar a precisão no modo como tomam decisões e melhorar seus reflexos e sua técnica? A repetição de movimentos e tomadas de decisões rotineiras no campo de jogo poderá tornar os profissionais mais produtivos?

Além do potencial da tecnologia de VR para melhorar a experiência do público em eventos esportivos e a imersão no ambiente do jogo sem sair de casa; a tecnologia tem potencial para aumentar a interatividade do expectador com o evento, apresentar estatísticas e informações das partidas (provas) e a transmissões das competições a partir de câmeras acopladas aos atletas, quais permitem ver a ação do ponto de vista desses (vide Formula 1). Vislumbra-se que a realidade virtual é uma tecnologia que permitirá ao espectador acompanhar as provas como se fosse um membro da equipe.

**Assistente Virtual**

Chatbots são programas de computador (softwares) que buscam simular a conversação humana, respondendo perguntas de tal modo que o interlocutor tenha a impressão de estar conversando com outra pessoa.

O termo surgiu da junção das palavras *chatter* (a pessoa que conversa) e bot (abreviatura de *robot*). A palavra foi imaginada por Michael Mauldin (Criador do primeiro Verbot, Julia) em 1994, para descrever estes robôs de conversação na Twelfth National

Conference on Artificial Intelligence. As aplicações desta tecnologia incluem o atendimento aos clientes, oferta de informações sobre serviços, venda de produtos e entrega de conteúdo.

Os chatbots podem operar por diversos canais como a web, aplicativos próprios e plataformas de troca de mensagens (Facebook Messenger e Telegram). Entretanto a linguagem humana é complexa e subjetiva (a palavra rosa pode designar uma flor, cor ou nome próprio, dependendo da intenção do interlocutor). Para tentar superar este problema, técnicas de inteligência artificial (aprendizado de máquina) são usadas no desenvolvimento da tecnologia, trata-se da técnica presente nos sistemas de reconhecimento de voz de assistentes virtuais como a Siri (Apple), o Google Now e a Cortana (Microsoft).

- ChatBots - equipes esportivas norte-americanas já utilizam faz algum tempo *chatbots* (assistentes virtuais) para responder perguntas de torcedores sobre um amplo espectro de temas, incluindo informações sobre jogos, estatísticas do time e a logística do estádio.

**Considerações Finais**

O esporte não é indiferente à pesquisa científica e às inovações tecnológicas, pois ao longo do tempo atletas profissionais e amadores têm se beneficiado dos resultados destas. Entretanto o rápido avanço das técnicas de análise de dados, inteligência artificial, robótica e demais atributos característicos da indústria 4.0 podem estar mudando o conceito do jogo, pois a discrepância de desempenho entre atletas tem se tornado mais evidente. Se tome o exemplo da controvérsia sobre os trajes de natação, grande parte dessa deveu-se ao fato de que apenas os atletas com os patrocinadores corretos poderiam acessa-los. Envolve então, além da vantagem relacionada à maximização do desempenho do atleta, questões econômicas e de domínio da tecnologia.

O desenvolvimento de técnicas e tecnologias esportivas, quando associado ao lançamento de novos materiais e equipamentos, não retrata o investimento de capital, esforço e organização de equipes qualificadas necessárias para alcançar o produto final. O processo de concepção de um produto abrange aspectos concretos e abstratos (desempenho, estética, ergonomia, percepção sensorial), quais são conhecidos por meio do delineamento de pesquisas junto aos agentes esportivos. Deste modo, requerem o fortalecimento da relação entre pesquisadores, instituições esportivas e industria; bem como canais adequados de comunicação entre atletas, treinadores, engenheiros, cientistas, médicos e gestores (FUSS, 2010), Depois de fabricados os protótipos, ainda precisam ser submetidos à validação por meio de ensaios e testes, para assegurar com certo grau de certeza o desempenho, segurança e a padronização para que os produtos sejam normatizados [44].

Quando disponíveis no mercado, o ideal seria que os equipamentos necessários para desempenhar determinado esporte fosse de valor e acesso democráticos para evitar que atletas em ambientes menos avançados permaneçam em inferioridade para competir ao ponto de tornar o esporte excludente. Desta feita, os esportes são baseados em regras e monitorados pelos órgãos gestores e, ao definir tais regras, é possível estabelecer os limites para utilização de recursos tecnológicos. Não obstante as inúmeras questões relacionadas ao direito de patente e propriedade intelectual dos investidores.

Entretanto, regular o esporte durante as provas competitivas é mais claro quando se refere à  aplicação tecnologias que ajudam o atleta a correr, saltar ou nadar mais rápido; porém o tema é muito mais sutil quando, por exemplo, se trata de um treinamento estratégico baseado em dados ou na genética, muito mais difícil de identificar e regular [74]. Deste modo, permanecem as vantagens fora do tempo de jogo, por meio da facilidade ou exclusividade de acesso aos equipamentos, técnicas de treinamento, tratamento, recuperação de lesões e acesso à informação estruturada [57].

Qual o direito de se restringir o uso de um produto por certo atleta patrocinado quando a empresa   arriscou alto investimento em ciência e tecnologia para desenvolvê-lo? Afinal, qual a importância de se valorizar a vitória apenas quando esta é decorrente do talento natural do atleta? Estes são paradigmas imutáveis? Não seria este um acaso da natureza, que embora lapidado pelo treinamento, foi somente um lance de sorte no jogo das probabilidades naturais em favor do indivíduo. Existe um limite para se intervir naquilo que é natural? A tecnologia pode ser usada para maximizar as capacidades humanas? São questões éticas ainda a serem respondidas.

para maximizar as capacidades humanas? São questões éticas ainda a serem respondidas.

**Capítulo 04**

# ESPORTE BASEADO EM EVIDÊNCIAS

## SUBSTITUIÇÃO DO ARGUMENTO DE AUTORIDADE PELA AUTORIDADE DO ARGUMENTO

A ciência, por sua natureza, é contra-intuitiva. Se não fosse, continuaríamos tomando decisões baseadas na experiência pessoal, no senso comum ou nos argumentos e preferências de especialistas. Seu método é aplicado quando surge uma questão que não pode, ou não convém, que seja respondida pela simples observação captada pelos órgão sensoriais (visão, audição, olfato, paladar ou tato), pois a verdade é relativa para cada observador.

Muitas respostas só podem ser obtidas por meio do uso da ciência associada à tecnologia, quando realmente se deseja a aproximação da verdade. Esse é o novo limite alcançado pelas equipes de alto rendimento. Tal associação permite transcender a capacidade humana de sentir e raciocinar, devido a dimensão quantitativa que o volume de dados e informação pode assumir atualmente para a tomada de decisão.

O desafio para os profissionais é comprometer-se com a ideia de que a investigação científica está inexoravelmente relacionada à prática esportiva de alto rendimento. Embora não se possa esperar que os profissionais ocupados em suas atividades acumulem e avaliem cada estudo publicado, eles devem estar atentos a não aceitar conclusões de estudos apenas pelo fato de estarem publicadas, o que, já requer conhecimento específico [91].

Como um esforço ativo para reduzir a divisão entre pesquisa e prática, a *Prática Baseada em Evidências* propõe o uso contínuo e explícito das "melhores evidências" disponíveis para a tomada de decisões, e requer que as melhores evidências sejam integradas com o conhecimento  de campo e os valores e preferências do atleta [91].

## O Desafio para Melhorar o Desempenho dos Atletas Aplicando Evidências Científicas

O exercício profissional fundamentado nos princípios da *Prática Esportiva Baseada em Evidências* toma por objetivo alcançar maior eficiência do planejamento técnico e administrativo no campo do esporte, uma necessidade para mercados competitivos. Como propôs Louis Liard (citado por René Descartes), tal conceito refere-se à substituição do "argumento de autoridade", pela "autoridade do argumento". É possível compreender que nos dias atuais não se aceitam os princípios de analogia e extrapolação para a tomada de decisão, tão pouco opiniões de especialistas (autoridades), mas existe a necessidade da experimentação e validação das técnicas de treinamento, estratégias de jogo e demais práticas esportivas [117].

A extrapolação do método científico para a prática esportiva considera a redução na frequência de erros quando passa a criticar todo conhecimento sem grau satisfatório de evidência. Isto porque a prática baseada apenas na experiência do profissional é "não-controlada", impossibilitando comparar técnicas e estratégias ou avaliar os reais fatores que contribuíram para o desfecho de uma atividade esportiva Não quer dizer que as técnicas correntes são ineficientes, mas que muitas delas ainda não tiveram sua eficácia sustentada pelo método científico. Estudos com delineamentos inadequados geram evidências fracas, logo devem ter sua validade questionada para demonstrar a eficácia das práticas de campo [117].

Pesquisas planejadas de modo correto, capazes de gerar evidências de alto nível e sustentar a aplicação das intervenções técnicas devem aplicar os princípios científicos de randomização, cegamento e controle; além do monitorar fatores que podem interferir na interpretação dos resultados; também evitar a supervalorização dos resultados apresentados sob forma de estatística [117].

Entretanto, não somente na área do esporte, mas também em outras áreas, parece haver um consenso que a transferência do conhecimento científico para a prática ainda é limitada. A pesquisa científica ainda tem pouca influência sobre os processos de tomada de decisão relacionados à pratica esportiva, quando em comparação com outros meios como a experiência pessoal e o argumento de autoridade (ex. conhecimento transmitido entre técnicos) [133]. Aparentemente treinadores ainda são mais inclinados a buscar informação com outros treinadores ou por meio da participações em conferências de especialistas na forma de um argumento de autoridade [105].

Se existem evidências para fundamentar muitas das melhores práticas no esporte, por qual razão  a preferência de grande parte dos profissionais na busca de informações por meio da experiência de outros profissionais? Este fenômeno pode ser justificado por várias hipóteses. A primeira diz respeito à um viés cognitivo (*viés de justificação*) desenvolvido para a sobrevivência ao longo do processo de adaptação da espécie. Tal viés impede a compreensão dos fatos por meio da razão, mas a adesão à uma ilusão que corresponde à narrativa da realidade aceita pelo indivíduo, em geral, distante da verdade científica [100].

Outra hipótese corrobora à existência de barreiras técnico-científicas decorrente da formação profissional, como: desconhecimento das ferramentas de acesso aos artigos científicos de alto nível, limitação da capacidade de interpretação de resultados da literatura, falta de tempo para leitura, desconhecimento sobre estratégias de busca de evidências científicas em bases de dados eletrônicas ou mesmo, parco domínio da língua inglesa.

Uma terceira suposição é representada pelos próprios limites do conhecimento científico. Tome como exemplo a diferença entre sexos. A taxa de inclusão de mulheres na pesquisa biomédica é muito inferior à de homens, fazendo com que muitas drogas sejam desenvolvidas a partir de ensaios clínicos com amostra majoritariamente masculina. Num levantamento de mais de 11 milhões de artigos publicados entre os anos de 1980 e 2016, dois terços das pesquisas simplesmente ignoraram as diferenças entre os sexos. Na pesquisa experimental o mesmo ocorre, 80% dos estudos foram realizados sobre amostras de indivíduos do sexo masculino, segundo um levantamento de 2.300 ensaios pré-clínicos. Como se pode ter convicção que determinado tratamento aplicado em homens terá a mesma eficiência em mulheres? [26, 110].

O desafio atual para melhorar o desempenho dos atletas deve ser baseado na mensuração da eficácia das técnicas de treinamento. Para isto, critérios de qualidade devem ser desenvolvidos. Este conceito só pode ser aplicado por meio da fundamentação em evidências, pois raramente os preceitos de eficácia, efetividade e eficiência são planejados na ausência do método científico [117].

O aprendizado baseado em problema e a prática esportiva baseada em evidência, incitando o pensamento crítico, são estratégias que devem ser mais incentivadas [134], pois, embora o domínio do método científico não seja a única condição para o êxito da pratica desportiva de alto rendimento, oferece uma das principais contribuições para que o desempenho dos atletas e equipes seja analisado de modo crítico [117].


**Conceito de Prática Baseada em Evidências**


O conceito filosófico da *Prática Baseada em Evidências* (PBE) surgiu na França do século XIX, aplicado á área da saúde; porém a utilização de evidências para orientar intervenções práticas só ganhou destaque quando o conhecimento gerado a partir do aumento da produção científica pôde ser organizado e disponibilizado em bases de dados eletrônicas. Essa passou a ser uma ferramenta poderosa para auxiliar o profissional na tomada de decisões clínicas [18, 117].

O desenvolvimento do *Esporte Baseado em Evidências* partiu da preocupação sobre a divisão entre o conhecimento baseado na experiência profissional, em geral com eficácia não comprovada ou ineficácia comprovada, e a necessidade do uso continuado de intervenções eficazes [90].

A prática baseada em evidências é um conjunto de estratégias que associa os princípios de epidemiologia aos recursos de informática sobre as bases do método científico, para assegurar que as intervenções individuais aplicadas ao sujeito (atleta) seja baseado na evidência científica mais atualizada, resultando no melhor desfecho possível [73].

O domínio sobre os princípios gerais das áreas de epidemiologia, informática e metodologia científica é fundamental para que o profissional possa analisar de forma crítica a informação de um artigo e o nível da evidência gerada, antes de aplicar ao esporte.

Logo, prática baseada em evidências aplicada ao esporte pode ser definida como,

*A utilização da melhor evidência científica externa, disponível para auxiliar as tomadas de decisões durante uma intervenção individual no atleta.*

A análise dos termos que compõem a definição permite compreender a abrangência desta prática.

O termo *melhor* refere-se à utilização da evidência mais adequada para responder à questão prática, gerada por um estudo científico, delineado de acordo com a intervenção em questão. Neste contexto, *intervenção* refere-se ao ato de interferir na condição do atleta ou da equipe. Por exemplo, se a questão prática estiver relacionada ao diagnóstico da lesão de um atleta, os estudos transversais podem gerar as melhores evidências. Já às decisões sobre tratamento da lesão tem melhores evidências geradas pelos ensaios clínicos randomizados. As questões sobre prognóstico são melhores respondidas por estudos longitudinais (estudos de coorte). Desse modo, diferentes tipos de estudo possuem capacidade distinta para responder determinado problema de pesquisa [117, 122].

O profissional da área da esporte observa no dia a dia diversos fenômenos, como aqueles relacionados ao desempenho do atleta. O significado destas expressões, contido em informações cuja validade está baseada em critérios definidos pelo método científico (randomização, cegamento, calibragem, controle), lhe confere maior qualidade, representando a *evidência científica* [123].

As evidências utilizadas pelo profissional para a tomada de decisão não devem ser originadas apenas da observação do atleta; devem ser *externas*, geradas por meio de pesquisas experimentais sistemáticas com poder para definir a eficácia das condutas aplicadas, possibilitando a quantificação e a análise lógica do fenômeno observado. Porém, dois motivos impedem que todo o conhecimento da área de esporte seja baseado em evidências de alto nível [117].

- Primeiro - refere-se às limitações do próprio método científico; por ter caráter indutivo, apresenta sempre algum grau de abstração;

- Segundo – como os problemas relacionados à área de esporte antecedem a existência de uma evidência válida para resolvê-los, nem sempre uma evidência satisfatória está disponível .

Nestas circunstâncias, o profissional deve buscar nas bases de dados eletrônicas, a *melhor evidência disponível* para solucionar o problema. É esta que define a precisão da técnica, a eficácia da estratégia, o poder do indicadores de desempenho e a segurança das medidas preventivas, terapêuticas e reabilitadoras (no caso de lesões).

*Intervenção* conforme mencionado, refere-se ao tipo de procedimento que o profissional (técnico) está realizado para interferir na condição do atleta, como as modificações técnicas (de treinamento e condicionamento físico) ou estratégicas (de jogo).

Finalmente, o temo *individual* indica a existência de uma margem de erro quando se intervém num indivíduo com base na estimativa do comportamento médio de determinado fenômeno ou da população. Esta margem de erro pode ser tão grande quanto à variabilidade do fenômeno em questão, por isso as características do paciente devem ser similares às da amostra do estudo levantado.

**Aplicação da Prática Baseada em Evidências**

A aplicação da prática baseada em evidências depende de uma sequência de fases; ou seja, é um método no qual cada fase possui técnica específica para seu desenvolvimento [8, 70]:

- Identificação das necessidades do atleta (problema);

- Conversão do problema numa questão possível de resposta por meio do método científico, para determinar o tipo de evidência a ser levantada;

- Levantamento das fontes de informação, para obter àquelas que melhor respondem ao problema;

- Avaliação crítica da qualidade da informação e da validade da evidência levantada, com base nos princípios da metodologia científica e estatística, para aceitar ou negar o valor de determinada conduta (intervenção);

- Aplicação das evidências que sustentam intervenção, bem como as políticas de esportivas mais adequadas, com base no significado da informação;

- Avaliação dos resultados.

Embora a experiência seja de grande valia como auxiliar na tomada de decisões no campo do esporte; não é mais suficiente para as modalidades de alto nível competitivo. Essas requerem conhecimento da literatura científica além da habilidade de pensar de forma crítica. Considere-se que o método de tentativa e erro (se uma técnica de treinamento ou estratégia de jogo parece ter sucesso, então é repetida, no caso de insucesso é abandonada), por sua imprevisibilidade (os fatores que determinaram o sucesso ou insucesso são desconhecidos), aumenta as chances de insucesso.

É importante compreender também que nem sempre a evidência externa gerada pelos estudos científicos é compatível com a realidade individual do atleta ou da equipe. As pesquisas são realizadas em grupos homogêneos (equipe de futebol masculino, adulto, por exemplo); desse modo, não podem ser extrapoladas para outras modalidades, sexo ou idade.

Pelos motivos expostos, muitas vezes existem limitações para a generalização dos resultados das pesquisas científicas; além do que, a aplicação indiscriminada de diretrizes e protocolos, dissociada da capacidade crítica está em desacordo com os princípios de individualização e reflexão que baseiam essa filosofia.

Algumas considerações devem ser explícitas quanto aos limites da prática baseada em evidências:

- O aumento da produção científica tornou mais complexa a tomada de decisão do profissional, principalmente para aqueles que se dedicam à prática esportiva;

- O levantamento de artigos exige tempo e sua avaliação requer trabalho intelectual complexo;

- A área do esporte não podem contar com a exatidão matemática absoluta; além do que, a ciência experimental é naturalmente indutiva, sendo seus resultados apenas prováveis;

Mesmo com as dificuldades inerentes, esse método ainda é poderoso para proporcionar uma aproximação da certeza nas tomadas de decisões, na identificação das lacunas do conhecimento, no direcionamento de linhas de pesquisas; além de fundamentar a utilização da melhor evidência científica em benefício do atleta. Para este fim, adota três princípios que o norteiam: a melhor evidência científica, a experiência do profissional e a preferência do paciente [4, 108] (Figura 32).

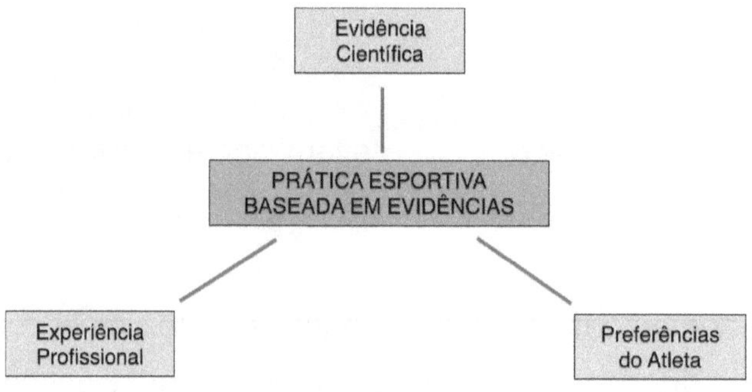


Figura 32 - Princípios que norteiam a prática baseada em evidências.

A proposta da prática baseada em evidências é aliar a experiência do profissional (técnicos, gestores) às expectativas, valores e circunstâncias do atleta ou equipe. Para atingir este objetivo, recomenda a aplicação de um treinamento cientificamente orientado, oferecendo um meio de transformação do aprendizado e da prática esportiva face ao crescente aumento da produção científica, a rápida introdução de novas tecnologias e em conseqüência, a disparidade entre as formas de treinar o atleta.

**Uma Nova Proposta Metodológica da para a Pesquisa no Esporte**

A Ciência do Esporte, na sua ampla abordagem, tem por objetivo compreender e otimizar o desempenho dos atletas, logo pode ser definida como a aplicação do método científico para orientar a prática esportiva, visando o alcance do melhor desempenho possível [18].

O limite do conhecimento atual para o aumento do desempenho esportivo considera a aplicação das ferramentas científicas para levantamento e produção da melhores evidências disponíveis considerando a individualidade do atleta (sexo, modalidade, prova). Em 2008, Bishop [18] publicou uma proposta teórica para o desenvolvimento de pesquisas no Esporte (Figura 33).

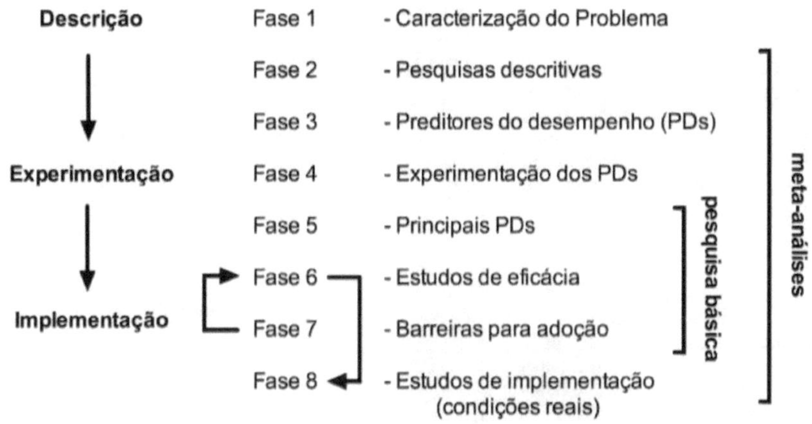


Figura 33 - Modelo para aplicação da pesquisa aplicada [18].

Na presente obra o modelo de Bishop [18] é revisto e atualizado, considerando um refinamento da metodologia proposta pela prática baseada em evidências, bem como devido às inovações tecnológicas que proporcionaram novas técnicas de pesquisa no esporte (Figura 34).

**Pesquisa Exploratória**
Não elaboram nem testam hipóteses, mas trazem experiência e auxiliam o pesquisador a definir o problema e formular hipóteses. Assumem a forma de pesquisa bibliográfica.

**Fase 1**

- Fase inicial da investigação
- Definição de objetivos gerais
- Levantamento de informações
- Familiarização do fenômeno
- Delineamento flexível
- Abordagem de vários aspectos

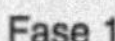

**Pesquisa Descritiva**
Descrevem as características da população ou fenômeno. Não estabelece relação entre variáveis ou formulação de hipóteses. Assumem a forma de levantamentos.

**Fase 2**

- Uso técnicas de levantamento
- Identificação de características frequentes aos sujeitos
- Identificação de características incomuns aos sujeitos
- Comparações entre grupos

**Pesquisa Computacional**
Aplica recursos de computação sobre grandes bases de dados para encontrar padrões por meo de técnicas de aprendizado de máquina. Assumem a forma de mineração de dados.

**Fase 3**

- Uso de grandes bases de dados
- Levantamento automatizado de dados
- Processamento automatizado
- Organização e classificação da informação

**Pesquisa Explicativa**
Estudos experimentais sobre fatores relacionados à expressão dos fenômenos. Formula e testa hipóteses. Assume a forma de estudos *in virto*, em animais e ensaios clínicos.

**Fase 4**

- Desenho hipotético-dedutivo
- Manipulação direta de variáveis
- Observação da relação de causa-efeito
- Experimentação controlada do fenômeno
- Mensuração das variáveis

**Revisão Sistemática**
Estudos de revisão realizados sobre pesquisas publicadas, com desenho metodológico consistente, incluíndo fase de metanálise e análise rigorosa das informações.

**Fase 5**

- Revisão exaustiva da literatura
- Uso de métodos estatísticos
- Produção de evidências de uso prático (Diretrizes ou *Guidelines*)

Objetivos — Atributos — Padrões — Preditores — Evidências

Figura 34 - Revisão da proposta técnica apresentada por Bishop em 2008, considerando os atuais conceitos e tecnologias relacionadas à pesquisa no esporte.

No conceito revisto, o início da investigação ocorre com a exploração do problema (pesquisa exploratória), antes da descrição das suas características (pesquisa descritiva). Essa ação permite ao pesquisador uma melhor compreensão do fenômeno investigado, sem o que, seria pouco eficiência tentar descrevê-lo.

Outra inovação no campo da pesquisa do esporte é a introdução da ciência computacional, qual abrange o uso de tecnologias como bases de dados (*big data*), mineração de dados e aprendizado de máquina. Essas tecnologias ampliaram a capacidade de análise de dados históricos ou em tempo real pelo pesquisador, apresentando uma nova dimensão para técnicos e gestores.

Um terceiro elemento importante nessa revisão trata da introdução das revisões sistemáticas como métodos de pesquisa relacionados a definir os guias práticos (*guidelines*). Trata-se do levantamento das melhores evidências publicadas sobre determinado problema de pesquisa, resultado da realização de um novo calculo estatístico (metanálise) sobre as amostras de estudos homogêneos já publicados (ampliação da amostra). Essa técnica (metanálise) pode contribuir para minimizar as críticas às pesquisas que utilizam amostras pequenas [134, 135], pois essas podem dar origem às revisões sistemáticas, caso o delineamento tenha sido conduzido com rigor.

No atual ambiente do esporte, competitivo, a investigação científica torna-se, de modo progressivo, necessária para atletas e equipes de alto rendimento, tal o nível de equidade dos atletas. Nos Jogos Olímpicos de Sydney (2000), prova dos 10.000 metros, a diferença de tempo entre o medalhista de ouro Haile Gebrselassie (etíope) e do atleta de prata Paul Tergat (queniano) foi de meros nove centésimos de segundo. O etíope cronometrou 27:18:20 contra o tempo 27:18:29 do queniano [117, 134]. Nesse cenário a aplicação das melhores evidências e a sedimentação das melhores práticas passa a ser um ativo para equipes e atletas de alto nível (Figura 35).

Figura 35 - Na volta final Paul Tergat (vermelho) estava em terceiro lugar quando a campainha tocou. Fez a sua arrancada, parecia que havia derrotado seu rival, mas o inesperado aconteceu, Haile Gebrselassie (verde) voltou a emparelhar o ombro com Tergat, vencendo a prova. Foi talvez os 100m finais mais incríveis de todos os tempos.

Durante a prova três etíopes trabalharam taticamente, "encaixotando" Tergat na raia 1, dificultando sua estratégia de corrida para escapar e ainda despender força para recuperar o terreno perdido. O elegante Tergat disse "Quando perdi, sei que perdi para um cara melhor que treinou melhor que eu e não me senti mal".

**Avaliação do Nível da Evidência Científica Aplicada ao Esporte**

Alguns delineamentos de pesquisa são mais apropriados para responder determinada questão (problemas) do que outros; por este motivo, geram informações mais confiáveis para fundamentar uma mudança de protocolo na prática esportiva.

Avaliar de modo crítico um artigo científico significa aplicar métodos objetivos (regras formais do método científico) para verificar a qualidade da evidência produzida. A avaliação rigorosa da evidência científica tem por objetivo tornar possível ao profissional (acadêmicos, treinadores, gestores) a utilização da literatura para resolver problemas práticos e reduzir o tempo despendido na transposição dos resultados da pesquisa, por meio do reconhecimento da evidência de qualidade.

Critérios para Avaliação das Evidências Científicas

A *evidência científica* como o conjunto de elementos que sustentam ou não a veracidade do conhecimento, deve ser gerada por meio dos critérios estabelecidos pelo método científico. Esse é o único modo de o profissional reduzir a incerteza inerente à intervenção aplicada e aproximar-se da certeza em relação à eficiência dessa.

Dois critérios devem ser observados quanto à credibilidade das evidências científicas:

- Nível da evidência - refere-se a uma classificação indicativa do nível da veracidade da evidência, fundamentada na metodologia com que esta é gerada;

- Qualidade da evidência – a qualidade da evidência depende de 2 fatores: precisão e validação.

    - Precisão - refere-se à possibilidade de repetição do estudo. Necessita a descrição detalhada do experimento;

    - Validação - refere-se à capacidade da variável medida representar o fenômeno;

O modo como a evidência é gerada decorre de três fatores:

1. Delineamento do estudo;

2. Possibilidade de repetição do experimento;

3. Capacidade de realização de inferências da amostra do estudo para a população de origem.

Estes fatores devem ser considerados para que as evidências possam ser avaliadas quanto à sua força (relação com a verdade do fenômeno). De acordo com o delineamento da pesquisa, é possível ordenar os estudos numa escala de graus hierárquicos, relativos à capacidade desses em gerar evidências.

Capacidade dos Estudos em Gerar Evidências

Para várias situações práticas, muitas vezes não existe evidência disponível ou o nível desta não recomenda a aplicação da intervenção. Nos casos da ausência de estudos que gerem evidências de alto nível, o profissional deve buscar a melhor evidência disponível, de acordo com o grau hierárquico do estudo que a gerou (Quadro 05 ).

Quadro 05 - Capacidade dos estudos em gerar evidências.

| HIERARQUIA PARA GERAR EVIDÊNCIAS | |
|---|---|
| **Tipo de Estudo** | **Hierarquia** |
| Revisão sistemática<br>Ensaio clínico randomizado com grupo controle<br>Ensaio clínico não-randomizado com grupo controle<br>Ensaio clínico sem grupo controle<br>Estudos longitudinais (coorte)<br>Estudos de caso-controle<br>Estudos transversais<br>Série de casos<br>Estudo de caso | |

Baseado em SILVA, 2009 [117].

A capacidade de cada desenho em controlar vieses determina a força da evidência, estabelecendo uma hierarquia, na qual as revisões sistemáticas de ensaios clínicos randomizados ocupam o posto mais elevado, inversamente relacionado aos estudos de caso, argumentos de autoridade (opinião de um especialista) e revisões da literatura.

Para o esporte baseado em evidências, o fato de uma prática ser repetida por longo período não significa que sua eficiência esteja comprovada. Estas, muitas vezes são transmitidas entre gerações de técnicos, gestores e equipes de saúde, fundamentadas na experiência, convicção pessoal e impressão de que são efetivas. Entretanto, nenhum desses meios é capaz de assegurar a aproximação da verdade. Somente a ciência, quando gera evidência de alto nível, aproxima-se da verdade sobre a natureza dos fenômenos.

Nível dos Estudos de Acordo com a Capacidade de Gerar Evidências

Como as evidências científicas podem apresentar diferentes graus de certeza em relação aos delineamentos adotados, a intensidade dos efeitos observados e a possibilidade de ocorrência de erros aleatórios e sistemáticos, os estudos podem ser classificados em níveis distintos, indicando o grau de certeza para basear as decisões na prática esportiva (Quadro 06).

Quadro 06 - Nível do estudo e características do delineamento.

| NÍVEL DOS ESTUDOS | |
|---|---|
| **Nível do Estudo** | **Características do Delineamento** |
| I | • Ensaio randomizado com desfecho e magnitude do efeito relevante na prática, correspondendo à hipótese principal em teste, com adequado poder e mínima possibilidade de erro alfa;<br><br>• Revisão sistemática de ensaios randomizados comparáveis, com validade interna e mínima probabilidade de erro alfa. |
| II | • Ensaio randomizado que não preenche os critérios do nível I;<br><br>• Análise de hipóteses secundárias de estudos de nível I. |
| III | • Estudo com controles contemporâneos selecionados de modo sistemático;<br>• Estudos de coorte com delineamento prospectivo (amostra contemporânea). |
| IV | • Estudos de coorte com delineamento retrospectivo (históricos). |
| V | • Estudos transversais de casos e controles e prevalência. |
| VI | • Séries e relatos de caso. |

Baseado em SILVA, 2009 [117].

• Revisões sistemáticas são estudos que geram as evidências com maior força científica; maior, inclusive, que os estudos que lhe deram origem. A revisão sistemática de ensaios randomizados, por sua vez, gera o maior nível na hierarquia da evidência científica.

• Também se enquadram num nível elevado os ensaios randomizados, quando apresentarem três condições particulares no delineamento: grupo controle, seguimento dos sujeitos e presença de uma intervenção. Estes são os estudos individuais que geram as evidências de maior força científica. A avaliação de uma evidência gerada por um ensaio randomizado considera, além dos desfechos de interesse representados pelas condições do atleta (desempenho, recuperação, frequência de lesões, dor, perda de função, insatisfação, custo), a forma com que foram medidos e o impacto sobre o indivíduo e a comunidade;

- Ensaios randomizados que não preenchem os critérios do nível I; e aqueles sobre as hipóteses secundárias de estudos de nível I estabelecem o nível II;

- Na ausência das condições experimentais, os estudos observacionais de coorte prospectivos ocupam o terceiro lugar na hierarquia (nível III), por estarem mais suscetíveis aos vícios de confundimento. De forma geral, os estudos analíticos e os ensaios randomizados, quais abordam relações biológicas, possuem poder de generalização dos resultados maior que os estudos descritivos que demonstram a distribuição de características na população;

- No nível IV estão os estudos longitudinais de coorte retrospectiva, considerando os possíveis vieses decorrentes do menor controle para a seleção da amostra e a qualidade das variáveis preditoras;

- A ausência de seguimento no tempo, além de conferir maior suscetibilidade aos vícios de confusão, não garantem a procedência da exposição em relação ao desfecho, situando os estudos transversais no quinto lugar hierárquico (nível V). Os estudos de casos e controles, devido aos potenciais vícios de memória nas informações cedidas pelos sujeitos em relação às ocorrências do passado e pelo fato de casos e controles se originarem de populações diferentes;

- No sexto nível (nível VI) estão os relatos de caso, devido à ausência de grupo controle e representatividade da amostra.

Embora os ordenamentos anteriores permitam esclarecer as características da pesquisa quanto à força da evidência gerada, ainda não estabelecem relação com a prática esportiva.

Graus de Recomendação para Basear Práticas de Campo

Um dos fundamentos da *Prática Esportiva Baseada em Evidências* é empenhar esforços para elevar o desempenho, recuperação e prevenção de lesões no caso individual do atleta. As Intervenções recomendadas devem ser aquelas baseadas na melhor evidência científica disponível.

Conforme visto, o delineamento das pesquisas apresenta uma íntima relação com o nível da evidência gerada. Partindo desta classificação hierárquica é possível definir qual o grau de recomendação para basear as práticas de campo (Quadro 07).

Quadro 07 - Grau de recomendação para basear as práticas esportivas de acordo com o nível do estudo para gerar evidências. Baseado em SILVA, 2009 [117].

| GRAUS DE RECOMENDAÇÃO | | |
| --- | --- | --- |
| Grau de Recomendação | Estudo | Observação |
| A | No mínimo um estudo de nível I. | • Condições para as quais existem evidências conclusivas;<br>• Na ausência de evidências conclusivas, deve existir consenso geral sobre qual intervenção é útil ou efetiva;<br>• A aplicação da intervenção deve ser obrigatória na ausência de contra-indicação ao atleta. |
| B | No mínimo um estudo de nível II. | • Condições para as quais existem evidências conflitantes sobre a utilidade ou eficácia da intervenção;<br>• Provavelmente útil ao atleta, porém com menor magnitude de benefício. |
| C | No mínimo um estudo de nível III ou dois de níveis IV e V. | • Peso ou evidência a favor da utilidade/eficácia da intervenção;<br>• Fundamentam a conduta de forma frágil. |
| D | Somente estudos de nível VI ou recomendações de especialistas. | • Condições para as quais não existem evidências ou consenso de que a intervenção é útil ou efetiva, podendo ser nociva em alguns casos;<br>• Fundamentam a conduta de forma frágil. |

Os *Graus de Recomendação* são usados estabelecer a relação entre os resultados (desfechos) das pesquisas científicas e as práticas de campo. Cada *Grau* é definido segundo o rigor metodológico adotado no estudo que deu origem à evidência. Deste modo, existem diversos Graus de evidência, de acordo com o estado da ciência e do conhecimento sobre determinado problema. Significa que nem sempre uma evidência de alto novel está disponível para responder certa questão prática.

Por meio deste sistema de referências as evidências científicas podem ser aplicadas para nortear as tomadas de decisões de atletas, técnicos, equipe de saúde e gestores; além de embasar o desenvolvimento de técnicas, tecnologias de apoio e estabelecer as normas de orientação e conduta prática por meio da elaboração dos Guias de Recomendação (*Guidelines*).

Os *Guias de Recomendação Clínicas* (*Guidelines*) são documentos de orientação, úteis nas situações em que existem demasiadas variações da prática esportiva (técnicas, tratamentos, recuperação), porém nunca como documentos de ordem obrigatória, pois se deve considerar a variabilidade individual de cada atleta.

**Considerações Finais**

A Prática Baseada em Evidências (PBE) não é propriamente uma filosofia ou conceito, mas um método para aplicação da ciência nas atividades de campo, nas tomadas de decisões e no uso das melhores práticas para obter máxima eficiência das intervenções esportivas. A aplicação do método científico na prática de campo tem por objetivo reduzir a frequência de erros por meio do questionamento de todo conhecimento sem grau satisfatório de evidência.

A PBE deve integrar-se à metodologia de ensino-aprendizagem durante a formação profissional (graduação e pós-graduação) por meio do *Aprendizado Baseado em Problemas*, de modo a fundamentar o desenvolvimento do raciocínio crítico (um processo de descoberta orientado, baseado no conhecimento e nos princípios utilizados para a elaboração de soluções). Nesta didática a dúvida passa a fazer parte do processo de decisão, diferente da prática baseada no senso superficial, na qual, em geral o profissional não admite a incerteza e a probabilidade.

A aplicação do raciocínio crítico reduz a possibilidade de falsas impressões da realidade, pois o  raciocínio cognitivo utilizado na resolução de problemas é semelhante ao método hipotético-dedutivo aplicado na pesquisa científica; existe a construção de hipóteses seguida da tentativa de corroborá-las ou refutá-las até a obtenção daquela que apresente forte verossimilhança.

A aplicação da PBE, conforme um método, segue uma série de fases e técnicas:

- Definição do problema - compreensão de modo claro, por parte do pesquisador (profissional), sobre a  natureza do problema;

- Levantamento da melhor evidência - refere-se ao levantamento das fontes de informação em bases de dados eletrônicas, por meio de técnicas próprias;

- Avaliação do nível da evidência científica - diz respeito à capacidade crítica de o profissional para reconhecer os critérios que qualificam a informação para gerar evidências de alto nível;

- Aplicação das evidências - significa usar a informação. Implica na verificação de duas condições: 1) Validade dos resultados (o estudo reflete a verdade para a amostra que está sendo considerada ou o fenômeno ocorreu ao acaso?), 2) Utilidade dos resultados (o resultado pode ser aplicado  ao atleta/equipe em questão?);

- Avaliação dos resultados - deve considerar se o tempo e os recursos empregados para levantar e analisar as melhores evidências possibilita obter maiores benefícios em relação aos riscos e com menor custo para o atleta.

A aplicação da PBE requer conhecimento além das técnicas de treinamento por parte dos profissionais. Também, a aplicação das recomendações baseadas em evidências nem sempre são de fácil assimilação. Técnicos e atletas muitas vezes tem suas preferências pessoais fundamentadas em anos de experiência ou de acordo com os conceitos e filosofias inerentes à sua formação. Modificar ou ajustar tais práticas pode ser conflitante sobre as muitas convicções já estabelecidas. Deste modo é compreensível a dificuldade para que um indivíduo (técnico, atleta, gestor) que pratica há vários anos determinada rotina venha a mudá-la devido a novas descobertas científicas [91].

Entretanto existe um forte argumento para o exercício da Prática Esportiva Baseada em Evidências. Este diz que as decisões de campo nunca serão melhores que as informações que as fundamentam, e apenas o método científico nos aproxima da verdade dos fenômenos observados.

**Capítulo 05**

# RACIOCÍNIO PROBABILISTICO NO ESPORTE DE PRECISÃO

## TECNOLOGIAS DE DATIFICAÇÃO APLICADAS AO ESPORTE DE ALTO RENDIMENTO

O cérebro humano não é perfeitamente adaptado para entender probabilidades, desse modo utilizamos a matemática para tratar as situações de incerteza. Essa teoria teve grandes avanços com os estudos de Girolamo Cardano (1501-76) que, além de introduzir os numero negativos e divulgar as soluções para as equações de 3º e 4º graus, identificou pela primeira vez as leis matemáticas do acaso, entre essas o "Método do Espaço Amostral", para calcular os resultados em jogos de azar (conte todos os resultados possíveis e aqueles favoráveis, a divisão do segundo número pelo primeiro retorna a probabilidade desejada em certas condições) [130].

As pessoas têm grande confiança nas suas percepções, usam experiências passadas para tomar decisões futuras, generalizando uma situação para todas as demais similares, um fenômeno denominado *heurística*. Trata-se de um processo cognitivo para tomar decisões rápidas, não racionais, que, em geral, ignora grande parte da informação disponível [117].

A heurística justifica-se por ser um padrão cognitivo adaptado à sobrevivência da espécie, consoante com o comportamento leigo, modo instintivo de agir. A situação torna-se preocupante quando profissionais depositam crença irrestrita nas suas experiências e percepções para tomar decisões técnicas [117].

Um exemplo relevante deste fenômeno diz respeito à crença da população (e de muitos profissionais da medicina do esporte) na indicação irrestrita de exames complementares para tomar decisões clínicas (como o diagnóstico de lesão de um atleta). Uma revisão sistemática publicada pela Rede Colchrane [62], envolvendo 14 estudos clínicos e 182.880 mil sujeitos assintomáticos, evidenciou que exames preventivos (*check-ups*) anuais não reduziram a mortalidade nem a morbidade, mas produziram um aumento de até 20% em diagnósticos imprecisos, quais levaram a intervenções desnecessárias.

De acordo com as melhores práticas o profissional deve verificar a existência de evidências com alto grau de recomendação, ou mesmo a ausência dessas, para fundamentar suas técnicas ou mudar suas crenças e condutas, respectivamente. Entretanto a observação sugere que o raciocínio de grande parte dos profissionais é *não-bayesiano*, haja vista que o modo como conduzem suas reflexões sobre as informações é assimétrico, ou seja, toda informação que não condiz com sua convicção é desconsiderada, independente do grau de fundamentação científica [117].

Profissionais do esporte que pensam como cientistas são observadores rigorosos que priorizam a experimentação em detrimento da experiência, questionando de modo crítico suas convicções e a própria percepção da realidade.

Para subsidiar os profissionais de diversas áreas sobre a verdade em relação à determinado fenômeno, a ciência avançou de modo significativo em todos os campos do saber, sem distinção para o do esporte. Trouxe com ela várias atividades relacionadas à formação e ao desenvolvimento do atleta de alto rendimento, como a medicina do esporte, a engenharia de materiais, a biomecânica, fisiologia, fisioterapia, nutrição e, sim, o cientista. Hoje o atleta compartilha seu desempenho com uma enorme equipe de apoio.

Cientistas são profissionais que atuam sistematicamente para a produção do conhecimento com a intenção de melhor compreender os fenômenos, utilizando como ferramenta de trabalho o método científico. Quando o método é aplicado para conhecer fenômenos específicos de utilidade prática, então a ciência recebe a alcunha de aplicada.

A aplicação do método científico ao esporte de alto rendimento olímpico e paralímpico, atualmente associado às novas ferramentas de computação, permite construir modelos matemáticos para estimar o comportamento de sistemas biomecânicos de próteses sob condições específicas de esforço e fadiga (massa, energia, elasticidade). O tratamento de dados pode produzir informação estratégica sobre treinamento, descanso, perfil emocional e performance. O resultado objetivo do conhecimento científico reflete-se na recuperação mais rápida de atletas, treinamentos eficientes e individualizados, redução de risco de lesões, análise do comportamento emocional de atletas e planejamento técnico e tático de equipes.

O esporte de alto rendimento, como outras áreas do saber, presencia um avanço da ciência e da computação de dados com a intenção de elevar a eficiência das suas intervenções (treinamentos, tratamentos, recuperação, estratégias) por meio da prática baseada em evidências. Este processo exige atenção à preparação dos profissionais (técnicos e gestores) para o domínio do método científico, uso do raciocinado *bayesiano* e à compreensão da aplicação de novas tecnologias de computação além do nível de usuário, ou, ao menos integrantes capacitados nas equipes.

## O Método Científico Aplicado em Modelos Esportivos

Na acepção original de Aristóteles (322 a.C.) o termo ciência (episteme, *scientia*) faz referência ao estado máximo do saber humano pela apreensão completa e definitiva do significado de um objeto ou fenômeno. Entretanto, quanto mais avança a ciência, de modo progressivo se compreende que o sentido pleno dos fenômenos sempre parecem estar num estado mais elevado, talvez inatingível, remetendo ao paradoxo socrático (450 a.C.) "*ipse se nihil scire id unum sciat*" (Lat.).

Ascendendo do berço do pensamento ocidental moderno, no tocante ao estudo do conhecimento (epistemologia), emergiram por séculos os pensadores que fundamentaram o raciocínio crítico, como Ptolomeu e Euclides. Porém foi no período renascentista que destacou-se o personagem pontual do pensamento científico, Rene Descartes (1596-1650), com sua obra "Discurso do Método" qual estabeleceu as bases deste, tomando como referência os estudos de Roger Bacon (1214-1292), Nicolau Copérnico (1473-1543), Francis Bacon (1561-1626) e Galileu Galilei (1564-1642) [117].

A partir da definição do método científico, este tornou-se mais abrangente com os trabalhos de  Augusto Comte (1798-1857) "Lei dos Três Estados", culminando com expoentes do nível de Isaac Newton (1643-1727), Charles Darwin (1809-1882), Albert Einstein (1879-1955), Henri Poincaré (1854-1912), Niels Bhor (1885-1962), Pierre Duhem (1861-1916), Bertrand Russel (1872-1970), Karl Popper (1902-1994), Thomas Kuhn (1922-1996); entre outros pensadores [102, 117].

Sobre o método científico se pode dizer que trata-se da ação de planejamento e condução de estudos para investigação das causas e consequências dos fenômenos, por meio da formulação e teste de hipóteses, análise de dados submetidos à testes estatísticos, para finalmente proceder inferências lógicas de diferentes ordens, de modo a chegar a resultados passíveis de replicação e confirmação ou negação [117] (Figura 36).

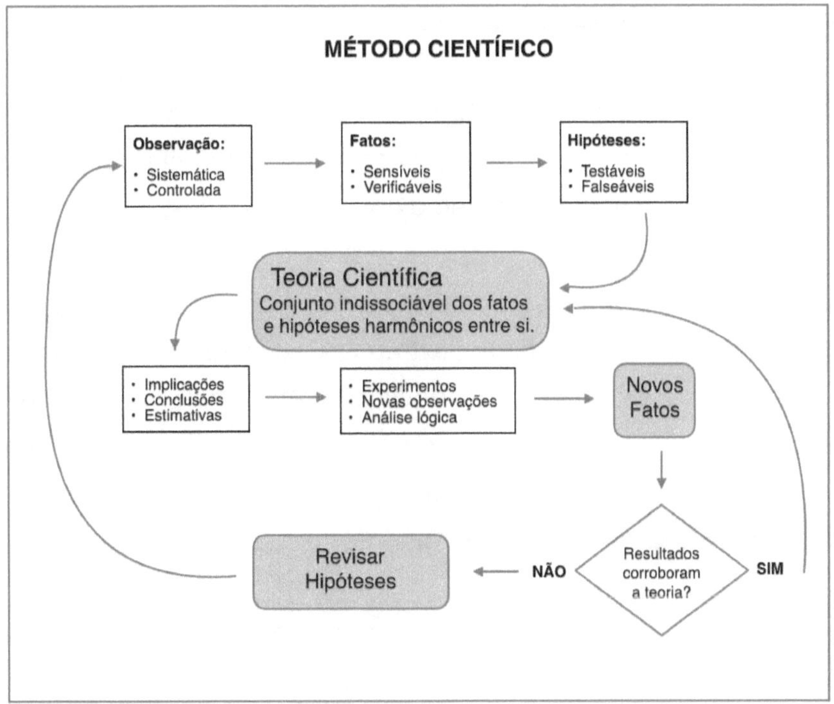


Figura 36 - O método científico testa hipóteses relacionadas a um problema, utilizando a probabilidade para refutar ou confirmar determinada convicção [136].

O método permite confirmar ou refutar hipóteses com grau estimado de precisão. No aspecto prático, tomar decisões baseadas apenas na experiência pessoal em detrimento do levantamento e avaliação crítica da melhor evidência disponível favorece a perpetuação de práticas estabelecidas nem sempre eficazes. O exercício profissional fundamentado apenas em impressões torna-se duvidoso, pois estas são limitadas e o julgamento, em consequência, falacioso [117].

O método científico aplicado ao esporte é proposto como ferramenta para reduzir as incertezas determinadas pelas impressões pessoais no momento de tomar decisões.

Não obstante as técnicas científicas sejam poderosas ferramentas na investigação da verdade, extrapolar seus resultados para o mundo real do esporte de alto rendimento apresenta limites, pois o desempenho de um atleta ou equipe é um problema dinâmico, complexo e indefinido; diferente dos estudos experimentais controlados realizados em laboratórios.

Num cenário em que técnicos e gestores do esporte nem sempre dispõe de informação suficiente para tomar a melhor decisão, diante de informações parciais ou imprecisas, apenas soluções aproximadas podem ser obtidas, isto significa tomar decisões com incerteza. Deste modo, emerge a necessidade de usar técnicas para trabalhar com a incerteza, tais como o raciocínio lógico (convicção até que uma evidência prove o contrário), lógica nebulosa (informações com diferentes graus de verdade) e o raciocínio probabilístico (combinação entre probabilidade e dedução).

## RACIOCÍNIO PROBABILÍSTICO

O desenvolvimento do cálculo de probabilidades ocorreu por meio de uma troca de cartas entre dois matemáticos notáveis, Blaise Pascal (1623-1662) e Pierre de Fermat (1601-1665). O resultado da racionalidade do método científico na investigação dos fenômenos são as evidências, definidas como os atributos probabilísticos daquilo que se está investigando. Um exemplo didático da aplicação da probabilidade pode ser observado nos tipos de relações entre conjuntos (relações transitivas e não-transitivas) [117] (Figura 37).

Figura 37 - Aos dezoito anos, com o objetivo de ajudar o pai na tarefa de cobrar impostos, Pascal inventou a primeira máquina digital, chamada Pascalinne com operações e adição e subtração. Fermat é a mais lembrado pelo seu trabalho em teoria de número, em particular sobre o Último Teorema de Fermat. Este teorema diz que $x^n + y^n = z^n$ , qual não tem nenhuma solução de inteiro (não zero) para x, y e z quando n > 2.


Para a Teoria dos Conjuntos (ramo da matemática que estuda os conjuntos) a relação transitiva ou relação binária (seja A=B dizemos relação binária, a toda relação entre elementos de A) se estabelece entre três elementos de um conjunto de tal modo que se o primeiro tem relação com o segundo e este tem relação com um terceiro, então o primeiro elemento tem relação com o terceiro. Por exemplo, Carlos é mais veloz que Mario e esse é mais veloz que Jorge, então Carlos também é mais veloz que Jorge. Já para os conjuntos não-transitivos a mesma relação não se estabelece, pois se o Atlético vence o Coritiba e esse vence o Paraná Clube, não significa que o Atlético vencerá o Paraná (é a mesma relação presente no jogo pedra-papel-tesoura).

Na década de 70 matemáticos descobriram a possibilidade de criar relações não-transitivas usando jogos de dados, tal como a proposta pelo estatístico Brad Efron sobre um conjunto de 4 dados com uma combinação particular de números nas faces:

- O dado A possui o número 3 em todas as faces;
- O dado B tem "zero" em duas faces e o número 4 em 4 faces;
- O dado C possui três faces 1 e três faces 5;
- O dado D tem quatro faces 2 e duas faces 6.

Nesse jogo, cada jogador escolhe um dado. Depois de vários lançamentos, vence aquele que obtiver a maior pontuação. O segredo consiste em oferecer ao adversário a primazia na escolha do dado, pois, como no confronto direto o dado A perde para o dado B, se a escolha do primeiro jogador for o dado A, basta que o oponente escolha o B para obter uma probabilidade de 4/6 de vencer (obtendo o número 4 nos lançamentos). Considerando que

B perde para C, que perde para D que perde para A, então basta ao segundo jogador fazer a escolha certa [132].

O raciocínio probabilístico toma por base o fato de que os profissionais (gestores, técnicos e atletas) convivem com a incerteza para tomar decisões (de gestão, estratégicas e táticas), então a  probabilidade é um modo de medir tais incertezas.

O raciocínio probabilístico oferece técnicas para quantificar a incerteza a partir de dados, permitindo aprimorar o cálculo ao passo em que novos dados são apresentados no processo.  Três conceitos são necessárias para o entendimento da probabilidade:

1. Aleatoriedade - compreender que os fenômenos naturais, em geral, não seguem   padrões determinísticos, mas uma distribuição de probabilidades;

2. Espaço amostral - é o espaço que contém o conjunto dos resultados possíveis de um experimento;

3. Correlação - diz respeito ao coeficiente de correlação (positivo ou negativo) entre as variáveis relacionadas ao mesmo problema.

Se na análise de um fenômeno a aleatoriedade está associada à incerteza, então o espaço amostral define o conjunto de possibilidades dos eventos ocorrerem, podendo ou não haver correlação entre eles. Deste modo, A ideia de probabilidade divide-se em dois conceitos relacionados, utilizados para modelar o mundo real (Figura 38):

- Probabilidade aleatória - representa uma série de eventos futuros cuja ocorrência é definida por alguns fenômenos físicos aleatórios (ex. probabilidade de chuva durante uma prova de formula 1).

- Probabilidade bayesiana - representa as incertezas sobre situações em que não se tem o conhecimento completo das circunstâncias (ex. probabilidade de uma lesão no atleta baseado num exame complementar). É um dos métodos mais utilizados em computação científica.

Figura 38 - Quando se conhece todos os possíveis valores de uma variável aleatória com suas respectivas probabilidades de ocorrência, tem-se uma distribuição de probabilidades qual fornece a probabilidade de  ocorrência de cada valor que uma variável aleatória pode assumir. Para compreender o Teorema de Bayes é necessário entender a Regra da Probabilidade Total (RPT), que expressa a probabilidade total de um resultado por meio de vários eventos disjuntos (Agradecimento ao Sr. Luiz Fernando Mezzadri pela cessão da imagem à direita).

Thomas Bayes (1702-1761) formulou um teorema capaz de lidar com incertezas e atualizar nossa crença sobre determinado evento à medida que novas informações são produzidas. Esse teorema   é a base de todos os sistemas inteligentes modernos que utilizam a inferência  probabilística.

Na beleza da arte, trata-se de uma afirmação matemático-filosófica sobre como testamos hipóteses a respeito de um fenômeno por meio de estimativas, aproximando de modo progressivo da verdade à medida que reunimos mais evidências. Em sua definição mais básica, trata-se apenas de uma expressão algébrica com quatro variáveis – três conhecidas e uma desconhecida (Figura 39).

$$P(H \mid E) = P(E \mid H) \cdot P(H) / P(E)$$

Figura 39 - Teorema de Bayes abordando a probabilidade de uma hipótese (H) ser verdadeira, considerando o conhecimento sobre determinada evidência (E). Variáveis na ordem dos termos: probabilidade posterior, probabilidade, probabilidade da hipótese e preditor da probabilidade posterior (denominador).

O foco do teorema é a probabilidade condicional, ou seja, a probabilidade de uma hipótese ser verdadeira na condição de uma determinada evidência conhecida. Este simples raciocínio permite regras de inferência bastante poderosas, tais como:

- A probabilidade pré-evidência (*à priori*) é a prevalência (frequência) do fenômeno na população da qual o sujeito faz parte. Quando a probabilidade pré-evidência é muito baixa, um resultado positivo terá grande chance de ser um falso positivo;

- Quanto maior a prevalência (frequência) pré-teste do fenômeno na população da qual o sujeito faz parte, mais provável será um resultado positivo realmente ser positivo, e menos provável um negativo ser verdadeiramente negativo;

- Quanto menor a prevalência (frequência) do fenômeno, menos provável será um resultado positivo significar positivo e mais provável será um resultado negativo significar negativo.

O raciocínio bayesiano pode ser representado pelo conjunto dos elementos contidos no espaço amostral (Figura 40).

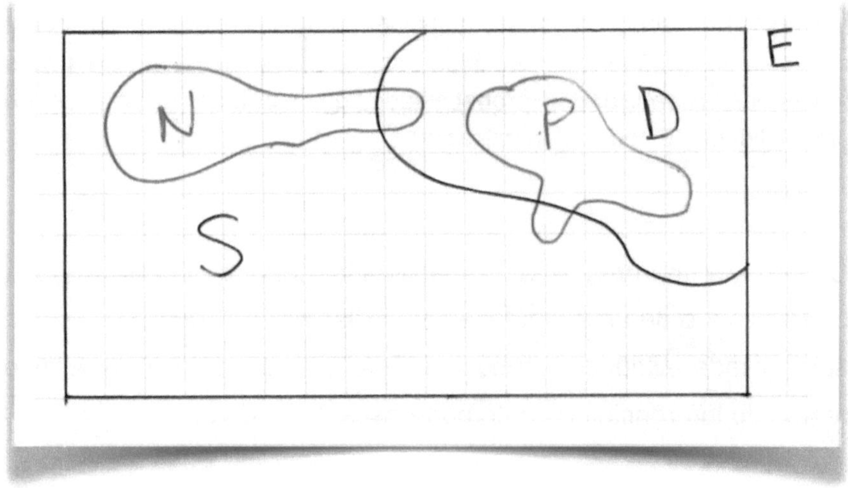

Figura 40 - Espaço amostral (E - conjunto de todos os valores que a variável aleatória pode assumir), doentes/lesionados (D - este evento é um subconjunto do espaço amostral), saudáveis (S - este evento é outro subconjunto do espaço amostral), verdadeiros positivos (P), verdadeiros negativos (N). O VPP ou acurácia (precisão) é a proporção de verdadeiros positivos e negativos que o teste consegue identificar [118].

Para atualizar as convicções sobre o problema em estudo, *à priori* o pesquisador precisa conhecer a prevalência (frequência) do fenômeno na população, *à posteriori* levantar evidências sobre a hipótese em teste; porém conforme estudado nesta obra, nem todas as evidências possuem o mesmo grau de certeza.

**Níveis de Evidência Aplicados ao Esporte de Alto Rendimento**

O *Teorema de Bayes* trata da mudança de crenças frente à novas evidências, mas qual tipo de evidência? Partindo do conceito geral de que *evidente* é aquilo que está claro para todos, este sugere que nem sempre decorre de comprovação ou demonstração. Entretanto, para o cientista, a evidência deve ter sua origem no tratamento do fenômeno pelo método científico, e, de acordo com o rigor metodológico adotado, as evidências podem ser organizadas num escala de relevância [117].

As evidências que embasam as decisões no esporte de alto rendimento podem apresentar diferentes graus de certeza, dependendo do delineamento metodológico dos estudos desenvolvidos. Os graus de certeza são, então, relacionados ao nível da evidência (NE) e  associados ao grau de recomendação

(GR) para aplicação das intervenções na prática do esporte [117] (Quadro 08).

Quadro 08 - Apresentação dos níveis de evidências e seus respectivos graus de recomendação (adaptado de SILVA, 2009) [117].

| Nível | Descrição | Grau | Recomendação |
| --- | --- | --- | --- |
| Nível I de Evidência | Estudos experimentais randomizados com magnitude do efeito significante, poder estatístico e mínimo erro alfa ou revisão sistemática destes estudos. | Grau A de Recomendação | Estudo que oferece evidência conclusiva. Neste caso é sugerida a aplicação da prática pesquisada salvo contraindicação específica. |
| Nível II de Evidência | Estudos experimentais randomizados que não preenche os critérios do Nível I ou revisões sistemáticas destes estudos ou inferiores | Grau B de recomendação | Situações em que as evidências são conflitantes sobre a utilidade ou eficácia de certa prática. Esta provavelmente será útil, porém com menor eficiência. |
| Nível III de Evidência | Estudo caso-controle selecionados de modo aleatório ou coorte com delineamento prospectivo. | Grau C de Recomendação | A força da evidência é favorável a utilidade/eficácia da prática investigada, entretanto sua fundamentação é frágil. Recomenda-se prudência na indicação desta. |
| Nível IV de Evidência | Estudo de coorte com delineamento retrospectivo (histórico) | Grau C de Recomendação | |
| Nível V de Evidência | Estudos transversais de casos e controles ou estudos de prevalência. | Grau C de Recomendação | |
| Nível VI de Evidência | Estudos de caso, revisões não-sistemáticas da literatura, série de casos, argumentos de autoridade ou consulta à especialistas. | Grau D de Recomendação | Condições para as quais não existem evidências ou consenso de que a prática investigada é útil ou efetiva, Cautela na conduta. |

A associação de evidências de alto nível com o poder do raciocínio probabilístico permite tomar decisões racionais mesmo quando não existem informações suficientes para sustentar qualquer hipótese. Se o raciocínio lógico-dedutivo obtém conclusões a partir da base ponderada do conhecimento prévio a respeito do problema, então este apresenta vulnerabilidade ao trabalhar com a incerteza [27]. Nestes casos, o raciocínio probabilístico é adequado para situações onde não se conhece, à princípio, todo o escopo do problema, o que caracteriza grande parte das decisões relacionadas ao campo do esporte. Ainda, o poder de inferência do raciocínio científico probabilístico pode aumentar por meio da representação do conhecimento utilizando Redes Bayesianas e propagação de probabilidades.

**Redes Bayesianas**

Na sua definição matemática uma *rede bayesiana* é a representação tabular da conjunção das probabilidades do universo do problema. Trata-se de modelos gráficos idealizados na década de 80, aplicados para o gerenciamento da incerteza em um determinado sistema (conjunto de elementos independentes que formam um todo organizado).

Um sistema esportivo possui incerteza quando apresenta informações conflitantes ou ausentes. A técnica de redes bayesianas procura verificar, no espaço amostral, qual a influência probabilística indireta de uma variável sobre as demais.

Suponha que uma equipe técnica precisa tomar uma decisão entre dois tratamentos para recuperar a lesão no pé de um importante atleta: cirúrgico ou fisioterápico. A rede bayesiana permite responder questões como: a) Qual a probabilidade de o atleta submeter-se à cirurgia sabendo que ele sofreu fratura? b) Qual a probabilidade de o atleta submeter-se à fisioterapia sabendo que ele sofreu fratura? c) Qual a porcentagem (frequência) da ocorrência de fraturas? (Figura 41)

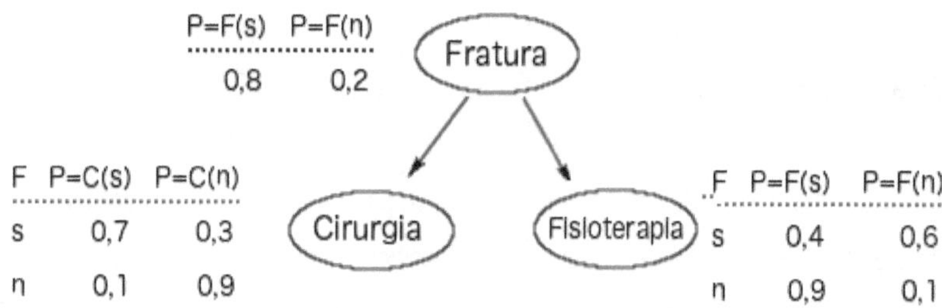


Figura 41 - O exemplo hipotético representa os garfos e as tabelas de probabilidades condicionadas que possibilitam o calculo de propagação de probabilidades. A probabilidade de o atleta submeter-se à cirurgia sabendo que ele sofreu fratura é (P(C|Fr)=0,7). A probabilidade de o atleta submeter-se à fisioterapia sabendo que ele sofreu fratura é ((P(Fi|Fr)=0,4). A porcentagem de fraturas (a probabilidade de fratura depende da sensibilidade do exame complementar utilizado para o diagnóstico) é (P(Fr)=0,8).

A aplicação do raciocínio de probabilidades sobre dados esportivos torna possível estimar com maior precisão a ocorrência (ou não de eventos), em comparação com a tomada de decisões baseada na simples observação, técnica que torna o esporte mais preciso. O esporte de precisão é embasado nos dados dos atletas e equipes; bem como no tratamento, análise e interpretação desse, por meio do uso de sistemas de computação.

## ESPORTE DE PRECISÃO

O esporte de precisão, uma abordagem emergente, propõe o uso de ciência e da tecnologia para melhorar o desempenho de atletas e equipes por meio da identificação de quais técnicas e treinamentos podem ser mais eficientes sob determinadas condições (características dos indivíduos/equipe, objetivos competitivos, características dos concorrentes). Contrasta com as práticas que adotam a média (medida de tendência central) como parâmetro de referência para todos os atletas, sem atentar para as diferenças entre indivíduos ou grupos de indivíduos.

O interesse em discutir os pressupostos, promessas, limites e possibilidades do esporte de precisão, advém da expectativa de que essa abordagem possa gerar avanços incrementais em áreas específicas do esporte, não obstante também possam haver dificuldades para a sua generalização, como o alto custo das novas tecnologias, a necessidade de manter equipes científicas nas instituições esportivas para traduzir o alto nível das informação gerada e a necessidade de investimento permanente em pesquisa.

Para compreender a abordagem do esporte de precisão é necessário situá-lo no contexto da transformação do esporte ocorrida nas últimas décadas, em direção ao tecnocientíficismo [64, 117], pois o discurso esportivo nem sempre foi construído com base na racionalidade científica ou fundamentado na aplicação de tecnologias; mas, com muita frequência,  na crença do talento individual do atleta e na experiência pessoal dos treinadores.

Entretanto, a partir de meados da década de 80 (Séc. XX) o esporte sofreu transformações nas suas várias dimensões, em particular pelo forte impulso proporcionado pelas inovações tecnológicas e propostas científicas (informática, tecnologia da informação, biologia molecular, telemedicina) que aceleraram o processo de tecnocientifização [60, 64].

As novas tecnologias estão causando transformações com impactos na produção, distribuição e gestão de informações dentro das instituições esportivas, e no próprio conceito político-econômico de esporte, modificando o antigo modo de entender e pensar essa atividade; implicando, por consequência, em novas concepções de desempenho competitivo. A ciência e a tecnologia passam a ser ativos para o melhor desempenho, gerando oportunidades econômicas decorrentes do sucesso dos atletas e equipes. O principal processo modificador é o modo de tomar decisões.

**Tecnologias de Apoio à Decisão**

Na base de qualquer tipo de prática profissional está a necessidade de uma tomada de decisão sistemática. Todos os profissionais devem desenvolver uma abordagem para tomar decisões  fundamentadas com relação à avaliação do cenário, interpretação da situação, estratégia de intervenção e técnica e objetivos das ações [91, 117].

Entretanto, antes das decisões finais, em geral existe uma miríade de microdecisões como: O que fazer como primeira ação em determinada situação? Como avaliar o progresso da intervenção? Qual a eficácia conhecida das intervenções disponíveis? Qual a probabilidade de sucesso e quais os riscos inerentes à decisão tomada. A partir dessas questões, surgem outras ainda mais básicas, como: Quais critérios devem ser adotados para interpretar as respostas encontradas para as microdecisões? Que fontes de informação podem auxiliar no levantamento das respostas fidedignas? [91].

Pelo exposto, o êxito das organizações esportivas está relacionado de modo sensível à eficiência do sistema de informação que apoia as decisões em três níveis [117]:

- Estratégico - decisões não-estruturadas (não existem protocolos a serem seguidos) tomadas por gestores sobre metas estratégicas, políticas de investimento e objetivos da organização;

- Tático - decisões semi-estruturadas (ocorrem sobre planos, cronogramas e orçamentos para projetos de curto e médio prazo tomadas por administradores de setores);

- Técnico - decisões estruturadas (possuem protocolos a ser seguidos) tomadas pela equipe técnica e clínica sobre atividades e treinamento, preparo físico e recuperação de atletas.

Considerando que o esporte é um sistema complexo, dinâmico e indefinido (um sistema com grande número de variáveis no qual não se conhece necessariamente a inter-relação destas devido à emergência de novos comportamentos não triviais no tempo), as técnicas computacionais permitem identificar padrões em grandes quantidades de dados, além da capacidade humana, revelando comportamentos de cooperação e competitividade entre atletas.

Nos jogos olímpicos de 1984 os norte americanos introduziram a computação de dados como auxiliar da equipe técnica na modalidade de voleibol. A tomada de decisões baseada em dados considera o uso de programas estatísticos de computador (*scout* - sistema de avaliação de desempenho de atletas) para análise do desempenho dos atletas da equipe adversária [21].

A seleção brasileira de voleibol (2006) comandada pelo técnico Bernardo Rezende (Bernardinho), utilizava dois *scout*: tático e técnico. O primeiro para analisar a quantidade, percentual e tipo de jogadas do time adversário; bem como analisar tendências dos atletas (direções, preferências e posicionamentos). O *scout* técnico analisava o próprio time, comportamento em cada fundamento e aproveitamento final (Figura 42) [14].

| Competição: Jogos Olímpicos | Local: Grácia |
|---|---|
| N° do jogo: 8 | Horário: 14.30h |
| Jogo: Brasil X Itália | Placar: 3 x 1 |
| Data: 29/08/2004 | |

| FUNDAMENTOS | SAQUE | | | | | | BLOK | | PASSE | | | | | | CONTRA | | | | | | ATAQUE | | | | | | | C + A | | DEF | | E | APV |
|---|---|---|---|---|---|---|---|---|---|---|---|---|---|---|---|---|---|---|---|---|---|---|---|---|---|---|---|---|---|---|---|---|---|
| Atletas | SP | SD | SE | SF | Tot | % | BP | BC | PA | PC | PD | PP | Tot | % | CP | C | CN | CB | Tot | % | AC | AD | AF | AB | AE | Tot | % | Tot | % | DP | DN | Pto | |
| 3. Giovane | | | | | | | | | | | | | | | | | | | | | | | | | | | | | | | | | |
| 4. André H. | | 3 | 1 | 13 | 17 | 18 | 1 | 3 | | | | | | | 2 | 1 | | | 3 | 67 | 7 | | 3 | | | 10 | 70 | 13 | 69 | | | | 9 |
| 6. Maurício | | | | | | | | | | | | | | | | | | | | | | | | | | | | | | | | | |
| 7. Giba | 3 | 4 | 4 | 12 | 23 | 30 | 2 | 1 | 12 | 1 | 3 | 2 | 18 | 67 | 4 | 5 | 2 | | 11 | 36 | 12 | 1 | 2 | 4 | 2 | 21 | 57 | 32 | 50 | 5 | 1 | 1 | 6 |
| 9. Canha | 1 | | 3 | 3 | 7 | 14 | 1 | 3 | | | | | | | 4 | 4 | | | 8 | 50 | 5 | 1 | 4 | 3 | 1 | 14 | 36 | 22 | 41 | | | | 4 |
| 10. Escadinha | | | | | | | | | 19 | | 3 | 1 | 23 | 83 | | | | | | | | | | | | | | | | | 2 | 1 | -1 |
| 11. Anderson | | 2 | | 1 | 3 | 67 | 1 | | | | | | | | | | | 1 | 1 | 0 | 2 | | | | 2 | 4 | 50 | 5 | 40 | | | | |
| 12. Nalbert | | | | 1 | 1 | 0 | | | | | | | | | | | | | | | | | | | | | | | | | | | |
| 13. Gustavo | 3 | 6 | 1 | 5 | 14 | 57 | 2 | 3 | | | | | | | 1 | | | | 1 | 100 | 9 | | | | | 9 | 100 | 10 | 100 | | | 1 | 13 |
| 14. Rodrigo | | | | | | | | | | | | | | | | | | | | | | | | | | | | | | | | | |
| 17. Ricardo | | 9 | | 10 | 19 | 47 | 1 | | | | | | | | | | | | | | | | | 1 | | 1 | 0 | 1 | | | 1 | 1 | 1 |
| 18. Dante | 2 | 3 | 1 | 7 | 13 | 38 | 3 | 2 | 22 | 2 | 5 | 1 | 30 | 73 | 3 | 2 | | | 5 | 60 | 5 | | 1 | 3 | 1 | 10 | 50 | 15 | 53 | 3 | 1 | 1 | 6 |
| Equipe | 9 | 26 | 10 | 52 | 97 | 36 | 11 | 12 | 53 | 3 | 11 | 4 | 71 | 75 | 14 | 12 | 3 | | 29 | 48 | 40 | 2 | 11 | 12 | 4 | 69 | 58 | 98 | 55 | 11 | 4 | 3 | 48 |

Figura 42 - Planilha de dados do *scout* técnico (sistema estatístico para monitoramento de atletas) [14].

Os sistemas estatísticos (*scout*), quando aplicados à grandes quantidades de dados registrados pelos *scouters* (profissionais de quadra que registram os dados relativos à partidas, como, tipos de jogadas, substituições), ou aqueles gerados pelas novas tecnologias, como a internet das coisas (IoT), equipamentos vestíveis adaptados em roupas, tênis, pulseiras com sensores e câmeras, mantêm a tomada de decisão baseada na experiência da equipe técnica. Significa que o grande volume de dados brutos, por si, não afasta a decisão da equipe técnica do empirismo, baseado na experiência. Essa limitação sustenta a aplicação do método científico e do pensamento crítico para afastar as impressões pessoais de técnicos, gestores, atletas e patrocinadores no momento de interpretar os fenômenos.

O pensamento crítico é a base para as decisões profissionais, sua principal característica é o ceticismo ativo independentemente da autoridade da fonte [91]:

- Quais dados apóiam determinada afirmação?
- O estudo adotado como referência foi replicado por fontes independentes?
- Alguma hipótese ou informação foi omitida?
- Existem explicações alternativas para o fenômeno?
- As fontes de dados e estão livres ruídos?
- Qual a metodologia da pesquisa que derivou a informação/?
- As informações podem ser individualizadas para o atleta ou equipe?

Logo, o pensamento crítico é um processo de avaliação cuidadosa de dados, informações e argumentos, com independência, de modo a impedir a aceitação espontânea de alegações e sugestões correntes (SILVA, 2009). Torna-se uma ferramenta metodológica importante quando associada à datificação do esporte, promovido pelas tecnologias de sensores e pela internet das coisas (IoT).

## DATIFICAÇÃO DO ESPORTE

Atualmente existem no Brasil mais celulares do que pessoas, fazendo com que a conectividade torne-se mais frequente que as interações de comunicação interpessoal. Essa capacidade tecnológica que estabelece comunicação digital entre dispositivos (telefones, computadores) também alcança objetos (coisas), definido o conceito de internet das coisas (*Internet of things* - IoT).

Estima-se que atualmente existam aproximados 15 bilhões de objetos conectados à internet e que, em 2025 existirão mais de 100 bilhões, pois cada ser humano está cercado por 1.000 e 5.000 objetos físicos potencialmente conectáveis. Tecnologias como as etiquetas inteligentes (R*adio Frequency Identification Device* - RFID), identificadas por radiofrequência podem ser inseridas em objetos para que esses possam ser monitorados à distância, como exemplo, os automóveis quando passam pelos sistemas automatizados de pedágio [38]. Esses parâmetros indicam para uma forte tendência de produção de dados, como nunca antes ocorreu.

No esporte, conjuntos de dados são relativamente fáceis de se obter, basta uma metodologia bem elaborada e disposição para efetuar num levantamento adequado de dados sobre atletas, gestão, negócios, táticas e saúde. O maior trabalho consiste na limpeza e organização desses.

Outro facilitador para o levantamento de dados no esporte é o fato de os problemas, em geral, serem bem definidos, pois todos os esportes têm ao menos um resultado inequívoco embutido nas regras: quem ganha e quem perde. A maior parte das análises esportivas é dedicada a estimar esse resultado. As questões secundárias (como um jogador específico contribui para ganhar um jogo, que estratégias devem ser usadas, etc.) estão relacionadas às respostas sobre a questão de vitória/derrota (esses também são grandes problemas a se investigar) [95].

As ferramentas de análise disponíveis também são vastas e poderosas quando bem empregadas, desde a regressão linear/ logística aos algoritmos de armazenamento em cluster (mineração de dados), até as melhores práticas para visualização de dados [117].

Considere que no esporte o domínio do assunto (regras) é de fácil entendimento. Conhecer as regras permite ter crenças e intuições prévias (hipóteses) que fornecem uma boa estrutura para nortear as perguntas certas (definição do problema de pesquisa) que direcionam a análise dos dados e interpretação dos fenômeno. Também oferecem meios de verificar a precisão das análises quando os modelos começam a produzir resultados [95].

Outro ponto é que existem muitos eventos fora da amostra estudada que podem ser utilizados para testar a eficiência dos modelos preditivos (o quanto o modelo estatístico desenvolvido é eficiente para estimar a ocorrência do evento antes da sua ocorrência [95].

Se o raciocínio baseado em evidências é a estrutura científica para a inferência sobre informações, os dados são os elementos básicos deste processo. A produção de grandes quantidades dados em tempo real (datificação) por meio do conceito de *Internet das Coisas* (IoT) traz à ciência uma nova dimensão, qual excede a capacidade humana para o tratamento desses (dados), emergindo a necessidade da computação científica.

## Tecnologias de Datificação

Na era do *big data* (grande base de dados) cada atleta pode ser interpretado como números, e o seu conjunto de dados analisado por meio de padrões lógicos. Em outras palavras, indivíduos e equipes passam a ser objetos quantificáveis. Existe uma estrutura tecnologia disponível para aplicação dos sistemas de danificação, que envolve equipamentos para coleta de dados, armazenamento e análise.

### Internet das Coisas

A Internet das Coisas (IoT) é uma tecnologia de rápida inclusão no mundo esportivo de competição e recreativo. Desenvolvida nos laboratórios do MIT (*Massachusetts Institute of Technology*) no início deste século (XXI), vem transformando o ambiente da pesquisa científica por meio da captação, através de sensores, de parâmetros de saúde e desempenho. Os dados armazenados podem ser analisados em tempo real por meio de ferramentas computacionais [106], pois o volume deste é muito superior à capacidade de uso dos técnicos e demais profissionais na área de esporte [118] (Figura 43).

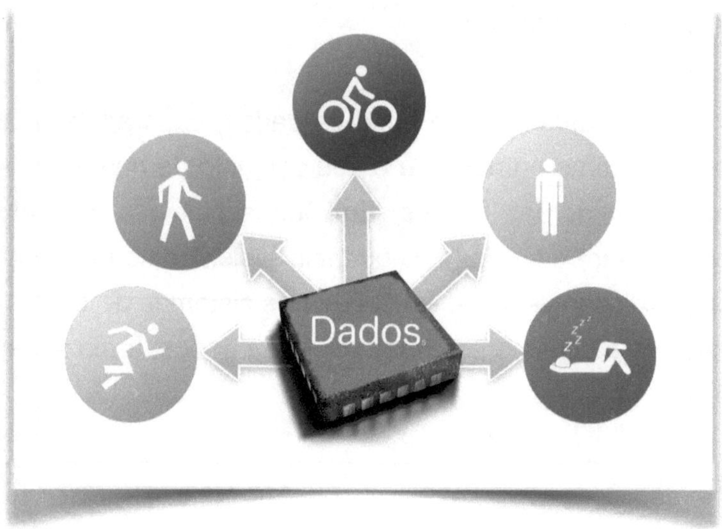

Figura 43 - O conceito de internet das coisas (IoT) extrapola para o esporte a computação vestível, aumentando exponencialmente a produção de dados em tempo real.

O desempenho esportivo pode ser gravado e analisado por meio de sensores, câmeras e equipamentos vestíveis (Internet das Coisas - IoT), registrando cada detalhe de um jogo ou treinamento.

Tecnologia de Sensores

As aplicações de redes de sensores na área do esporte pode oferecer monitoramento em tempo real sobre alterações no estado de saúde e desempenho dos atletas. Os dados coletados podem ser armazenados em uma base de dados para análise e diagnóstico de alterações no futuro (inclusive para análises preditivas por meio de algoritmos especializados) (AMEEN et al, 2012).

As aplicações dessa tecnologia, modo amplo, podem ser classificadas em médicas e não médicas (detecção de movimento, condicionamento físico, reconhecimento cognitivo e emocional como medo, estresse, felicidade). As aplicações médicas incluem atividades de detecção precoce, prevenção e monitoramento de doenças, assistência remota (telesaúde), acompanhamento pós-cirúrgico, aplicações para monitoramento de estados emocionais e aplicações de vida assistida para melhorar a qualidade de vida das pessoas com deficiência.

Os dados podem ser transmitidos à distância para a equipe médica e de pesquisa [3]. A aplicação dessa tecnologia está relacionada ao surgimento de um campo conhecido como Redes de Área de Corpo sem Fio (*Wireless Body Area Networks* - WBAN ou simplesmente BAN).

As WBANs consistem num conjunto de sensores de sinais biológicos, heterogêneos, posicionados   sobre diferentes partes do corpo (o sítios ideal para captar diferentes sinais biológicos ou injetar drogas não acontece num mesmo ponto) ou implantados sob a pele do usuário. Logo, cada tipo de sensor tem requisitos específicos e é usado para diferentes propósitos.

Os sensores corporais podem captar dados relacionados à temperatura, pressão arterial, frequência cardíaca, nível de oxigênio, deslocamento (aceleração ou velocidade angular de rotação) e parâmetros do sono; além da possibilidade de a combinação com sensores ambientais para oferecer informações adicionais sobre temperatura ambiente e pressão atmosférica, intensidade de luz ou nível de umidade (Quadro 09) [92].

| SENSORES PARA APLICAÇOES WBAN | | |
| --- | --- | --- |
| **Sensor** | **Função** | **Taxa de Dados** |
| Acelerometro | Mede a aceleração relativa  a queda livre em três eixos | Alta |
| Giroscópio | Medidas de orientação baseadas nos princípios do momento angular | Alta |
| ECG/EEG/EMG | Mede diferenças potenciais por meio de eletrodos posicionados nas partes do corpo correspondentes | Alta |
| Oxímetro de pulso | Mede a relação de mudança na absorção da luz vermelha e infravermelha pelo organismo | Baixa |
| Respiração | Mede a dissolução do oxigênio em líquido | Baixa |
| Dióxido de carbono | Mede a absorção do gás por meio de luz infravermelha | Baixa |
| Presão sanguínea | Mede a pressão sistólica (máximo) e diastólica (mínimo) | Baixa |
| Taxa de carbohidratos | Mede por meio de técnicas nã invasivas a taxa de açúcar | Baixa |
| Umidade | Mede a mudança de condutividade em relação à umidade | Muito baixa |
| Temperatura | Um circuito integrado de silicone detecta mudanças de temperatura pela mensuração da resistência | M muito baixa |

Quadro 09 - Sensores para aplicação WBAN.

Cada um dos sensores capaz de coletar sinais biológicos do atleta pode transmiti-los por meio da rede (web) para um servidor, um computador dedicado a executar aplicações dentro de uma rede (estrutura de computadores e dispositivos conectados por meio de um sistema de comunicação com o objetivo de compartilharem informações e recursos entre si.). Os diferentes tipos de redes de computadores são definidos por duas características principais: 1) O modelo dos equipamentos conectados e, 2) A distância que esses equipamentos se encontram um do outro:

- Rede de Área Local - *Local Area Network (LAN)*, conjunto de hardware e software que permite a computadores individuais estabelecerem comunicação entre si em uma distância entre 1km e 10Km, em geral utilizada em ambientes de empresas;

- Rede de Área Metropolitana - *Metropolitan Area Network (MAN)*, usadas para conectar as redes locais dentro de distâncias maiores. Permitem estabelecer uma conexão entre escritório que estão em um mesmo município ou cidades vizinhas, cobrindo dezenas de quilômetros;

- Rede de Longa Distância - *Wide Area Network (WAN)*, rede de computadores que abrange uma grande área geográfica, com frequência um país ou continente, equipado com uma série de dispositivos capazes de processar um conjunto específico de programas ou protocolos para fornecer serviços para outras máquinas) (Figura 44).

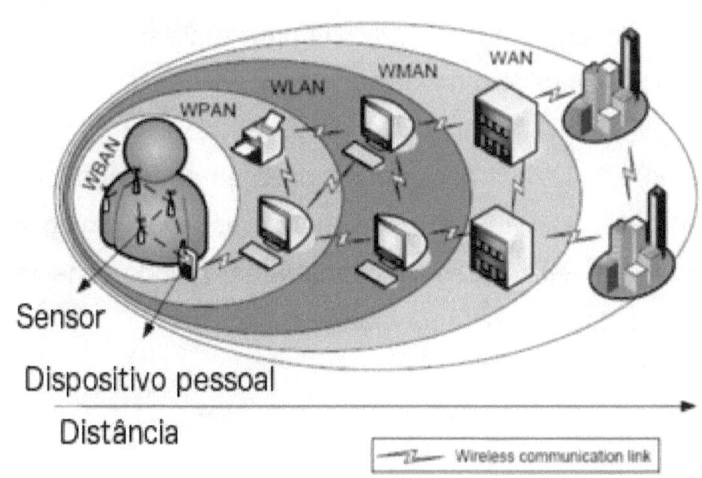

Figura 44 - Inter-relação entre as redes de computadores segundo às distâncias de cobertura.

As comunicações do WBAN podem ser suportadas por várias tecnologias, específicas para diferentes necessidades de uso [83]:

* A tecnologia *Bluetooth* foi projetada como um padrão de comunicação sem fio de curto alcance, destinado a manter altos níveis de segurança;

* *Bluetooth Low Energy* (BLE) é uma opção derivada do padrão *Bluetooth* introduzida como opção para situações em é que requerido menor consumo de energia usando a operação de ciclo de serviço baixo;

* *ZigBee* é uma das tecnologias de rede sem fio voltada para aplicações de radiofrequência que exigem baixa taxa de dados, longa duração de bateria e rede segura, graças ao seu suporte de segurança de 128 bits para realizar autenticação e garantir integridade e privacidade de mensagens;

* IEEE 802.118 é um conjunto de padrões para rede local sem fio (WLAN). O Wi-Fi permite que os usuários naveguem na Internet em velocidades de banda larga quando conectados a um ponto de acesso ou no modo *ad hoc*;

- IEEE 802.15.69 é o primeiro padrão WBAN que atende a várias aplicações médicas e não médicas e suporta comunicações dentro e ao redor do corpo humano.

Como a maioria dos dispositivos e suas aplicações são de natureza sem fio, a segurança e privacidade dos dados dos atletas é um problema central nos debates relacionados ao uso dessa tecnologias. As instituições esportivas também devem considerar a tensão exercida sobre os atletas quando passa a exigir o monitoramento do atleta em tempo integral e armazenamento dos registros em bases de dados [49].

Qualquer monitoramento desse tipo deve ser endossado pelo interessado como um modo de melhorar e aprender mais sobre seu desempenho, entretanto os atletas devem confiar nas organizações que gerenciam suas informações, pois sobre os registros históricos (armazenados em bases de dados) podem ser aplicados algoritmos de análise de dados (mineração de dados) para identificar e estimar (predizer) futuras condições e problemas de saúde. Esse nível de conhecimento pode induz à fortes interesses econômicos nas ações de contratação de atletas.

Bases de Dados

A informação passou a ser a base da tomada de decisões (desempenho dos atletas até as preferencias dos torcedores) de uma instituição esportiva quando atletas começaram a utilizar dados em suas rotinas de preparação diária, pois, organizados em bases, podem contribuir para a melhor compreensão das variáveis que influenciam o desempenho.

Uma base de dados é definida como "uma coleção de dados inter-relacionados representativos de informações sobre determinado domínio" [114]. Logo, essa tecnologia não é apenas uma coleção desordenada de dados, mas adota como requisitos, organização (estrutura de dados), consistência (ausência de conflitos entre dados, como redundância), segurança (proteção contra perda, roubo, destruição e acesso não autorizado) e acesso ao usuário [49].

Para que os requisitos inerentes a uma base de dados sejam aplicados, são utilizadas ferramentas como os Sistemas Gerenciadores de Bases de Dados (SGBD). O SGBD é um conjunto de programas (*softwares*) responsável pelo gerenciamento de uma base de dados, que permite criar, ler, atualizar e excluir dados (CRUD - *Create, Read, Update, Delete*), respondendo às demandas do usuário. Existem vários tipos de SGBD (por convenção, denominados apenas  de banco de dados), entre eles o banco de dados relacional.

O modelo relacional (idealizado pelo matemático britânico Edgar Frank Codd,  1970) recebe esse nome por relacionar dados por meio de uma estrutura tabular bidimensional, em linhas e colunas. São fundamentados na teoria dos conjuntos (ramo da matemática que estuda coleções de elementos) que estabelece a relação entre elementos (pertinência, inclusão, união, intersecção,

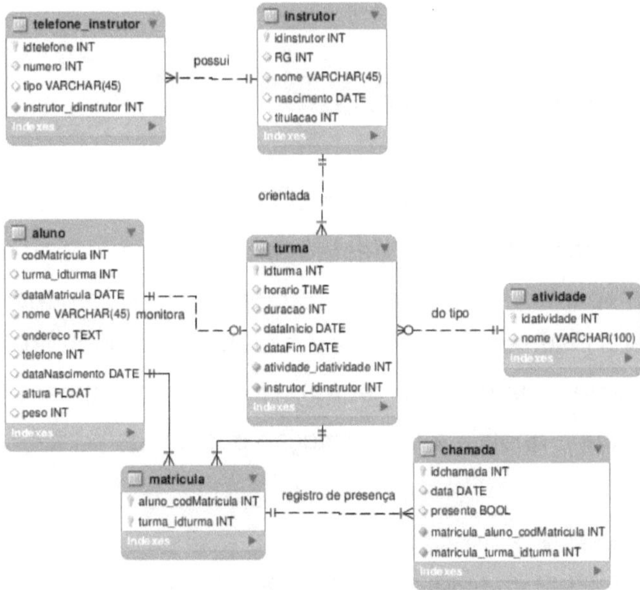



diferença ou igualdade) (Figura 45).

Figura 45 - Modelo da estrutura de uma base de dados relacional.

Uma das linguagens computacionais para desenvolvimento de estruturas de bases de dados é a *Structured Query Language* (SQL), desenvolvida na década de 70, é padronizada pela ANSI (*American National Standarts Institute*). A linguagem possui múltiplos usos, como manipulação de dados (DML), definição de dados (DDL), controle de dados (DCL) e consulta de dados (DQL).

Uma base corretamente estruturada é capaz de relacionados dados e transformá-los em informações, que ao serem inseridas em um contexto, tornam-se fonte de conhecimento para serem utilizadas em tomadas de decisão.

**Decisão Baseada em Dados**

Conforme abordado, a tomada de decisões orientada por dados, tanto para fins de gestão como para monitoramento do desempenho dos atletas requer o levantamento organizado desses insumos (dados) e a estruturação da tecnologia necessária (*softwares*, *hardwares*, redes). No entanto também é necessário que haja a análise e interpretação dos dados para que sejam úteis [95].

Com a atual tecnologia disponível, os analistas de esportes podem coletar dados e criar visualizações perspicazes para se comunicar com outros tomadores de decisões de uma equipe [95]. O iatismo, ora um esporte complexo (depende da relação entre inúmeras variáveis como vento, marés, desenho dos barcos) é um exemplo do uso da tecnologia para tomar decisões, tornando a modalidade mais interessante e competitiva. Os barcos, atualmente desenhados por programas (*softwares*) especializados, passaram por uma redução de peso e melhora da estabilidade, permitindo que a velocidade das embarcações triplicasse (em 2009 a velocidade média que era de 18,6 nós, passou a 47 nós. A tecnologia também simplificou o entendimento do esporte para o público. Barcos com sensores para mensuração de localização geoespacial e velocidade do vento passaram a gerar dados que, convertidos em gráficos, são abertos ao público e comentaristas esportivos, permitindo analisar o desempenho do atleta e da equipe em usar a informação ao seu favor [61].

O caso da seleção alemã de futebol é outro exemplo de aproveitamento de dados para tomada de decisões. Utilizando *softwares* que permite aos técnicos e assistentes acessar um grande volume de dados acerca de cada jogador para avaliação sobre precisão, domínio de bola, capacidades físicas e resistência. Durante a Copa do Mundo de 2014, a seleção da Alemanha utilizou uma tecnologia para coletar informações por meio de imagens e vídeos dos jogos. Essa ferramenta também permitiu mostrar qual o momento ideal qual cada jogador deveria tocar a bola para o seu companheiro, além de informar quais espaços da área do time adversário os zagueiros não iriam    proteger dom eficiência (Figura 46).

Figura 46 - Thomas Muller deu aos alemães uma vantagem de 1-0 aos 11 minutos. Era o prenúncio do que estava por vir. A Alemanha superou a frágil defesa do Brasil ao marcar quatro gols em seis minutos e liderar por 5 a 0 até intervalo. André Schürrle acrescentou mais dois gols no segundo tempo ampliando o placar para 7 a 0. Oscar marcou um gol de consolação tardio para o Brasil.

Com o surgimento dos *softwares* que auxiliam os treinadores e a equipe médica dos clubes, surgiram novas funções nas equipes técnicas como o Analista de Desempenho, responsáveis por avaliar os jogadores e equipes usando indicadores para determinar aspectos fisiológicos e técnicos. No Brasil, entre os clubes de futebol que utilizam os analistas de desempenho está o *Sport Club Corinthians Paulista* (clube multiesportivo brasileiro da cidade de São Paulo, fundado como uma equipe de futebol no ano de 1910 por um grupo de operários do bairro Bom Retiro) que criou o CIFUT (Centro de Inteligência do Futebol) como o objetivo de gerar informações táticas e técnicas para auxiliar a tomada de decisão, tanto para análise de desempenho como para tomada de decisões de contratação de atletas.

Com o armazenamento e análise de dados emergiu a economia da informação que refere-se à informação sendo utilizada como mercadoria e como bem de produção (pense na análise de dados para contratação de atletas com base na probabilidade de lesões desse). Neste contexto, os gestores que não possuem acesso a todas informações disponíveis têm menor probabilidade de tomar as decisões certas, o que torna os mercados imperfeitos.

A informação passa a ser entendida como um diferencial para as instituições, quando permite gerar vantagem para melhorar as decisões gerenciais no âmbito corporativo. As decisões baseadas em dados podem ser mais eficientes, em particular quando um grande volume está armazenado em bases, com o uso de técnicas como mineração de dados, quais têm por objetivo identificar relações e estimar tendências, ocultas para a capacidade humana de percepção, em grandes conjuntos de dados.

## Máquinas que Aprendem (e Ensinam)

Embora as pessoas ainda não tenham percebido de modo concreto o quanto a inteligência artificial já faz parte do cotidiano, esta é uma tecnologia presente e com grande potencial para ampliar sua influência no dia a dia. O argumento sustenta-se pela possibilidade da combinação desta com as tecnologias de *cloud computing* (computação na nuvem) criando as *smart clouds* (nuvens inteligentes). Trata-se da união de grandes bases de dados com técnicas de aprendizado de máquina para automatizar o processamento e análise de grande parte destes (no caso da computação em nuvem os dados são armazenados remotamente, e não em servidores físicos convencionais). Entre as técnicas associadas ao aprendizado de máquina (sistemas que podem aprender com os dados), a mineração (extração de informação de um conjunto de dados ) merece destaque.

Inicialmente denominada de "descoberta de conhecimento em bancos de dados", a técnica de "mineração" só recebeu essa denominação nos anos 90. Mineração de dados (em inglês, *data mining*) é o processo de encontrar anomalias, padrões e correlações em grandes conjuntos de dados para estimar resultados. De outro modo, minerar dados é o processo de transformar dados em informações úteis. Os fundamentos da técnica de mineração compreendem três disciplinas: estatística (o estudo das relações entre dados), inteligência artificial (inteligência simulada por softwares, que se assemelha à humana) e aprendizado de máquina (machine learning - algoritmos que podem aprender com dados para realizar estimativas).

Os objetivos primários da mineração de dados são: a estimativa e a descrição. O primeiro (frequentemente denominado de modo incorreto como "predição") utiliza um conjunto de dados conhecido para estimar o comportamento de valores desconhecidos de variáveis de interesse. Já, a descrição procura por padrões nos conjuntos de dados, quais possam ser interpretados por humanos. Os dados podem ter origem em diversas fontes. Esses devem ser armazenados (*data store*) e preparados por meio da aplicação de regras (modos de descoberta), sendo as mais conhecidas [21]:

- Regras de Associação (*Association Rules*) – tem por objetivo encontrar relações entre os valores das variáveis, como, por exemplo, frequência de jogadas executadas por uma equipe ou atleta durante uma partida;

- Agrupamento (*Clustering*) – algoritmos de agrupamento analisam o conjunto de dados para encontrar grupos de semelhantes. Exemplo, agrupamento dos dados dos fundamentos do  vôlei, saque e bloqueio, e organizados em faixas de desempenho;

- Padrões sequenciais (*Sequential Patterns*) – investigação de sequências de ações ou eventos. Sequência da jogada da equipe adversária depois de um saque da equipe;

- Padrões com séries temporais (*Time-Series Data*) – padrões encontrados em uma série temporal de dados (sequência de dados observada em intervalos regulares), como  padrões de comportamento de equipes depois de determinada faixa de pontuação (aspecto emocional dos atletas).

Em se tratando de máquinas que aprendem, é necessário aprender a pensar diferente [5, 29, 22], é necessário começar a aprender com máquinas que aprendem. Saber como usar esses recursos tecnológicos para melhorar a qualidade e eficiência é uma atitude estratégica para as instituições esportivas.

A primeira vantagem da aplicação das técnicas de *machine learning* (aprendizado de máquina) é a automação de processos, utilizadas para substituir humanos em tarefas rotineiras, tornando os processos mais rápidos e com menor frequência de erros. Trata-se da construção de modelos capazes de analisar uma grande quantidade de dados com rapidez e eficiência, apresentando resultados de modo mais rápido, com melhor precisão e confiabilidade controladas.

O uso de ciência e tecnologia está se difundindo no campo do esporte em ritmo estratégico, modificando de modo progressivo os modelos de negócio. Um exemplo é o Projeto Inteligência Esportiva desenvolvido pela Universidade Federal do Paraná (UFPR) em parceria com o Governo Federal do Brasil e o Grupo Prática Clínica (www.praticaclinica.com.br).

## Confiança Aplicada aos Sistemas de Apoio à Decisão

Confiança é um fator crítico que afeta o relacionamento interpessoal. Estabelecia-se por meio da comunicação face a face até que as tecnologias tornassem possível a comunicação homem-máquina [134].

Esse fenômeno é particularmente interessante quando se analisa o uso de sistemas de apoio à decisão em que humanos precisam tomar decisões com base (parcial ou total), nas recomendações de máquinas, pois as pessoas ainda não tiveram tempo e experiência para construir confiança com o novo parceiro.

Estudos sugerem que existem diferenças quando se compara a confiança humano-humano à confiança homem-máquina. A confiança humana na máquina às vezes se inicia em um nível mais alto do que a confiança humano-humana, e é caracterizada por colapsos mais dramáticos quando a confiança é comprovadamente inadequada, pois os usuários percebem a precisão do sistema e ajustam sua confiança e confiabilidade de acordo com suas experiências [135].

O início do século XXI, tempos de realidade virtual e ciberespaço, estabelece um novo tipo de relações existenciais, sociais e ideológicas, no qual a dependência humana para com as máquinas aumenta de modo progressivo e torna excludente aqueles que não estão atualizados tecnologicamente. Uma organização que não está no mundo virtual, provavelmente não sobreviverá no mundo real. Neste sentido, experiências como o Projeto Inteligência Esportiva procuram integrar as novas tecnologias e inovações científicas à realidade acadêmica, social e profissional no campo do esporte.


ESTUDO DE CASO
**PROJETO INTELIGÊNCIA ESPORTIVA - BASE DE DADOS**

O Projeto Inteligência Esportiva (IE - http://www.inteligenciaesportiva.ufpr.br/site/), teve início no ano de 2014 com a intenção de levantar, organizar e processar dados sobre o esporte brasileiro e armazená-los numa base de dados eletrônica de alta tecnologia desenvolvida e customizada para este fim.

A iniciativa partiu de uma ação conjunta entre o Centro de Pesquisa em Esporte, Lazer e Sociedade (CEPELS) da Universidade Federal do Paraná (UFPR) e a Secretaria Nacional de Esporte de Alto Rendimento (SNEAR) da Secretaria Especial de Esportes do Ministério da Cidadania [127], com o objetivo de gerar conhecimento para instituições, pesquisadores e gestores, de modo a tornar mais eficiente as tomadas de decisões sobre as políticas públicas do esporte no Brasil,

A fase de tecnologia e modelagem de dados do Projeto IE foi um produto idealizado e desenvolvido na sua concepção inicial pelo Grupo Prática Clínica (www.praticaclinica.com.br), uma aceleradora de ciência e tecnologia sediada na cidade de Curitiba/ PR (Brasil).

A estrutura metodológica do Projeto IE foi concebida sobre três objetos de estudo principais (os atletas, as instituições esportivas e a infraestrutura de esporte do país). A partir de cada um dos objetos, a investigação de várias propriedades (financiamento de atletas, localização das instituições esportivas, tipos de infraestruturas) permitiu apreender o conhecimento sobre o esporte por meio do levantamento, organização e cruzamento dos dados (Figura 47).

Figura 47 - Estrutura do Projeto Inteligência Esportiva no ano de 2019, baseada em três pilares (atletas, instituições e infraestrutura), sobre os quais diversas propriedades são investigadas..

O sistema computacional (*big data*) desenvolvido para o projeto IE foi customizado para o levantamento e armazenamento de dados com alto grau de eficiência na atomização (fragmentação da informação na sua unidade básica, os dados) e normalização (conjunto de regras que se aplica num projeto de banco de dados), de modo a evitar redundâncias dos dados e traduzir consultas mais precisas por meio de relatórios para gestores e pesquisadores do esporte brasileiro.

Além de uma estrutura lógica de *software* específica para processar os dados (SGBD) levantados pelos pesquisadores, um servidor próprio foi adquirido, albergado pela Universidade Federal do Paraná (UFPR), proporcionando maior velocidade de análise e segurança dos dados armazenados.

**Interface Computacional do Sistema Inteligência Esportiva**

A interface computacional do sistema IE oferece dois tipos de acesso: para a sociedade e para os gestores e pesquisadores. O primeiro motivado pelo desejo de o projeto ser de uso da população, pois foi financiado em grande parte por dinheiro público, logo pertence à sociedade brasileira. Por meio do sistema é permitida a consulta irrestrita dos dados da base relacionados ao financiamento de atletas e a governança de instituições esportivas, consonante com os princípios de transparência no tocante a disponibilização dos dados em linguagem clara e acessível a toda a sociedade interessada.

O *website* disponível no endereço eletrônico http://www.inteligenciaesportiva.ufpr.br/site/ apresenta na sua tela inicial informações de livre acesso sobre o Projeto e a equipe de pesquisadores, além, como justificado, de um formulário para consulta dinâmica sobre os dados relacionados ao esporte, armazenados na base de inteligência esportiva.

Na posição superior direita da tela estão os campos para inserção de login e senha, qual permite acesso restrito aos gestores e pesquisadores previamente cadastrados no Projeto (Figura 48).

Figura 48 - Tela de acesso ao sistema Inteligência Esportiva (http://www.inteligenciaesportiva.ufpr.br/site/).

A área restrita (acessada por meio de login e senha) permite acesso aos gestores e pesquisadores relacionados ao Projeto às telas de entrada e edição de dados, organizadas por meio de uma barra de navegação principal, disposta horizontalmente, com os *hyperlinks* para outros ambientes do sistema, como: atletas, eventos, instituições, relatórios, infraestrutura e o painel de controle de usuários (painel administrativo) (Figura 49).

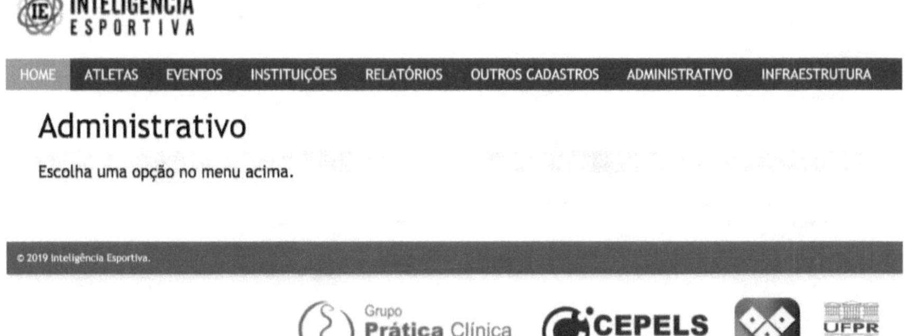


Figura 49 - Tela inicial do painel administrativo  da base de dados, apresentando a barra de navegação horizontal que organiza o acesso aos demais ambientes do sistema.

A barra de navegação principal é a referecia para o usuário restrito (gestor ou pesquisador) acessar o conjunto de telas do sistema Inteligência Esportiva. Neste processo, para cada novo ambiente acessado, será disponível um novo menu de navegação ou filtro de pesquisa relacionado à nova área.

Na tela de entrada de dados dos atletas (um dos objetos de estudo do Projeto) existem vários  campos (filtros) de pesquisa para que o usuário (pesquisador) possa gerar consultas personalizadas e produzir relatórios específicos para a informação desejada (Figura 50).

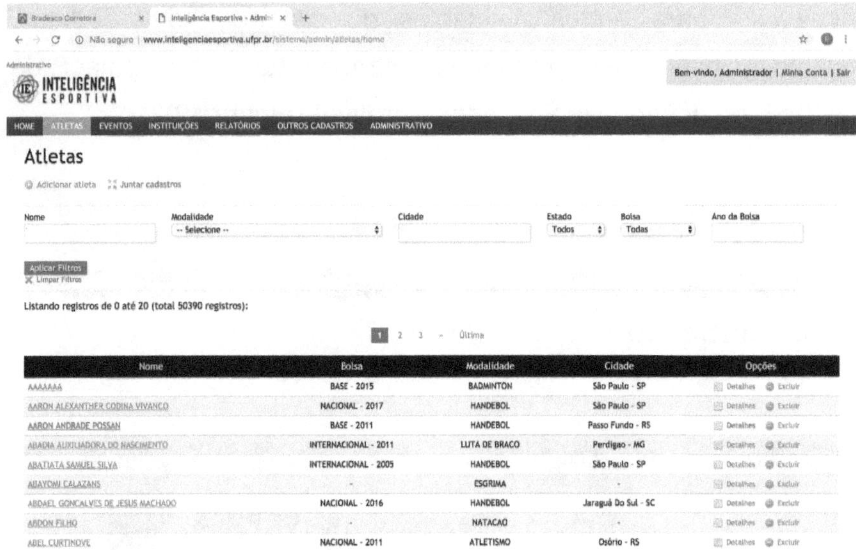

Figura 50 - Página dos atletas apresentando os filtros de pesquisa e o relatório tabular gerado.

Por meio dos filtros de busca (consulta na base de dados) uma tabela é gerada apresentando o resultado  da recuperação das informações desejadas pelo pesquisador/gestor. Na tabela também é possível gerenciar os dados dos atletas por meio dos comandos de ação: Detalhes (permite editar os dados dos atletas cadastrados) e Excluir (permite remover os dados do atleta do banco de dados).

A tela administrativa das instituições esportivas também oferece acesso ao usuário à uma série de filtros de pesquisa para personalizar a recuperação da informação (Figura 51).

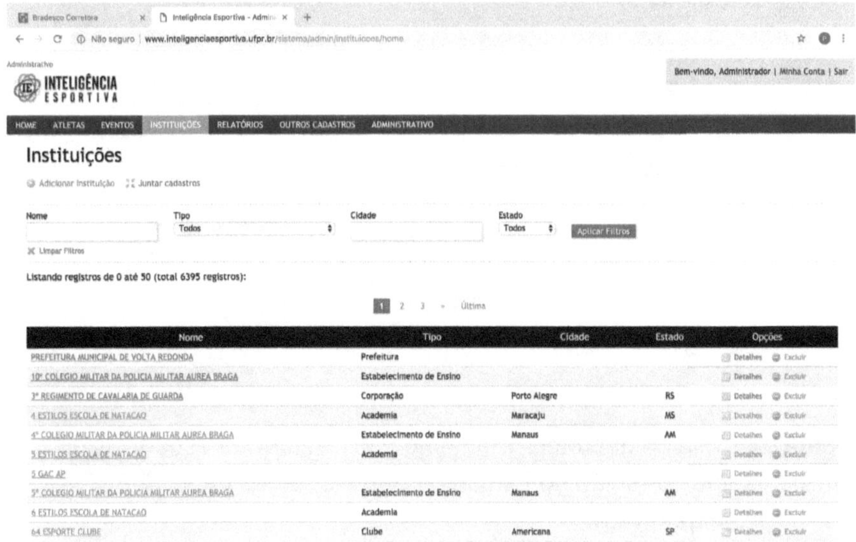

Figura 51 - Página das instituições apresentando os filtros de pesquisa deste objeto.

A tela de georeferenciamento pode ser acessada por meio do *hyperlink* para relatórios localizado no menu de navegação principal. Trata-se de uma ferramenta de forte apelo visual e de fácil interpretação, pois, sobre o mapa da nação, referencia a localização de aproximadas 5.000 instituições relacionadas ao esporte no Brasil (Figura 52).

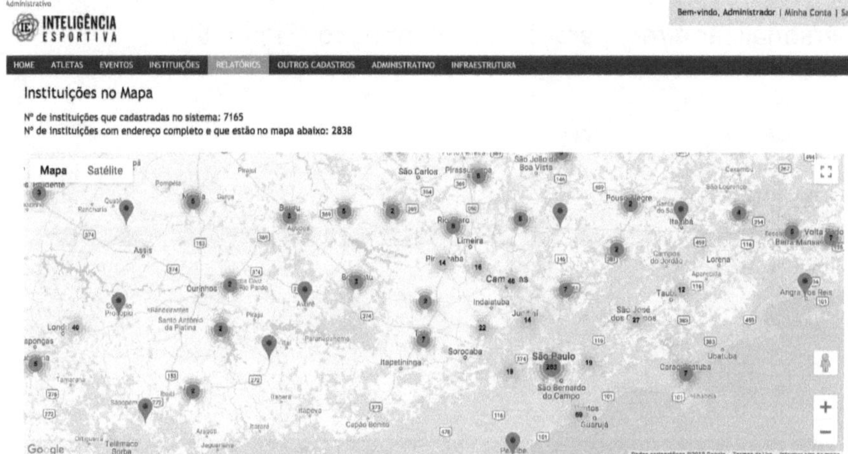



Figura 52 - Tela de georeferenciamento das instituições esportivas do Brasil (detalhe da região do Estado de São Paulo mostrando 2.838 instituições esportivas).

Clubes, confederações, associações entre outras instituições podem ser localizadas (georeferenciadas) com precisão no território delimitado. Ao acionar o ponto de indicação da instituição, o pesquisador/gestor tem acesso a uma caixa de informação (que aparece automaticamente na tela do computador), qual apresenta, em tempo real, dados atualizados da instituição esportiva consultada (Figura 53).

Figura 53 - Detalhe da janela de informação (*pop-up*) com as informações atualizadas em tempo real sobre cada instituição esportiva referenciada no mapa de geolocalização.

O conjunto de relatórios gerados pelo sistema (*hyperlink* de acesso no menu de navegação principal) ainda fornece inúmeros outros cruzamentos de dados relacionados ao financiamento de atletas, valores de bolsas concedidas, estrutura e gestão de instituições esportivas, (Figura 54).

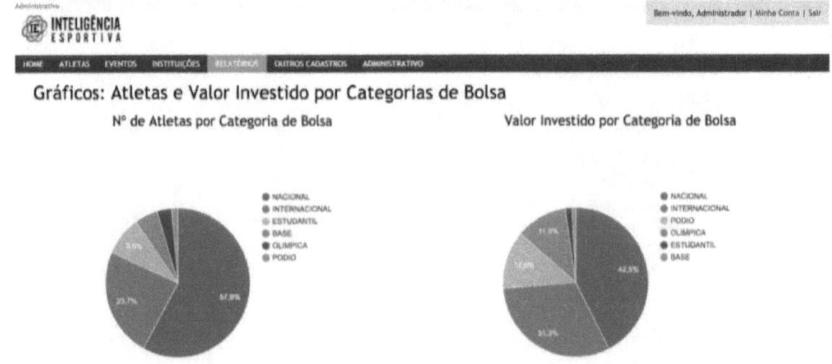

Figura 54 - Apresentação pictórica de um relatório gerado pelo sistema Inteligência esportiva.

Na tela administrativa estrutura-se o sistema de segurança de acesso e concessão de permissões para editar dados na base. Este controle é realizado exclusivamente pelo administrador do sistema (Figura 55).

Figura 55 - Página administrativa do sistema IE, qual permite permissões de acesso e edição de dados.

No *website* do Projeto IE também estão disponíveis as publicações e a produção científica da equipe de pesquisadores do projeto, a produção acadêmica sobre esporte dos programas de pós-graduação no País, a história das modalidades esportivas e ferramentas de acesso aos relatórios do banco de dados do *IE* relacionados ao financiamento dos atletas por meio do Programa Bolsa-Atleta do Governo Federal.

O Projeto Inteligência Esportiva é uma exemplo de sucesso sobre o uso de dados para a tomada de decisões e governança, e sobretudo como parcerias público-privadas podem utilizar de modo eficiente os recursos (humanos e financeiros) para gerar benefícios para a ciência e para a sociedade.


**Considerações finais**

Numa era em que as instituições esportivas precisam tornar-se inteligentes, isto significa ter acesso em tempo real à informações relevantes e utilizá-las para aumentar a produtividade e a eficiência dos processos. O levantamento e armazenamento estruturado de dados associados ao uso de ferramentas computacionais (inteligência artificial, mineração de dados) contribui para a análise da informação. Mais poderoso se torna o processo se esse for mediado pelo método científico, com o objetivo de calcular probabilidades de ocorrência de eventos complexos e validar a informação por meio da gestão de evidências relacionadas às melhores práticas esportivas.

A teoria das probabilidades tenta quantificar eventos incertos ou desconhecidos por meio de um conjunto de regras e fórmulas matemáticas para estimar a frequência da ocorrência de acertos ou número de vezes, por exemplo. Para que a probabilidade da ocorrência de um evento seja calculada sem confundimento (ocorre quando o efeito de um evento observado decorre da presença de uma variável não relacionada diretamente a este), é necessário que isto seja feito em condições aleatórias.

Em resultados de eventos esportivos ocorrem fenômenos aleatórios (aqueles que observados repetidamente sob as mesmas condições, produzem resultados diferentes). Tais fenômenos podem ser reproduzidos em experimentos aleatórios [71].

Apesar da incerteza sobre o resultado das observações, com relativa frequência os eventos aleatórios apresentam uma regularidade que pode ser quantificada por meio da probabilidade estatística quando medidos ao longo de repetidas observações do experimento, pois em geral as frequências relativas dos vários resultados possíveis se estabilizam.

Se num problema simples o aspecto estatístico da probabilidade de se obter cara em um lançamento de moeda é 1/2 (50% de chances), pois analisamos 1 caso entre 2 possíveis [71]:

Formula para o cálculo da probabilidade simples.

$$\text{probabilidade} = \frac{\text{n}^{\underline{o}} \text{ de casos favoráveis}}{\text{n}^{\underline{o}} \text{ de casos possíveis}},$$

Para problemas complexos, como as chances de um time ser campeão, existem questões à se considerar ao aplicar o raciocínio probabilístico aos problemas no campo do esporte.

A primeira questão, de ordem técnica, está relacionado à capacidade de computação. Supondo um campeonato com 20 times, a 15 rodadas do término, em que os times se enfrentam em turno e returno, e aceitando como resultados possíveis para cada jogo a vitória, derrota ou empate; então se obtém $3^{150}$ resultados possíveis. Neste caso, se cada calculo fosse gerado em 1 trilhonésimo de segundo, um computador gastaria $1,18 \times 10^{50}$ séculos para finalizar a estimativa de probabilidades [71](LIMA, 2012).

Mesmo se a capacidade computacional atual não fosse um problema, ainda persiste uma segunda questão, de ordem prática. Considerando que durante o campeonato provavelmente o primeiro colocado não perderá os 15 jogos restantes, tão pouco o último não vencerá os demais 15 jogos, é possível imaginar que aparentemente existem cenários quais deveriam ser desconsiderados daqueles possíveis; acontece que estes possuem a mesma probabilidade de ocorrência de outros cenários viáveis.

Frente a complexidade da ocorrência dos fenômenos naturais (pois estes possuem inúmeras varáveis, quais se relacionam de modo desconhecido), a fórmula baseada na Lei dos Grandes Números (probabilidade de um evento é a razão entre o número de ocorrências do mesmo e o número de ensaios quando este tende a infinito) é uma técnica de inferir a probabilidade [71].

Fórmula baseada na Lei dos Grandes Números.

$$\text{probabilidade} = \lim_{n \to \infty} \frac{\text{n}^{\underline{\text{o}}} \text{ de ocorrências em } n \text{ ensaios}}{n}.$$

De acordo com o raciocínio as chances de um time vencer determinado jogo depende de um grande número de variáveis (qualidade dos jogadores, do adversário, do juiz, presença da torcida, etc). Desta feita, o modo para se calcular a probabilidade de vitória é por meio da experimentação, repetindo um grande número de vezes o mesmo jogo (experimento), sob as mesmas circunstâncias. De igual modo, repetir exaustivamente o campeonato para estimar as chances de um time ser campeão.

O leitor logo percebe que é impossível repetir inúmeras vezes um campeonato nas mesmas condições. Entretanto é possível simular milhões de vezes o evento utilizando sistemas computacionais. Para que a técnica seja precisa, o número de simulações deve ser grande o suficiente (novamente a Lei dos Grandes Números, pois quanto mais experimentos são realizados, maior a probabilidade de a média aritmética dos resultados observados se aproximar da probabilidade real) [71].

Neste sentido, para simular um jogo entre os times A x B, o computador deve receber dois vetores (estrutura de dados) que representam os possíveis resultados da partida: (PVA, PEA, PDA) e (PVB, PEB, PDB) que são as probabilidades de vitória, empate e derrota de cada um. A partir destes dados, é possível calcular as probabilidades do jogo:

Fórmula para o calculo da probabilidade complexa.

$$P_{AxB} = \left( \frac{PV_A + PD_B}{2}, \frac{PE_A + PE_B}{2}, \frac{PD_A + PV_B}{2} \right)$$

Onde cada razão, em ordem, representa a probabilidade de vitória de A, empate, e vitória de B respectivamente. Supondo que $P_{AxB}$ = (0.5, 0.2, 0.3), o que o computador faz é dividir o intervalo [0, 1] em três partes: [0, 0.5], (0.5, 0.7) e [0.7, 1]. Então sorteia um número aleatório dentro do intervalo [0 e 1] (utilizando uma técnica de randomização). Se, por exemplo, o número sorteado for 0.4579, então o resultado do jogo é vitória de A, pois 0.4579 está entre 0 e 0.5 e esta é a parte do intervalo que representa a vitória de A. Se os números sorteados forem 0.61 ou 0.9999993 o computador irá considerar, respectivamente, empate ou vitória de B [71].

Depois da simulação de uma rodada os vetores são atualizados de acordo com os resultados obtidos, para nova simulação. A técnica de atualização dos vetores é o que caracteriza um modelo. O desempenho de um time, quantificado por meio do seu vetor, qual representa os resultados obtidos em cada partida, é o ponto chave na especificação do modelo.

Se a primeira aplicação da computação no esporte data da década de 60, com a intenção de armazenar informações. Atualmente a computação científica é considerada a terceira via para obter conhecimento, além da teoria e da experimentação, por meio da simulação quantitativa dos modelos matemáticos. Logo, a aplicação destas técnicas é uma das razões que determina uma maior probabilidade de os atletas serem mais bem sucedidos em termos de vitória ou derrota em uma competição [3].

**Capítulo 06**

# USO DA INFORMAÇÃO NAS AÇÕES DE GOVERNANÇA

MECANISMOS DE FREIOS E CONTRAPESOS PELA SEPARAÇÃO DOS PODERES

O aumento do interesse e participação da população nos esportes, associado a ampla cobertura da mídia sobre eventos em todo o mundo, transformou o esporte num negócio global de valor bilionário, qual inclui produtos e serviços esportivos [44]. Nesse sentido, os agentes (atletas, gestores, técnicos) e as organizações esportivas (clubes, confederações, governos) precisam adequar suas condutas para atender os interesses e necessidades de uma ampla gama de colaboradores (sociedade, patrocinadores, torcedores) [44]. O modo de se conduzir com transparência e eficiência está relacionado ao conceito de governança.

O conceito de governança no contexto corporativo surgiu na década de 30 do século XX em decorrência da quebra da bolsa de valores da cidade de Nova York (EUA). As primeiras obras sobre o assunto discutiram aspectos relacionados à gestão das organizações, em particular sobre a separação da administração institucional da ideia de propriedade familiar (Teoria da Firma).

**TEORIA DA FIRMA:**

COMPORTAMENTO DOS ADMINISTRADORES, CUSTOS DE AGÊNCIA E ESTRUTURA DE PROPRIEDADE TEORIA DA FIRMA: COMPORTAMENTO DOS ADMINISTRADORES, CUSTOS DE AGÊNCIA E ESTRUTURA DE PROPRIEDADE

ABR./JUN. 2008 • RAE • 87

Michael C. Jensen - HBS
William H. Meckling - (In Memoriam)

**Resumo** - Este artigo integra elementos da teoria da agência, da teoria dos direitos de propriedade e da teoria das finanças para desenvolver uma teoria da estrutura de propriedade da firma. Definimos o conceito de custos de agência, demonstramos a sua relação com a questão da "separação e controle", investigamos a natureza dos custos de agência resultantes da presença de capital de terceiros e capital próprio externo, demonstramos quem arca com esses custos e por quê, e investigamos o ótimo de Pareto para a sua existência. Também fornecemos uma definição de firma e mostramos como a nossa análise dos fatores que influenciam a criação e a emissão de capital de terceiros e os direitos sobre o capital próprio cobre um caso especial do lado da oferta no que se refere à totalidade do problema dos mercados.

Ao conjunto de normas e processos que norteiam as ações administrativas e de gestão de uma corporação, empresa ou órgão público para atingir determinados objetivos dá-se a denominação de governança. Dessem modo, tomando por base o entendimento do Banco Mundial,

> *Governança é o modo pelo qual o poder é exercido na administração dos recursos sociais e econômicos, visando o desenvolvimento e a capacidade dos administradores em planejar políticas e cumprir funções.*

A discussão sobre o tema foi retomada de modo intenso apenas na década de 90, sob influência da publicidade dada aos grandes escândalos de corrupção da época, ocorridos em organizações multinacionais. Casos de corrupção fazem pare da história do esporte, talvez pela natureza humana; entretanto, a governança esportiva passou a ser um campo particular de atenção, em grande parte em decorrência dos trabalhos acadêmicos, jornalismo investigativo e atividades de organizações como a *Play the Game* [65]. Nesse período foram publicados documentos pioneiros na definição dos princípios de governança, entre esses o *Principles of Corporate Governance* [93]:

- Princípio da Transparência - o atendimento ao princípio da transparência está relacionado à disposição da organização em publicar todas as informações de interesse público, não apenas aquelas impostas por força das leis e regulamentos;

- Princípio da Democracia e Equidade - no âmbito esportivo, esse princípio estabelece a possibilidade democrática de acesso ao poder, à rotatividade dos gestores nos órgãos de direção e a representação equitativa dos agentes que atuam na área do esporte (técnicos, atletas, árbitros, dirigentes e patrocinadores), de modo a aumentara equidade e a legitimidade nas tomadas de decisões;

- Princípio da Prestação de Contas (*Accountability*) - conforme o nome sugere, *accountability* está relacionado à prestação de contas associada às justificativas das ações que foram realizadas ou deixaram de ser empreendidas;

- Princípio da Responsabilidade - refere-se ao zelo que a organização dever ter em relação à sua sustentabilidade no longo prazo.

No Brasil a adoção dos *Princípios de Governança* também ocorreu na década de 90, como consequência das exigências provocadas pela abertura do mercado (fenômeno de globalização) e a entrada de grupos internacionais no país, por meio dos processos de privatizações, fusões, aquisições e incorporações; destacando-se a criação do Instituto Brasileiro de Governança Corporativa - IBGC [87].

As organizações esportivas, surgidas no século XX, estruturadas numa lógica federativa (piramidal) com gestão amadora, tem sido provocadas a adotar processos de profissionalização da gestão pela necessidade de retornarem à sociedade, ao público e aos patrocinadores postura ética, transparência e responsabilidade administrativa [87]. Em síntese, as práticas de governança passaram a ser utilizadas para salvaguardar os interesses dos agentes relacionados aos esporte [49].

A maior parte dos gestores reconhece a necessidade de administrar as organizações esportivas  como negócios (Teoria Organizacional), ou ao menos adotar boas práticas de gestão (governança). Entretanto, o esporte difere de outros modelos de negócio o que o torna um empreendimento especial. Suas características incluem um intenso relacionamento emocional entre os fãs e seus clubes, o que conduz à contínua tensão pela busca de metas competitivas e lucratividade. Outras características estão relacionadas à importância da competição equilibrada, às dificuldades em garantir a qualidade constante, a frequente necessidade de colaboração entre clubes concorrentes, o desejo dos torcedores em exibir publicamente suas afiliações de clube e preferencias por jogadores, e a dificuldade em alcançar aumentos significantes de desempenho [121].

## Governança como um Movimento do Esporte Mundial

De qual modo as relações internacionais entre as diversas organizações esportivas podem ser harmônicas no sentido de produzir normas, códigos de conduta e instrumentos regulatórios, de vigilância e de conformidade? A resposta está no processo de governança, quando considera a soma de leis, normas, políticas e instituições que definem, constituem e mediam relações entre os agentes do esporte. Por este motivo a governança global é considerada um processo internacional de formação de consenso [63].

Em 2013, o Grupo de Especialistas em Boa Governança da União Europeia (UE) sugeriu uma versão dos *Principles of Good Governance in Sport*, qual inclui a seguinte definição:

*"A estrutura e a cultura dentro das quais um organismo esportivo define suas políticas, seus objetivos estratégicos, envolve-se com as partes interessadas, monitora o desempenho, avalia e gerencia o risco e relata suas atividades e seu progresso aos constituintes, incluindo o fornecimento de regulamentações e políticas esportivas efetivas, sustentáveis e proporcionais."*

Vários outros documentos sobre princípios de boa governança têm sido produzidos, como os do *International Olympic Commitee* (IOC), sob o título *Basic Universal Principles of Good Governance of the Olympic and Sports Movement* (2008), os Princípios da Boa Governança em Esporte da União Europeia (2013), e o *Universal Standards da Sport Integrity Global Alliance* [65].

Os diferentes conjuntos de princípios tendem à consonância baseados nas seguintes dimensões [89]:

1.  Transparência organizacional;
2.  Transparência de relatórios;
3.  Representação das partes interessadas;
4.  Processo democrático;
5.  Mecanismos de controle;
6.  Integridade esportiva;
7.  Solidariedade.

A iniciativa da Agenda Olímpica de 2020 do COI incluiu um *Grupo de Trabalho sobre Boa Governança e Autonomia*. Das 40 recomendações adotadas, cinco abordam governança e ética.

A *Association of Summer Olympic International Federations* (ASOIF) desenvolveu uma ferramenta de análise de governança para as Federações Internacionais. As Federações Internacionais passaram a realizar questionários de autoavaliação cuja análise resultou na publicação de relatórios nos anos de 2017 e 2018. *A Association of International Olympic Winter Federations* (AIOWF) também publicou seu relatório em 2018.

A *Fédération Internationale de Football Association* (FIFA), *The Union Cycliste Internationale* (UCI) e a International Association of Athletics Federations (IAAF) estão entre as organizações esportivas que têm alterado seus regimentos, introduzindo termos limites e incluindo pessoas    independentes em tomadas de decisões [65].

Além dos vários documentos versando sobre boa governança publicados, governos e órgãos regulatórios de vários países têm exigido padrões de governança para que organizações esportivas possam ter acesso à linhas de financiamento público. A *UK Sport* e a *Sport England* produziram o *Code for Sports Governance*, que estabelece os níveis de transparência, responsabilidade e integridade financeira exigida das organizações que buscam financiamento público.

A União Europeia também tem sido ativa no campo da governança esportiva. Um projeto fundado pelo *Comitê Olímpico Europeu* desenvolveu uma ferramenta de avaliação de governança e educação conhecida como *Support the Implementation of Good Governante in Sport* - SIGGS [113]. No mesmo sentido, a *Play the Game* criou uma ferramenta de *benchmarking*  (processo de comparação de produtos, serviços e práticas empresariais) para avaliar a governança das federações esportivas nacionais, o que resultou em um relatório publicado em novembro de 2018.

Seguindo a tendência mundial, durante a 44ª Reunião do Conselho Nacional do Esporte (CNE) realizada em 2018, o Ministério o Esporte do governo do Brasil lançou a Cartilha de Governança em Entidades Esportivas [48], produzida pelo Projeto Inteligência Esportiva (UFPR). O documento foi concebido sob a visão do Ministério do Esporte e dos órgão controladores (Tribunal de Contas da União e Controladoria Geral da União) e apresenta regras de transparência, gestão democrática e responsabilidade, com o objetivo de orientar gestores e entidades beneficiadas pelos recursos da Lei Agnelo Piva. O material, dividido em quatro princípios (transparência e controle social, democracia e equidade, prestação de contas (*accountability*) e responsabilidade) foi distribuído para todas as confederações esportivas. O lançamento da Cartilha somou-se a outras ações propostas pelo Ministério do Esporte, entre essas:

- Termo de Ajustamento de Conduta (TAC) - assinado em conjunto com o Comitê Olímpico Brasileiro (COB) para o compromisso da apresentação de relatórios de atividades para conhecimento do Conselho Nacional o esporte (CNE) e proposição de um programa de boas práticas de governança;

- Divulgação de carta aberta defendendo a maior participação do atleta nos processos decisórios dos comitês e confederações;

- Publicação de portaria do Ministério do Esporte definindo parâmetros para uso de recursos públicos em despesas administrativas por entidades ligadas à gestão do esporte (COB, CPB, CBC e entidades educacionais e universitárias), priorizando os investimentos nas atividades de fins dos atletas.

O Brasil acompanha as tendências mundiais na intenção de oferecer gestão controlada, transparente e democrática no campo do esporte. Além as ações referidas, entre as principais promotoras dos ideais de governança no país está a Universidade Federal do Paraná, por meio do Projeto Inteligência Esportiva.

ESTUDO DE CASO
**PROJETO INTELIGÊNCIA ESPORTIVA - GOVERNANÇA**

A primeira fase do Projeto Inteligência Esportiva (IE - http://www.inteligenciaesportiva.ufpr.br/site/) iniciada no ano de 2014 cumpriu seus objetivos com mais de 70 mil atletas e 7.165 mil instituições (clubes, associações, confederações) cadastradas, perfazendo um volume superior a 4 milhões de registros, oferecendo uma visão plena do esporte  no Brasil, por meio do cruzamento de dados e emissão de relatórios e mapas em diversos formatos

Na sua segunda fase, iniciada no ano de 2018, além de prosseguir nas ações de levantamento, organização, armazenamento de dados sobre o esporte no país, o Projeto IE iniciou parceria  com a associação sem fins lucrativos '*Sou do Esporte*' (www.soudoesporte.com.br) para processar informações sobre o nível de governança das organizações esportivas nacionais, por meio de uma metodologia própria criada por seus pesquisadores, com foco na gestão dos recursos públicos das entidades relacionadas à administração do esporte.

O Projeto assumiu para este novo objeto de pesquisa o entendimento de que o modelo da estrutura (configuração administrativa) e organização (políticas para gestão dos recursos) das instituições (clubes, confederações e demais), são fatores contribuintes para o desenvolvimento do esporte de elite, além da preparação técnica e do treinamento específico.

O referencial teórico [126] adotado para o desenvolvimento da metodologia para quantificação e análise da governança pela Universidade Federal do Paraná (UFPR) evidenciou que os países organizam seus recursos de diferentes modos e configurações, de acordo com suas prioridades. Neste sentido, alguns problemas de investigação foram estruturados para guiar o projeto governança:

**Apresentação do Problema**

A justificativa para o empenho de recursos humanos, de tempo e financeiros na fase Governança do Projeto Inteligência Esportiva fundamentou-se nos seguintes problemas:

- Qual o nível atual de governança (adoção de boas práticas de gestão) entre as instituições de gestão do esporte no Brasil?

- De que modo as técnicas de boas práticas de gestão das instituições ligadas ao esporte podem ser mensuradas?

- Como as informações sobre políticas e recursos destinados ao esporte podem ser combinadas e organizadas dentro de contextos específicos no Brasil?

- Existem prioridades definidas de modo objetivo pela autoridade competente para nortear a organização das políticas e recursos das entidades de administração do esporte no Brasil?

- Como as políticas publicas estão organizadas em relação ao atleta (formação/elite) e às diferentes modalidades?

- Como são organizadas as políticas e recursos para as dimensões: recursos humanos, estrutura e organização?

O atual paradigma relacionado à gestão do esporte considera que este é um processo dinâmico baseado na informação. Tal modelo de organização toma por base um modelo administrativo (governança/*compliance*) em que a informação desempenha papel relevante na mensuração do desempenho e no uso dos recursos por parte das organizações esportivas. Desse modo, a partir das questões subscritas, governo, academia e iniciativa privada uniram esforços para desenvolver uma metodologia e ferramentas computacionais para subsidiar as respostas.

## Desenvolvimento do Método e do Sistema Computacional

O sistema de governança foi incluído como um novo módulo computacional do Projeto Inteligência Esportiva. As telas de entrada de dados são acessíveis por meio de *login* e senha apenas aos gestores e pesquisadores cadastrados; entretanto os resultados são disponíveis à toda sociedade no formato de gráficos e tabelas por meio do *website* (www.inteligenciaesportiva.ufpr.br/site).

O *hyperlink* de acesso à esse subsistema (Governança) está localizado na aba 'Instituições' (posicionada no menu principal de navegação do *website*). Para acessá-lo o usuário cadastrado no Projeto (portador de login e senha) deve selecionar entre as opções da aba Instituições) aquela de mesmo nome (Instituições) (Figura 56).

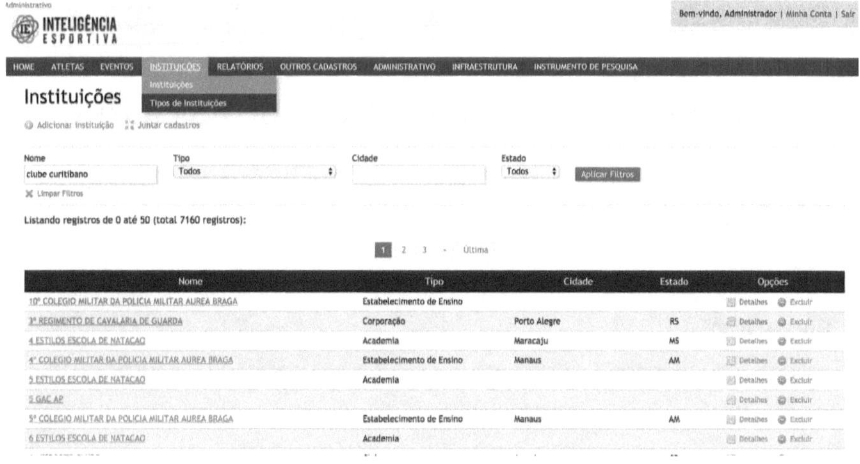

Figura 56 - Tela de acesso ao sistema Governança.

A nova tela carregada apresenta a relação das instituições esportivas cadastradas na base de dados. O usuário deve selecionar aquela desejada para análise da governança. A página da instituição selecionada (renderizada) apresentará um sub-menu horizontal (em cinza claro) com a aba 'Governança'. Essa acionada carregará uma nova tela apresentado um campo com as opções de metodologia: Sou do Esporte e UFPR, opções que permitem acesso aos formulários de entrada de dados e avaliação das dimensões consideradas (Transparência, Equidade, Prestação de Contas, Integridade Institucional, Modernização) (Figura 57).

Figura 57 - Tela de acesso ao sistema 'Governança' da instituição selecionada (Judô Clube Mogi das Cruzes).

Ao acionar a aba de uma das cinco (05) dimensões o sistema permite acesso ao painel de entrada (*input*) dos dados de cada dimensão, com suas sub-dimensões e seus respectivos itens, todos dicotômicos no formato (sim/não), onde cada 'sim' registrado equivale ao valor '1' e cada 'não' ao valor '0' (Figura 58).

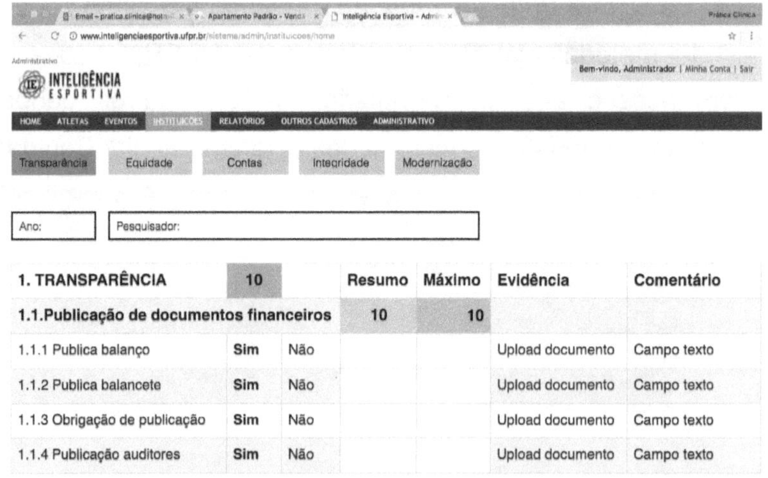

Figura 58 - Tela de entrada de dados.

Para cada dimensão diversos itens são auditados por profissionais *ad hoc* (independentes), qual envolve a inspeção de documentos da organização num processo de amostragem. Os itens avaliados em cada dimensão, dicotômicos, quando marcados como 'sim' geram valor '1', quando 'não' geram valor '0'. A soma dos valores 1 é dividida pelo número de itens daquela dimensão e multiplicado por 10, resultando na nota da dimensão (ex. numa dimensão de 4 itens com 3 respostas sim, 3 / 4 x 10 = 7,5)

O formulário apresenta na própria página de entrada de dados, 03 (três) campos com o calculo dos resultados do: 'Máximo' (amarelo), 'Transparência' (azul) e 'Resumo' (alaranjado). Esse processamento é realizado pelo sistema, sobre os dados de entrada, conforme a descrição dos cálculos a seguir:

**Metodologia de Processamento dos Dados**

O processamento dos dados é realizado por meio de diversos cálculos conforme metodologia descrita abaixo. Os resultados são apresentados em relatórios.

- Cálculo do Resumo

O campo 'resumo' diz respeito ao calculo de cada sub-dimensão (ex. publicação de documentos financeiros). A formula de calculo de cada 'resumo' (campo que estará presente na linha de cada sub-dimensão) é: Fx ( $\sum$ 'sim' ) / . 'n.itens da sub-dimensão'. 'sim' . 10

------------------------------------------------------------

<u>Exemplo</u>: No caso da tabela acima, supondo que todos os 04 itens da sub-dimensão 'Publicação de documentos financeiros' foram marcados como '**sim**', o cálculo é realizado somando 04, dividindo por 04 que é o número de itens  da sub-dimensão (1.1.1 ao 1.1.4) e multiplicado por 10 (valor indicado no campo 'resumo')

- Cálculo da Dimensão

O calculo da dimensão 'Transparência' é realizado pela soma da multiplicação do valor do resumo de cada sub-dimensão, dividido pelo número total de itens da sub-dimensão. A representação matemática é: Fx $\sum$ (valor do 'resumo 1' x n. itens da sub-dimensão 1) + (valor do 'resumo 2' x n. itens da sub-dimensão 2) / Fr. total de itens da 'Dimensão'.

...................................................

<u>Exemplo</u>: No caso da tabela acima, considerando que existe apenas uma dimensão (Transparência) e uma sub-dimensão (Publicação de documentos financeiros), então apenas o primeiro termo da equação é representado, somando (10 . 4) / 36 = 1.11 . Neste caso '10' refere-se aos valor do 'Resumo', '04' refere-se ao valor do número de itens da sub-dimensão (Publicação de documentos financeiros) e 36 (o suposto número total de itens da dimensão 'Transparência'); logo 1.11 é o índice de transparência da instituição avaliada.

- Cálculo do Máximo

O cálculo do 'Máximo' é a soma do valor do índice de cada dimensão, multiplicado pelo número total de itens de cada dimensão, dividido pelo número total de itens em análise. A representação é: Fx $\sum$ (índice da dimensão 1 . total de itens da dimensão 1) + (índice da dimensão 2 . total de itens da dimensão 2) (índice da dimensão n . total da dimensão n) / Fr. total de itens em análise.

.................................................

Exemplo: No caso da tabela acima, considerando apenas a dimensão transparência, o índice máximo é a soma de (10 . 36) / 135 = 0,07

Onde 10 é o índice de transparência (campo azul), 36 é o suposto número total de itens atribuído à dimensão 'Transparência) e 135 é o número total de itens da análise (considerando que existem outras dimensões, além da 'Transparência', não exemplificadas neste caso), logo 0,07 é o índice de transparência da instituição avaliada.

Observação - As médias gerais das respostas são calculadas apenas sobre número de entidades com formulário completamente preenchido.

Os valores obtidos pelo cálculo dos itens de cada dimensão da instituição esportiva avaliada geram uma razão do total da instituição para aquela dimensão. O resultado (razão) é transferido de modo automático para outra tabela que resume a dimensão em questão, possibilitando a comparação dessa com a de outras instituições (Quadro 10).

Quadro 10 - Dimensões consideradas para avaliação do fenômeno (governança) e número de itens de cada uma.

| Dimensão | Número de Itens |
| --- | --- |
| Transparência | 42 |
| Equidade | 55 |
| Prestação de contas | 89 |
| Integridade institucional | 88 |
| Modernização | 30 |

A metodologia para o calculo das dimensões não considera nenhum peso nesta fase, porém estes poderão ser incluídos em fases futuras, para equilibrar o calculo entre entidades administrativas (confederações e federações) e de prática (clubes).

**Emissão de Relatórios**

A saída de dados processados é apresentada na aba 'Relatórios' localizada no menu de navegação principal do sistema, na opção

'Governança'. Os seguintes documentos podem ser gerados (Figura 59):

- Relatório Institucional - compara as métricas de cada dimensão da instituição avaliada com a média geral (em formato pictórico e tabular);

- Relatório Comparativo - compara instituições do mesmo tipo (academias, agremiações, associações, centros de exceleria ou de treinamento) retornando os resultados em documento HTML ou Excel;

- Ranking das Entidades - retorna em formato pictórico o ranking das instituições da a dimensão selecionada.

Figura 59 - Painel de acesso aos tipos de relatório disponíveis pelo subsistema Governança.

Os documentos de saída (relatórios) do subsistema Governança são apresentados em formato tabular e pictórico, descrevendo o desempenho das instituições em relação às diferentes dimensões propostas para análise das práticas de gestão; bem como apresentando o desempenho comparativo das diferentes instituições avaliadas (Figura 60 e 61).

Listando registros de 0 até 1000 (total 5 registros):

| NOME | DESCRIÇÃO | ANO | TRANSPARÊNCIA | EQUIDADE | PRESTAÇÃO DE CONTAS | INTEGRIDADE INSTITUCIONAL | MODERNIZAÇÃO |
|---|---|---|---|---|---|---|---|
| CONFEDERACAO BRASILEIRA DE VOLEIBOL (CBV) | Sou do Esporte | 2018 | 7.5 | 4.3 | 7.7 | 6.8 | 2.6 |
| CENTRO DE DESENVOLVIMENTO DE VOLEIBOL (ARYZAO) | Sou do Esporte | 2018 | 0.0 | 0.0 | 0.0 | 0.0 | 0.0 |
| CONFEDERACAO BRASILEIRA DE PARAQUEDISMO (CBPQ) | Sou do Esporte | 2018 | 0.0 | 0.0 | 0.0 | 0.0 | 0.0 |
| CONFEDERACAO BRASILEIRA DE ESQUI AQUATICO (CBEA) | Sou do Esporte | 2018 | 0.0 | 0.0 | 0.0 | 0.0 | 0.0 |
| CONFEDERACAO BRASILEIRA DE ESPORTE DE FORCA (CBEF) | Sou do Esporte | 2018 | 0.0 | 0.0 | 0.0 | 0.0 | 0.0 |
| CONFEDERACAO BRASILEIRA DE FUTEVOLEI (CBFV) | Sou do Esporte | 2018 | 0.0 | 0.0 | 0.0 | 0.0 | 0.0 |
| CONFEDERACAO BRASILEIRA DE KARATE-DO TRADICIONAL (CBKT) | Sou do Esporte | 2018 | 0.0 | 0.0 | 0.0 | 0.0 | 0.0 |

Figura 60 - Exemplo de relatório em formato tabular.

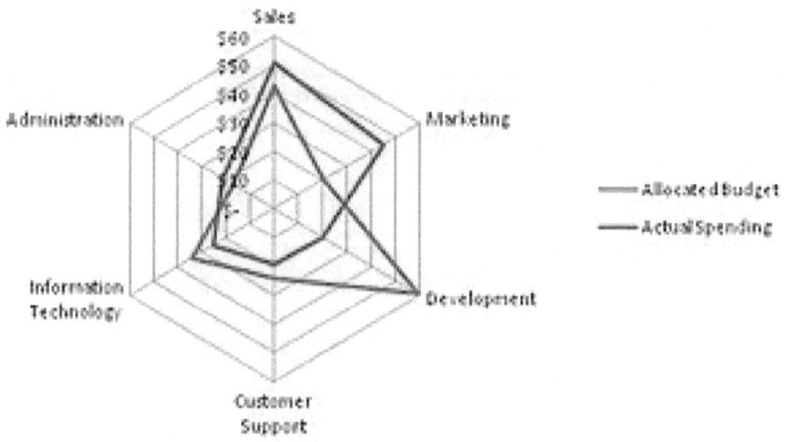


Figura 61 - Exemplo de relatório em formato pictórico.

Por meio do tratamento dos dados e da produção da informação a governança corporativa pode ser avaliada nas suas diversas dimensões (respeito aos direitos, transparência, responsabilidade, democracia, igualdade, efetividade e prestação de contas).

A governança corporativa tem suas bases na "Teoria da Agência", qual busca evidenciar os problemas, desarmonias e contestações que surgem a partir da divisão das funções entre gestores (principais) e colaboradores (agentes) dentro de uma corporação.

Para assegurar que os preceitos de governança sejam adequadamente cumpridos, considerando os padrões recomendados para cada segmento, emergiu o conceito de *"compliance"* (inglês: *to comply)*, significa agir em conformidade com uma regra, uma instrução interna, um comando ou um pedido; logo, manter a conformidade implica em atender aos normativos dos órgãos reguladores, bem como dos regulamentos internos.

A governança inadequada das organizações é um problema que impede o esporte de atingir seu pleno potencial [65]. Uma das causas de falhas nesse processo parece estar relacionada à dificuldade de muitas instituições, essencialmente amadoras na sua gestão, em adotar sistemas reguladores e administração profissional.

## Considerações Finais

O fenômeno da globalização relacionado ao sistema liberal-capitalista exige que os clubes (bases do esporte no Brasil) assumam práticas de gestão transparentes e eficientes, obtidas por modelos profissionais de gestão. A escassez de recursos não permite a sobrevivência de instituições que adotam práticas de baixo nível organizacional, haja vista essas representarem um elo da cadeia produtiva do esporte, no sentido social e econômico.

O modelo de estrutura (configuração administrativa) e organização (políticas para gestão dos recursos) são fatores contribuintes para o desenvolvimento do esporte de elite do país, além da preparação técnica e do treinamento específico [125].

Nesse contexto a teoria organizacional que trata das técnicas de profissionalização de gestão das organizações é fase essencial do processo de governança. Refere-se a como os órgãos diretivos são dirigidos e controlados. O mecanismo de governança (por exemplo, documentos formais, estrutura organizacional) especifica como os direitos, a autoridade e a responsabilidade são distribuídos entre os participantes a fim de monitorar o desempenho e atingir as metas. O teste de governança eficaz é o grau em que qualquer organização está atingindo seu propósito declarado [110].

Embora não exista um modelo de estrutura organizacional perfeita, o desafio é projetar uma ordem proativa para determinar a missão, a estratégia e a política; bem como estar sensível ao ambiente externo e interno, e às necessidades e aspirações dos colaboradores [111].

A boa governança também requer eficiência e eficácia. Isso significa que os processos organizacionais devem ser desenvolvidos para produzir resultados, alcançando metas específicas. É a gestão que converte o sistema de governança em operações do dia-a-dia por meio do controle e coordenação das ações e recursos da organização. Logo, a administração envolve traduzir o sistema de governança em desempenho [111].

Um gerente esportivo atento ao processo administrativo deve considerar vários fatores. A unidade de propósito é o acordo sobre o trabalho a ser realizado. A divisão do trabalho implica em como as tarefas são divididas entre os membros, e qual nível de autoridade será delegada aos indivíduos responsáveis. O recrutamento de pessoal requer decisões sobre o tipo, número e experiência dos indivíduos necessária para a execução do trabalho. Por fim, a estrutura organizacional pode ser entendida como o diagrama hierárquico de cargos e funções que permite a cooperação efetiva entre os indivíduos e por onde transita o fluxo de informações [111].

Entretanto, ao pensar da teoria organizacional, existem dicotomias, tal como aquela entre o papel do corpo diretivo, partícipe da indústria do esporte (e essa é uma função importante), e a necessidade de regular seus colaboradores. Assim, o corpo diretivo deve tomar decisões para promover o esporte, mas para promover o esporte deve tomar decisões sobre o que os colaboradores podem ou não fazer [111].

São tais relações conflituosas, nas suas diversas abrangências, que promovem a associação da  governança do esporte aos fatores negativos, como: corrupção, doping e manipulação de resultados. Por tal razão Comissão Europeia realizou um evento sobre quais as prováveis questões que emergirão na pauta da boa governança no esporte nos próximos anos [129]:

1. Doping - provável que as tecnologias biomédicas avancem nos próximos anos, oferecendo novas técnicas e tecnologias para melhorar o desempenho esportivo (novos compostos farmacológicos, uso de edição genética, tecnologias para melhora da performance humana, física e mental). Foi sugerido que atletas necessitariam de um rastreamento biológico (passaportes biológicos), para identificação de mudanças suspeitas e incomuns em sua fisiologia e desempenho. A questão sobre o que constitui o doping e como evitá-lo provavelmente se tornará progressivamente mais complexa [115];

2. Identidades nacionais - no atual cenário sócio-político se assiste a reafirmação da identidade nacional em resposta ao processo de globalização. Entretanto, efeitos de longo prazo da crescente mobilidade humana através das fronteiras provavelmente continuarão a se desenrolar, inclusive no campo  esportivo. Questões como à quem compete o direito de representar certo país podem se tornar mais evidentes, ao passo que a noção de competições entre equipes "nacionais" poderá parecer anacrônica;

3. Mudança de comportamento - no presente, os jovens demonstram comportamento mais impaciente frente à falta de transparência em qualquer nível de tomada de decisão. Presume-se que a pressão poderá aumentar sobre governos e organizações, contestando a autoridade dos corpos diretivos quando considerados inaptos para o propósito;

4. Controle mais rigoroso dos recursos públicos - as economias estão estagnadas, as populações   envelhecendo e há cada vez mais restrição sobre os cofres públicos. Espera-se que os governos adotem uma abordagem mais profissional em relação ao investimento em esportes, com "indicadores-chave de desempenho" mais rigorosos para medir a eficácia e a eficiência com que as organizações usam o financiamento;

5. Justificativa econômica - o financiamento para o esporte é tradicionalmente justificado pelos benefícios culturais e sociais associados. Entretanto o envelhecimento das populações e as finanças mais restritas podem mudar o foco para a promoção de benefícios voltados à saúde das pessoas. Governos poderão adotar uma visão mais holística de promoção de atividades saudáveis, como, por exemplo, áreas recreativas em parques ou redes de ciclovias nas cidades, levando as organizações esportivas à uma concorrência mais acirrada por fundos públicos,;

6. Modelos de financiamento inovadores - o declínio dos recursos públicos pode fazer com que as   entidades esportivas busquem modelos de negócios alternativos, empreendedores e autônomos;

7. Redefinição do que é esporte - estima-se que a tecnologia poderá tornar tênue os limites entre a realidade virtual e a física. Isso pode levar a modificação das fronteiras entre jogos e esportes, bem como as questões sobre o que exatamente os órgãos de governança esportiva deveriam governar.

Embora a boa governança seja caracterizada pelos mecanismos de freios e contrapesos e pela separação de poderes, a maior parte dos órgãos de governança do esporte ainda carecem dessas características, pois são os mesmos que fazem as leis, julgam casos e aplicam as penalidades. Mover-se para modelos de governança mais eficazes será essencial para atender aos desafios futuros. Não é surpresa que a ética, a transparência, os valores e o profissionalismo sejam os temas recorrentes na discussão.

**Capítulo 07**

# TEORIA ORGANIZACIONAL

PROFISSIONALIZAÇÃO DA GESTÃO ESPORTIVA

A teoria organizacional é uma área de estudo que procura entender a estrutura e o desenho das organizações [111], logo essencial para o processo de governança. Uma organização é a entidade que permite que um grupo de  pessoas trabalhe juntas de modo mais eficaz do que poderiam trabalhar sozinhas, a fim de alcançar objetivos específicos.

Nas organizações é o corpo diretivo que mantêm o nível de consistência e estabilidade da equipe ao longo do tempo, esse deve ser sensível às mudanças no mercado. Um corpo diretivo é composto por alguns elementos essenciais:

- Identidade social;
- Envolvimento com a indústria do esporte;
- Foco direcionado por objetivos;
- Sistema de atividade estruturado;
- Limites identificáveis.

Cabe ao corpo diretivo delinear as estratégias da organização, entendida como o conjunto de ações para alcançar os objetivos, considerando as possibilidades de cenários (riscos e ameaças).

## Planejamento Estratégico das Organizações Esportivas

Muitas organizações não são desenvolvidas a partir de um planejamento bem delineado, mas sim da vontade e intuição das pessoas. Esta ação, denominada *effectuation* (efetivação) é descrita como um conjunto de tomada de decisões com base heurística (uma aproximação, não ideal, para a solução de certo problema). Entretanto, a efetivação funciona apenas para fases iniciais da organização, pois é ineficiente para o seu crescimento. Para que a organização prospere de modo eficiente é necessário a adoção de métodos e técnicas fundamentados [118].

O *planejamento estratégico* é uma atividade intelectual que utiliza instrumentos de gestão fundamentados nos princípios da *Teoria Geral da Administração*, sobretudo, sob orientação do método científico (constrói um sistema baseado em detalhados relatórios de diagnóstico e controle), de modo a interpretar a realidade livre das distorções decorrentes das impressões pessoais [114].

O objetivo do processo é interpretar o ambiente atual, definir os objetivos futuros e alinhar os recursos da organização para alcançar as metas predefinidas com um nível elevado de eficiência; para isto, considera a análise de informações de diversas matizes: social, política, econômica e cultural. Deste modo, permite:

- Ajustar a organização aos diferentes cenários possíveis;

- Antecipar tendências para obter vantagens competitivas;

- Criar a percepção nos membros da equipe sobre o conjunto da organização, desenvolvendo um consenso entre todos sobre quais objetivos atingir;

- Alinhar os esforços e recursos para atingir os objetivos comuns, fortalecendo a motivação da equipe;

- Integrar a equipe por meio da participação nos processos de sugestões e decisões;

- Otimizar e fundamentar a tomada de decisões;

- Proporcionar eficiência ao treinamento da equipe, por meio da análise dos problemas da organização e da sugestão de soluções.


Tomando por fundamento a reflexão de Adam Smith "trabalhar com mais inteligência, ao invés de apenas mais afinco, é o meio para a produção da riqueza". Neste sentido, as ferramentas do método científico assumem importância para a gestão de riscos de insucesso, pois as decisões a serem tomadas, em geral, não serão melhores do que as informações sobre as quais elas se baseiam [114].

## Desenvolvimento de Estratégias Competitivas

Organizações em mercados abertos apresentam constante intercâmbio com o meio em que estão inseridas, o que pode determinar uma estrutura instável no longo prazo. Neste cenário, as instituições representam os elementos de menor ordem e precisam se adequar às condições com que se relacionam.

A interação entre as organizações e o ambiente ocorre por meio do desenvolvimento de estratégias, quais procuram relacionar de modo eficiente diversas variáveis táticas (Figura 62)

- Informação – atividades de inteligência corporativa relacionadas ao levantamento, análise e classificação de risco das informações (conhecimento sensível). Esta variável contribui com a redução das incertezas sobre o ambiente de mercado, por meio da identificação de tendências; define o posicionamento da organização em relação aos concorrentes;

- Gestão de recursos humanos – são as ações táticas voltadas à seleção, formação e motivação dos colaboradores de modo a obter consonância com os objetivos da organização. Pessoas são os principais elementos para a eficiência dos processos, por criarem, modificarem e melhorarem os métodos de trabalho;

- Gestão de processos – conjunto de ações sistemáticas baseado em dados, que permite manter estável a rotina da organização, identificar falhas e implementar melhorias com a intenção de produzir resultados que agreguem valor ao produto ou serviço;

- Gestão dos recursos físicos e tecnológicos – a partir de bases científicas, técnicas, normativas e legais, os recursos físicos e tecnológicos devem ser adequados para assegurar o desenvolvimento de atividades dos colaboradores;

- Rede de suporte - as relações das organizações com o ambiente ocorrem por meio do intercâmbio de poder e influências. Uma rede de suporte político-econômico e social favorece o desenvolvimento dessas.

Figura 62 – As estratégias procuram alinhar a organização e os recursos disponíveis ao segmento de mercado, por meio dos processos (Baseado em Silva, 2014) [114].

O objetivo do desenvolvimento de estratégias é alinhar a organização e os recursos às tendências do mercado e às suas necessidades, de modo que o processo planejado seja mais eficiente quando comparado com o do concorrente.

A linha estratégica adotada define o principal objetivo a ser alcançado pela organização, permitindo que se consolidem as vantagens competitivas e viabilizem a missão e a visão institucional. Cabe aos gestores desenvolver as linhas estratégicas e a cada membro da equipe empenhar esforços para atingir os objetivos. Entretanto, no decorrer do tempo, é frequente que ajustes no planejamento inicial sejam realizados, estes são denominados de *mudanças marginais*.  Ocorre que num ambiente de mercado aberto, as ações de outros jogadores também influem nas decisões estratégicas do empreendedor [114].


**Teoria dos Jogos**


Em 1944 os matemáticos John Von Neumann e Oskar Morgenstern lançaram as bases da *Teoria dos Jogos* no livro *Theory of Games and Economic Behavior* (Teoria dos Jogos e Comportamento Econômico, 1944). Calcada em bases matemáticas, a Teoria propôs um novo modo de formalizar os princípios das ciências sociais a partir do comportamento e preferências humanas, sem precisar do amparo de outros domínios como a biologia e a física [114].

Esta ciência da estratégia procura determinar de modo matemático e lógico as atitudes que os jogadores (organizações) devem tomar para assegurar os melhores resultados para si próprios num conjunto amplo de possibilidades. Duas premissas são aceitas como bases da Teoria:

- Primeira, que existe uma tendência natural dos jogadores à maximização do ganho pessoal.

- Segunda, que o jogo independe de qualquer julgamento moral, pois, ao tentar entender os conflitos por meio da matemática não há espaço para conceitos como "bem" e "mal".

Um exemplo da Teoria é o *Dilema dos Prisioneiros*, formulado por Merrill Flood e Melvin Dresher em 1950, adaptado por Albert W. Tucker quem adicionou a questão do tempo da sentença de prisão e deu ao problema o nome conhecido. A situação diz respeito a dois suspeitos (A e B) presos. A polícia tem provas insuficientes para condená-los, mas, separando os prisioneiros, oferece para ambos as mesmas opções de acordo de modo que cada prisioneiro deve tomar sua decisão sem conhecer a opção do outro (Figura 63).

- Se um dos prisioneiros acusar o outro e o segundo cooperar (manter silêncio), o primeiro (acusador) será libertado e o segundo (cooperador) cumprirá cinco anos de sentença;

- Se ambos cooperarem entre si, não acusando um ao outro, os dois ficarão presos por um ano;

- Se ambos acusarem um ao outro, cada um será condenado há dois anos.

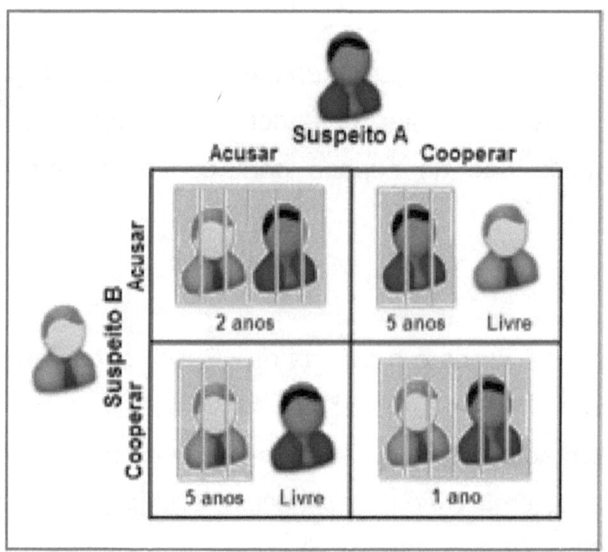


Figura 63 – Dilema do prisioneiro. Uma estratégia ótima significa a maximização da utilidade por parte de cada participante. Entretanto as coalizões pressupõem a comunicação entre os jogadores. Quando esta é impossível, a estrutura do jogo conduz a um paradoxo, pois a racionalidade egoísta, quando exercida por cada um dos participantes pode impedir a melhor solução para ambos.

A questão é muito mais ampla que um jogo, pois também apresenta uma abrangência ética. Na situação em que nenhum dos suspeitos sabe qual será a escolha do outro, o medo da traição pode superar a noção dos princípios éticos que os faria cooperar entre si. A hipótese sugere que se este jogo fosse repetido várias vezes, a regra que se estabeleceria seria baseada numa experiência anterior, ou seja, se no primeiro jogo os dois negaram, no seguinte é provável que a mesma conduta fosse mantida, até o momento em que um dos dois resolvesse trair, então no próximo jogo o outro também trairia estabelecendo um equilíbrio perpétuo (equilíbrio de Nash). Mesmo observando que esta decisão não é a mais acertada, pois os dois perdem, é possível reconhecer que se trata de uma decisão lógica, cada jogador fez o melhor para si analisando que o outro também se comportaria do mesmo modo. Do ponto de vista ético os dois deveriam confessar seus crimes e serem punidos por eles (Figura 64).

Figura 64 – John Nash, matemático norte-americano, escreveu em 1950, aos 21 anos, uma tese que lhe rendeu 40 anos mais tarde (1994) o prêmio Nobel de economia. Seu trabalho, conhecido como "Equilíbrio de Nash" revolucionou o estudo sobre estratégias político-econômicas. Sua vida foi retratada no filme "Uma Mente Brilhante", qual contrasta sua genialidade e a luta contra a esquizofrenia.

A *Teoria dos Jogos* envolve o estudo de decisões interativas, no qual as organizações são influenciados tanto pelas suas próprias escolhas quanto pelas decisões dos concorrentes. O objetivo é compreender a lógica dos processos de decisão e definir em quais circunstâncias o mais racional e vantajoso é competir, colaborar ou cooptar? [114]

- Competição - em uma hipotética situação de conflito, dois tipos de estratégias de competição podem ser desenvolvidos pelas organizações: Jogos de Soma Zero ou Tragédia dos Comuns:

a) Jogos de Soma Zero - a estratégia de soma zero ocorre quando a vitória de uma pessoa ou organização implica, necessariamente, na derrota de outra. Para um resultado de soma zero, não existe a possibilidade de colaboração entre as partes, o jogador assume as táticas de: dissimulação, profilaxia e mudança. *Dissimulação* ocorre na relação entre um goleiro e o batedor de pênalti, ambos tentam blefar sobre suas intenções. *Profilaxia* diz respeito à adoção de medidas preventivas, considerando as intenções do adversário, e assim tentar impedir o efeito das suas ações. A *Mudança* está relacionada com a dinâmica do cenário, deste modo assume grande importância estratégica, pois estimar tendências futuras significa ter a possibilidade de se adaptar antes das ocorrências;

b) Tragédia dos Comuns – refere-se à exploração dos recursos coletivos. Na Europa medieval havia terras sem proprietários, nestas, seria vantajoso para cada pastor aumentar o número de cabeças de gado do seu rebanho. Acontece que, se todos agissem assim, em pouco tempo os recursos comuns (pasto, água) estariam esgotados e todos seriam prejudicados. Existem duas soluções para este tipo de conflito: a criação de mecanismos legais pelo Estado para coibir determinadas práticas ou a criação de mecanismos de autodefesa pela própria sociedade. Num mundo de jogadores globais e recursos naturais escassos, a utilidade que uma organização atribui a certo resultado é o fator determinante para a sua estratégia de negócios, ou seja, ela atua para maximizar a utilidade, muitas vezes sem considerar os efeitos dos seus atos sobre outros agentes envolvidos. Embora uma decisão injusta, é racional. Outro modo de derrotar uma estratégia nociva é condenar o jogador ao ostracismo (não se relacionar com as organizações quais adotam este tipo de estratégia). Quando a exploração de recursos coletivos conduz a Tragédia dos Comuns, este fenômeno só pode ser evitado por meio de regras que recompensem os participantes por agir de forma altruísta, tal qual o pagamento de créditos de carbono para aqueles que reduzem as práticas que favorecem o aquecimento global;

- Cooperação – cooperar significa trabalhar em conjunto. Nash descreveu a cooperação como o modo mais adequado, justo e democrático para atender as necessidades da sociedade. Para as organizações, a cooperação deve criar uma visão integradora, acima de conceitos políticos-ideológicos de qualquer natureza, deste modo à análise deve considerar a semelhança entre os parceiros pretendentes à aliança. Essa análise é essencial para o sucesso, pois delimita o equilíbrio com que se dará o relacionamento de confiança entre os agentes. Considerando que o mercado cada vez mais busca a posição social das organizações, esta passa a ser uma estratégia que fortalece um diferencial de mercado. A cooperação é explicada com base nos "Princípios dos Pioneiros de Rochdale": adesão voluntária e livre (inserção ou saída do "cooperado", sem coerção por motivo políticos, religiosos, éticos ou sociais), gestão democrática (objetivos conjuntos, sem imposição), educação e informação (os jogadores são informados sobre as vantagens da cooperação, perpetuando o conceito), intercooperação (a cooperação é fortalecida pelo intercâmbio de informações e projetos). Para a Teoria dos Jogos, as organizações identificam um fundo de interesses em qualquer gesto desprendido. Numa relação que envolve interesses mútuos, é necessário em determinado momento algumas concessões no presente para obter melhores resultados no futuro. Um exemplo é a cooperação das pequenas organizações ou clubes em torno de uma liga para elevar o poder de negociação com fornecedores. Também o fato de que muitas organizações, para serem bem sucedidas, dependem do sucesso de outras (a demanda por exames laboratoriais aumenta quando a demanda de clientes das clínicas médicas também aumenta);

- Coopetição - alguns autores entendem que em situações de curto prazo, a disputa entre poucos jogadores tende para a adoção de estratégias de competição, pois inexiste a visão de futuro, prevalecendo à obtenção de resultados imediatos. Outros propõem que num cenário quais inúmeros jogos acontecem de modo simultâneo (ambiente competitivo), se eleva a complexidade das relações, tornando viável a cooperação entre organizações (Equilíbrio de Nash). Essas visões contrárias apresentam um ponto de convergência que sustenta como vantagem a possibilidade das organizações cooperarem primeiro para depois estarem aptas a competir (Figura 65).

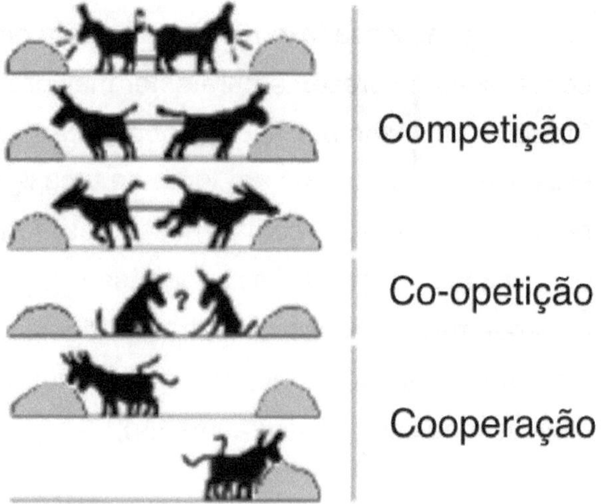


Figura 65 - Os tipos e as razões para o estabelecimento de alianças estratégicas são variados. Contudo, todas elas partilham um objetivo comum, permitir que a empresa entre em mercados antes inacessíveis e satisfaça clientes que de outro modo não conseguiria.

O comportamento dos jogadores segundo a Teoria pode ser interpretado sob três enfoques: econômico, psicológico ou sociológico. No primeiro, econômico, frente a uma gama de opções, os agentes tendem a escolher aquelas ações que conferem máxima utilidade daquilo que se tem a ganhar. As intenções estratégicas são objetivas, influenciadas pela probabilidade de ocorrência do ganho material. No enfoque psicológico a Teoria considera as intenções subjetivas dos agentes. Substitui o modelo de completa informação por outro em que o conhecimento limitado passa a ser identificado como *ruído*. A expectativa de utilidade associada ao ruído modifica o comportamento dos jogadores. A competição entre o McDonald's e os concorrentes de pequeno porte é um exemplo do uso proveitoso das informações assimétricas. A empresa pode não ser a opção do consumidor para uma refeição na sua cidade, mas no caso de viagem a locais quais se desconhece as condições de higiene, então a padronização dos produtos irá sedimentar a segurança frente à incerteza das características de outros restaurantes. No terceiro enfoque, a sociologia combina as intenções objetivas e subjetivas das organizações. Adota o conceito de ambiente aberto, no qual está ampliada a incerteza decorrente da dificuldade em se distinguir o ruído externo daquele intencional (estratégico). Neste cenário, as ações precisam estar voltadas ao levantamento de informações para distinguir os fenômenos.

Ambientes em constantes mudanças exigem planejamento. Uma estratégia bem desenvolvida contribui para ordenar e alocar os recursos escassos da organização, tomando por base as competências e deficiências internas, a antecipação das mudanças do cenário e a antevisão das providências adotadas pelos concorrentes inteligentes. As ações estratégicas, além da arquitetura que assumem, podem ser organizadas de acordo com o nível do desenvolvimento que a organização se encontra em: básicas, avançadas e complementares [114].

Com o cenário organizacional preparado para o desenvolvimento de estratégias, este processo também deve ser conduzido com respeito a algumas regras para seu sucesso. O Almirante americano William McRaven fez estudos de casos em guerras de operações especiais e descreveu uma série de regras para o sucesso de missões militares, quais podem servir de referência para os processos estratégicos de competição. Sua obra (*Spec Ops*) foi baseada no conceito de "superioridade relativa" proposto por Carl Von Clausewitz (criador da teoria militar moderna) qual trata da habilidade de um líder em concentrar suas forças no ponto decisivo da batalha para conseguir a vitória (Quadro 11).

Quadro 11 – Teoria das operações especiais.

| REGRAS PARA O SUCESSO DE MISSÕES | |
|---|---|
| Simplicidade | ▪ Definir poucos objetivos estratégicos que possam ser desenvolvidos de modo rápido O excesso de objetivos obriga ao uso de mais recursos e aumenta o tempo necessário para a execução das ações. |
| Informação | ▪ Utilizar informações de bases de dados confiáveis sobe o mercado e os concorrentes. |
| Tecnologia | ▪ Utilizar tecnologias atuais para elevar a eficiência dos processos. |
| Segurança | ▪ As estratégias devem ser elaboradas sem o conhecimento prévio do concorrente. Neste tempo, ações diversionárias (falsas ações) podem dificultar a resposta destes. |
| Treinamento | ▪ A equipe deve ser treinada para desempenhar a estratégia de modo eficiente. |
| Surpresa | ▪ As ações estratégicas devem ser implementadas nas épocas mais adequadas para explorar as fraquezas do concorrente. |
| Velocidade | ▪ Quanto mais tempo à organização demora em implementar a estratégia, mais vulnerável fica à reação do concorrente ou ação do acaso. |
| Propósito | ▪ Toda a equipe deve conhecer o objetivo estratégico e estar comprometida com este. |

Considerando que o desenvolvimento das estratégias competitivas permite alinhar a organização e os recursos disponíveis aos possíveis cenários com a intenção de superar em eficiência o concorrente. Então é importante que os serviços internos prestados ao cliente também possuam qualidade adequada no interesse de proteger o investimento no longo prazo.

## Desenvolvimento do Conceito de Qualidade

Após a Segunda Guerra Mundial (1947) o professor universitário e consultor em pesquisa e indústria, William Eduards Deming, foi convocado pelo comando supremo das forças aliadas para elaborar um censo com o objetivo de conhecer o nível de devastação do Japão. Nesta oportunidade, associou seus conhecimentos em técnicas de controle de qualidade à cultura (disciplina) da sociedade japonesa para treinar centenas de gerentes e engenheiros. Sustentou que, quando se eleva o nível de qualidade, é observada redução das despesas enquanto aumenta a produtividade (Figura 66) [114].

Figura 66 – William E. Deming (estatístico), conhecido como o pai do renascimento industrial japonês propôs uma filosofia de negócios resumida nos "14 princípios".

A filosofia de qualidade de Deming implantada em conjunto com a técnica denominada *Ciclo de Shewhart* ou PDCA (*Plan-Do-Check-Act*), culminou com o sucesso dos produtos japoneses no mercado mundial. Entretanto, com o passar do tempo, as ações ainda apresentavam eficiência restrita para um mercado cada vez mais complexo e competitivo, motivando a adoção de um novo enfoque em termos de controle de qualidade, o *Controle da Qualidade Total* - CQT (*Total Quality Control* - TQC, também denominado por *Total Quality Management* - TQM). O CQT foi além da simples utilização de metodologias, técnicas, sistemas ou ferramentas; utilizou como recursos estratégicos as variáveis: qualidade, respeito, participação e confiança de todos os funcionários. Deste modo propôs sobre os modelos anteriores:

- A preocupação com a satisfação do cliente;

- A necessidade de aperfeiçoamento contínuo (não deve passar um dia sem que algum tipo de melhoria seja feita em algum lugar da organização);

- O envolvimento de todos, da gerência aos funcionários;

- A valorização do respeito ao indivíduo.

O impacto desta filosofia (CQT) nas práticas de gestão baseou os atuais sistemas, quando mudou o foco do *controle da qualidade* para o *controle de processos*, com a intenção de obter a qualidade especificada logo na primeira vez. Deste modo, estabelecer um sistema de qualidade não significa agregar determinadas características aos produtos e serviços, mas assegurar que os requisitos e atividades especificadas sejam cumpridos. Esta mudança conceitual exigiu que as organizações passassem a adotar sistemas de gestão para oferecer aos seus clientes uma evidência tangível sobre sua preocupação com a qualidade. Este fenômeno (padronização) é o mesmo que norteou a criação da *International Organization for Standardization – ISO*.

**Sistema de Qualidade Baseado na ISO**

A *International Organization for Standardization* (ISO) é uma organização não governamental, fundada em 1947, sediada em Genebra (Suiça) com o objetivo de promover a normatização e atividades relacionadas, com a intenção de facilitar o intercâmbio de bens e serviços, e desenvolver a cooperação nas esferas intelectual, científica, tecnológica e econômica. O trabalho da ISO é conduzido pelos Comitês Técnicos (TCs), no Brasil os TCs são determinados pela *Associação Brasileira de Normas Técnicas* (ABNT).

Em 1987 a ISO oficializou as normas da série 9000. Trata-se de um conjunto de regras de procedimentos que sugere um modelo de gestão da qualidade para qualquer organização, independente do tamanho ou setor de atuação (industrial ou prestadora de serviços). Aplicadas na Europa, posteriormente se expandiram para o mundo como preceito de excelência em sistemas de gestão. Entretanto, é importante compreender que seguir as normas não confere qualidade extra a um produto ou serviço, apenas assegura que este apresentará as mesmas características (Figura 67)

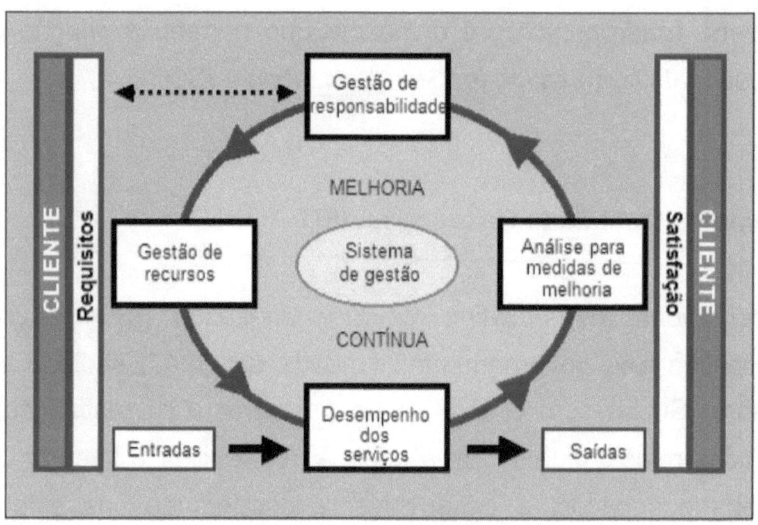



Figura 67 – Modelo de um sistema baseado em processo de gestão de qualidade ISO 9000.

A série ISO-9000 é a referência para que uma organização se prepare para receber a certificação de qualidade. O objetivo desta é padronizar as técnicas essenciais, de âmbito internacional. Embora existam inúmeras normas da família ISO, três delas estabelecem os requisitos mínimos obrigatórios de um sistema de qualidade, são as chamadas normas contratuais: ISO 9001, ISO 9002 e ISO 9003. Estas são fundamentadas em vários critérios, relacionados à gestão de qualidade; nesta obra, adaptados e sugeridos nesta obra à luz das necessidades da área da saúde [114]:

1. Apresentação – a política de qualidade deve ser apresentada na forma de um manual, no qual os requisitos

necessários para a sua implantação são detalhados, permitindo estimar os recursos requeridos;

2. Responsabilidade – a política de qualidade da organização deve ser definida, implementada, mantida e coordenada por um representante administrativo designado;

3. Processos – as intervenções, manuseio de equipamentos, embalagem e armazenamento de produtos, normas de conduta, modo de atendimento ao cliente e demais processos devem ser descritos;

4. Formação - devem ser estabelecidos programas de formação, treinamento e motivação da equipe com o objetivo de manter, atualizar e ampliar os conhecimentos e as habilidades das pessoas;

5. Aquisição – os fornecedores devem ser avaliados (pontualidade, procedência, qualidade, austeridade) e as matérias-primas (materiais, instrumentais, equipamentos e medicamentos) verificadas para que atendam às exigências especificadas, de modo a assegurar que todos os produtos estejam adequados ao uso;

6. Inspeção - as matéria-primas devem ser inspecionadas antes da sua utilização (data de validade), os equipamentos calibrados e monitorados (controle), de modo a assegurar que os produtos não conformes sejam impedidos de serem utilizados indevidamente;

7. Validade - deve haver nos produtos um indicador que demonstre que este foi inspecionado e aprovado (tempo de vencimento);

8. Rastreabilidade – as intervenções devem ser registradas (data, hora), possibilitando a identificação de quem a executou na íntegra ou em suas fases;

9. Controle - todas as atividades desenvolvidas devem ser registradas e os registros arquivados para controle dos processos;

10. Correção - as causas da existência de produtos não conformes ou falhas nos processos devem ser investigadas para a adoção de medidas preventivas, de modo a evitar a reincidência das não conformidades;

11. Assistência - procedimentos para garantir a assistência aos clientes devem ser desenvolvidos;

12. Mensuração - técnicas estatísticas devem ser aplicadas para verificar a capacidade dos processos, as características dos serviços e a satisfação dos clientes;

13. Segurança – os documentos administrativos produzidos devem ser arquivados em local de acesso restrito ao pessoal autorizado, assegurando o sigilo dos dados;

14. Auditorias - um sistema de avaliação do programa da qualidade, baseado no registro documental dos processos deve ser implementado;

A sugestão apresentada procura identificar, definir, mensurar, registrar e controlar todas as etapas da prestação de serviços. As ações abrangem a totalidade do contexto da organização esportivas. Os ganhos advindos da normatização dos processos pelos quais são desempenhados os serviços visam à redução de desperdício e tempo, integração da equipe, cultura voltada à qualidade, intervenções baseadas em evidências científicas, aumento da segurança e satisfação do cliente, proporcionando maior eficiência e competitividade da organização.

**Gestão dos Processos**

*Processo* é uma série de ações que produz um resultado qual agrega valor ao produto ou serviço. A gestão dos processos diz respeito ao conjunto de ações sistemáticas, baseadas em dados, que permite manter estável a rotina, bem como implementar melhorias. Noutras palavras, se trata da eficiência com que a organização utiliza seus recursos (humanos e materiais) em benefícios dos clientes (Figura 68).

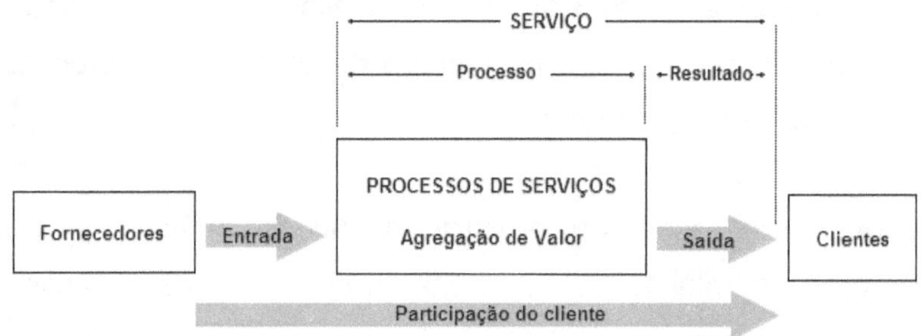


Figura 68 – A gestão dos processos permite manter constantes as rotinas que agregam valor ao serviço, reduzindo as variabilidades, por meio da utilização eficiente dos recursos.

A *Gestão dos Processos* toma por objeto o mapeamento das atividades necessárias para o desempenho dos serviços e a definição de indicadores de desempenho. Por este meio se confere objetividade à ordenação de pessoas, equipamentos, informações, energia, procedimentos e materiais com o fim de produzir resultados específicos, baseados nas necessidades e desejos dos consumidores. O sincronismo entre os processos ou subprocessos deve assegurar que cada atividade ocorra no momento certo e de modo adequado (Figura 69).

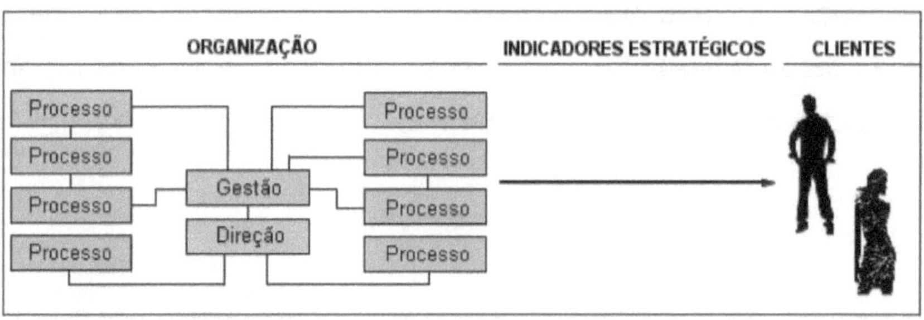


Figura 69 – Representação do mapa do contexto.

A *Gestão de Processos* utiliza como ferramenta os *fluxogramas*. Trata-se da representação gráfica das ações, de modo a evidênciar a sequência de atividades, os agentes envolvidos, os prazos, bem como os fluxos de entradas e saídas. Esta técnica de baixo custo e alto impacto permite ao gestor identificar os pontos críticos e tomar decisões para modificá-los a fim de torná-los mais eficientes, deste modo, incrementar qualidade aos serviços ou racionalizar a utilização dos recursos [114].

Num programa de qualidade o fluxo de processos define e organiza todas as etapas a serem executadas para o desempenho dos serviços de modo a reduzir a frequência de erros (imprevistos). Isto se dá por meio da condição de mensuração (avaliação) de cada fase e da verificação da eficiência dos processos. Neste sentido, o fluxo de processos com o objetivo de fomentar a qualidade é um elemento estratégico para os negócios (Figura 70).

Figura 70 – Gestão de processos no planejamento estratégico do negócio.

Numa abordagem prática, o fluxograma é a ferramenta que representa cada fase de uma intervenção, bem como a interrelação entre estas, por meio de símbolos (Figura 71):

1. Identificação do processo a ser mapeado;
2. Definição dos objetivos dos processos;
3. Definição do inicio e o fim do processo (Início/Fim);
4. Representação da grade, criando uma raia horizontal para cada função;
5. Identificação de cada atividade do processo em uma caixa ; [ Atividade ]
6. Conexão, por meio de setas, das atividades relacionadas;

7. Identificação dos pontos de medição de cada atividade do processo    ;

8. Identificação dos pontos de tomada de decisão .

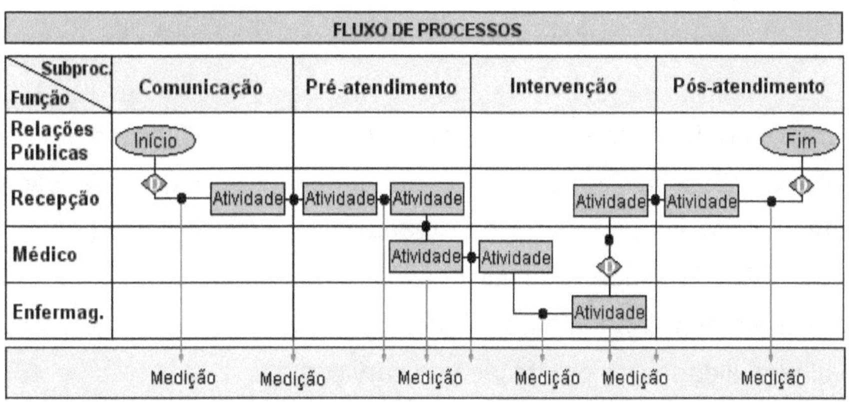



Figura 71 – Representação do fluxograma de uma clínica.

O fluxograma também permite identificar a responsabilidade de cada integrante da equipe na prestação do serviço. Deste modo é possível detectar falhas com precisão e atuar de modo preventivo, tornando mais simples e menos oneroso incorporar a qualidade aos serviços quando comparado com a correção de falhas após a ocorrência. Neste aspecto, existem distintas classes de falhas [114]:

- Inerentes ao ser humano - limitação dos sentidos, distorção do juízo, crença que tem mais informações para tomar uma decisão do que realmente se tem, imprudência, negligência;

- Inerentes à técnica – desconhecimento da técnica, imperícia, limitação da ciência, falha de equipamento, desconformidade dos materiais;

- Inerentes aos processos - cansaço, pressão por urgência, carência de recursos para a execução da atividade.

Depois de delineado o fluxograma com as diversas funções e suas interrelações, se torna mais clara a responsabilidade de cada membro da equipe dentro da organização. A partir deste ponto a descrição da ordem que as pessoas ocupam na instituição e o detalhamento das suas ocupações permite o controle acurado de vulnerabilidades na prestação dos serviços.

**Organograma e Definição das Funções da Equipe**

*Organograma* é um diagrama que representa a organização formal da instituição. Torna possível a visualização das posições hierárquicas ocupadas pelas pessoas e as relações entre estas. Para o desenvolvimento do organograma, os membros da equipe são dispostos em níveis hierárquicos (caixas) e a relação entre os cargos é realizada por meio de linhas verticais e horizontais (Figura 72).

- Nível administrativo – responsável pela tomada de decisões estratégicas, de investimento e pelo fortalecimento das redes de relações (*networking*) e suporte. São diretores da organização;

- Nível gerencial – responsável pela supervisão das funções internas da organização. Representado pelo gerente;

- Nível de intervenção – responsável pela execução das funções técnicas. Representado pelos profissionais (equipe técnica) e técnicos;

- Nível auxiliar – responsável pelo suporte ao desempenho dos serviços. Representado pelas funções de recepção, segurança, auxiliares técnicos.

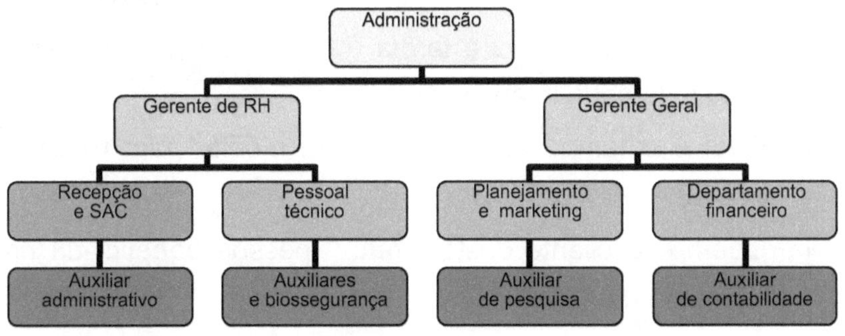


Figura 72 – Organograma é um gráfico que representa a estrutura formal da organização.

A divisão do trabalho evidenciada pelo organograma torna possível visualizar a distribuição das tarefas de modo a criar níveis progressivos de especialização e de habilidades compatíveis com as competências de cada indivíduo, melhorando em consequência a produtividade geral da organização. A função de cada partícipe do processo deve ser descrita nos quadros de função para que não haja dúvidas sobre o que e como fazer.

Os *quadros de funções* têm por objetivo descrever as tarefas e atribuições atualizadas de cada membro da equipe, definindo as responsabilidades de cada um. Também pode relacionar os materiais, recursos e o tempo necessário para o desempenho da função. O desenvolvimento desta ferramenta pode ser iniciado com a relação das atividades feita pela própria pessoa encarregada, acompanhado da assessoria da gerência, tomando por base os seguintes quesitos [114]:

- Qual exatamente a função?
- Qual o objetivo pretendido quando se realiza esta tarefa?
- Com que frequência à tarefa é realizada? (diária, mensal, depois de cada intervenção).
- Qual é o tempo que se leva, em média, para realizar a tarefa?
- Quem é o cliente desta tarefa? (pessoa beneficiada pelo resultado da ação).
- Qual o resultado esperado da ação? (características de qualidade da ação?).
- Em quais documentos são registrados o controle da tarefa?
- Quem supervisiona ou verifica a qualidade do trabalho realizado?

Por meio da análise e revisão das descrições das funções o gerente pode identificar as necessidades de informação, treinamento, correção ou substituição de tarefas. Conversar de modo individual com a equipe sobre cada função eleva a eficiência no desempenho das atividades, pois evita a sobreposição de funções, otimiza o tempo e os recursos. Para melhor visualização as questões podem ser organizadas sob a forma de um quadro (Quadro 12).

Quadro 12 – Exemplo de um quadro de descrição e controle das funções.

| QUADRO DE FUNÇÕES | | | | | | | |
|---|---|---|---|---|---|---|---|
| **Nome:** Cláudia de Carvalho Bomjardim | | | | | | | |
| **Função:** Recepcionista | | | | | | | |
| **Função** | **Objetivo** | **Freq.** | **Tempo** | **Cliente** | **Resultado** | **Registro** | **Supervisão** |
| Atendimento telefônico | Comunicação | Diário | 2 min. | Externo | Agilidade e informação | Planilha | Gerente administrativo |
| Agendamento do cliente | Marcação da consulta | Diário | 3 min. | Externo | Conveniência | Agenda | Gerente administrativo |
| Recepção ao cliente | Acolhimento do cliente | Diário | 3 min. | Externo | Tangibilização e cortesia | Cadastro | Gerente administrativo |
| Levantamento do prontuário | Informação ao médico | Após cliente | 5 min. | Interno | Informação | Registros clínicos | Gerente administrativo |
| Pós-atentimento | Humanização do serviço | Semanal | 3 min. | Interno | Proservação | Planilha | Gerente administrativo |

A descrição das tarefas é um trabalho dinâmico que envolve essencialmente relações humanas e trata do envolvimento das pessoas com o trabalho que desempenham. Se bem realizado, este processo traz consciência e compromisso das pessoas com a organização. As funções podem ser aprimoradas, modificadas e substituídas ao longo do tempo. Portanto a revisão periódica dos quadros de função é sempre recomendada.

**Documentação dos Processos**

Os documentos correspondem à fonte para recuperação dos dados utilizados para aferir eficiência das ações, bem como para avaliar a constância da qualidade dos serviços prestados. Organizações que se propõem a ter compromisso com a qualidade devem desenvolver mecanismos de controle relacionados à estrutura organizacional, contando com cronogramas, planos de capacitação de pessoal, arquivos de documentação técnica e de procedimentos (processos).

O que não é medido não é controlado. Os sistemas de qualidade não devem ser baseados na impressão pessoal de que esta característica (qualidade) existe no serviço. Por tal motivo, ênfase deve ser dada na documentação processos, e este feito toma por base duas ações: *mensuração* e *registro*. Neste sentido, o sistema de documentação baseado nas normas (ISO) pode ser hierarquizado em quatro níveis [114]:

- Nível I – de abordagem geral, consiste na redação do manual com a descrição da política de gestão da qualidade adotado pela organização, da estrutura organizacional e das responsabilidades de cada cargo;

- Nível II – representado pelo registro dos processos. Deve expor de modo minucioso a sequência de fases necessárias para executar cada procedimento e os respectivos cronogramas;

- Nível III - abrange as instruções operacionais de cada fase dos processos, descrevendo como se deve proceder para obter a eficácia da técnica. As instruções devem abordar as técnicas de prestação dos serviços, de atendimento ao cliente, bem como aquelas de inspeção e monitoramento;

- Nível IV - consiste nos registros da qualidade utilizados para mensuração dos processos. Estes são as evidências de que as instruções anteriores foram seguidas com eficiência.

É por meio da documentação dos processos que se define o controle da qualidade de uma organização. Registros documentais geram evidências, pois sustentam a existência de normas, seu seguimento, eficiência e correção de erros. Entretanto, deve haver o cuidado de não gerar documentação em excesso, pois se corre o risco de elevar a burocracia. A gestão da qualidade não deve elevar custos, mas aumentar a produtividade. Para tanto, é necessário que as organizações esportivas estruturem sistemas planejados e sistemáticos de identificação dos problemas e os modos de solução por meio da avaliação e monitoramento dos processos. A contratação de serviços de assessoria especializados reduz o tempo e custo para o desenvolvimento destas metodologias [114].

Não obstante o controle das características dos serviços possa tomar por base as diretrizes ISO, a certificação foi concebida para reconhecer os processos de fabricação. Quando a qualidade tange para serviços, a avaliação se torna mais difícil devido à essência destes (intangibilidade, simultaneidade, heterogeneidade, inseparabilidade e interação).

Uma observação deve ser feita quanto ao significado dos programas de *qualidade total*. Para a norma ISO e a *Prática Esportiva em Evidências* o termo "total" significa que a gestão deve se estender a toda organização, não que a qualidade seja máxima.


**Implementação da Gestão – Ciclo PDCA**


Uma ferramenta proposta para desenvolver a melhoria contínua numa organização por meio do controle de processos é o *Ciclo de Shewhart*, idealizado pelo engenheiro norte americano Walter Andrew Shewhart. Seu maior divulgador foi o físico, também americano, William Edwards Deming, conhecido por aplicar os conceitos de qualidade nas indústrias do Japão depois da Segunda Guerra Mundial. O objetivo do *Ciclo* é organizar os processos de gestão por meio de quatro fases identificadas pelo acrônimo da sigla P-D-C-A (em inglês) (Figura 73) [114]:


- *Plan* (planejamento) – envolve todos os processos e níveis de planejamento estratégico de uma organização (conceito, missão, segmentação, estimativa de mercado, análise da concorrência, gestão de risco e posição competitiva) com a intenção de alcançar um futuro estimado (visão);

- *Do* (execução) – é a execução técnica das ações que preparam a organização para o futuro estimado no planejamento. Envolve a implementação das estratégias competitivas, adequação da estrutura, formação de recursos humanos qualificados e comunicação;

- *Check* (verificação) – fase de monitoramento e avaliação dos resultados parciais decorrentes das ações técnicas executadas, confrontando-os com os objetivos e especificações planejadas;

- *Act* (ação) – ação de correção das estratégias (plan) e técnicas (do) implementadas quando demonstrado divergência entre os resultados e desfechos estimados pelo planejamento e aqueles verificados pela avaliação (check).

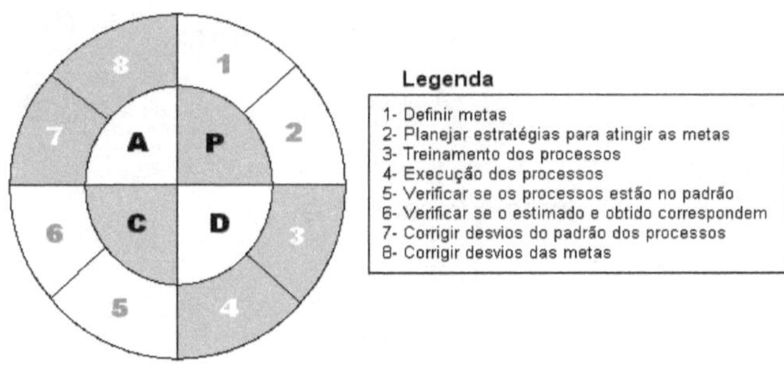


Figura 73 – Ciclo de Shewhart (PDCA).

O Ciclo PDCA considera duas classes de metas:

- Metas de melhoramento – aquelas que têm por objetivo elevar o nível de qualidade em determinado setor ou função (reduzir desperdício, melhorar o atendimento, refinar a técnica);

- Metas de manutenção – voltadas à manutenção dos níveis de qualidade alcançados. Utiliza como ferramenta os planos de operação (descrição das funções, condutas e treinamentos) denominado, neste caso em particular, de *Procedimento Operacional Padrão* (POP).

A técnica PDCA foi adotada como um alicerce dos critérios de qualidade implementados nos sistemas de gestão. A norma ISO 10.006 toma como base para a estrutura dos seus processos os conceitos e a dinâmica do *Ciclo de Shewhart* (Quadro 13).

Quadro 13 – Controle do ciclo PDCA.

| CONTROLE DO CICLO PDCA | | | | |
|---|---|---|---|---|
| Ciclo | Ações | + | +/- | - |
| **P** | Desenvolvimento dos conceitos | | | |
| | Definição dos objetivos | | | |
| | Delineamento dos métodos | | | |
| | Descrição das técnicas | | | |
| | Adequação da estrutura | | | |

| | | | | |
|---|---|---|---|---|
| **D** | Desenvolvimento do treinamento pessoal | | | |
| | Execução das estratégias competitivas | | | |
| | Comunicação ao público | | | |
| **C** | Verificação dos processos conforme planejado | | | |
| | Verificação das variáveis medidas | | | |
| | Verificação entre objetivos e desfechos | | | |
| **A** | Identificação das falhas | | | |
| | Correção das estratégias | | | |
| | Correção das técnicas | | | |

Legenda - + Ação realizada. +/- Ação parcialmente realizada. – Ação não realizada.

A qualidade dos serviços depende de modo direto da gestão dos processos que os produzem, por este motivo estes necessitam do monitoramento e a análise sistemática para assegurar a melhoria contínua.

**Metodologia para o Monitoramento e Análise dos Processos**

Somente por meio da mensuração é que se pode controlar e corrigir processos. O registro de informações permite a comparação daquilo que foi planejado com o desfecho, tornando possível às correções. Deste modo, o primeiro momento diz respeito à definição dos objetivos e metas com a intenção do desenvolvimento de ações para alcançar melhores resultados, sob situação de controle [114].

- Objetivos - refere-se à situação futura, desejada do processo num determinado período de tempo. Para isto, é necessário que se conheça exatamente qual situação presente para poder estimar a diferença do objetivo determinado. Objetivos devem ser precisos (aumentar em 10% a eficiência do jogador, e não aumentar a eficiência do jogador) e viáveis para seu cumprimento no tempo estabelecido. Devem ser sinérgicos com a visão da organização (por exemplo, aumentar a qualidade e reduzir custos representa um antagonismo das ações), também devem ser comunicados de modo claro para todos os membros da equipe (Quadro 14);

- Metas – representam a operacionalização dos objetivos, ou seja, os componentes quantificáveis destes. Por este motivo, exigem a definição de instrumentos de mensuração. As variáveis devem permitir a comparação do desempenho anterior com o desempenho atual.

| OPERACIONALIZAÇÃO DOS OBJETIVOS | |
|---|---|
| **Objetivos** | **Metas** |
| Implementar uma novo serviço/produto no mix da organização | Definir qual o serviço ou produto baseado na análise do mercado |
| | Testar a aceitação do produto/serviço junto ao público alvo |
| | Estimar a frequência de utilização do produto/serviço num mês |
| Ampliar a abrangência geográfica da organização | Analisar o local ideal para a nova unidade da organização |
| | Estimar o mercado potencial |
| | Calcular o investimento ncessário para iniciar operações |
| Reduzir custos operacionais sem perder qualidade significante | Racionalizar o consumo de energia elétrica |
| | Controlar estoques de acordo com a necessidade (*just in time*) |
| | Aumentar a automatização para reduzir mão de obra |

Quadro 14 – Exemplo de possíveis objetivos e metas numa organização esportiva.

Monitoramento dos processos requer que as metas sejam alcançadas em períodos determinados de tempo. Deste modo, cronogramas devem ser desenvolvidos para o controle dos processos (objetivos e metas). A determinação do tempo para se atingir certa meta é fundamental para a administração do momento de implementação de cada ação, bem como da avaliação periódica dos resultados parciais obtidos [114].

- Planejamento de curto prazo – corresponde ao ciclo anual (12 meses), no qual devem ser inseridas as metas do ano que podem ser relacionadas à entrada de novos clientes e a realização de treinamentos de curta duração;

- Planejamento de médio prazo – entre 12 e 36 meses, inclui o desenvolvimento de estrutura e a realização de cursos de longa duração;

- Planejamento de longa duração – até cinco anos, inclui os objetivos mais complexos como mudanças do perfil do público (Ex. Uma equipe que deseja atingir o público jovem como torcedores).

Deve haver prudência nos planejamentos para projetos superiores há cinco anos devido à velocidade atual do desenvolvimento tecnológico e científico, pois este pode modificar o cenário tornando ultrapassados os objetivos planejados. Para facilitar a visualização, um quadro relacionando metas e tempos, pode ser construído (Quadro 15).

Quadro 15 – Cronograma para o objetivo de uma campanha publicitária.

| METAS | MESES | | | | | | | | | | | |
|---|---|---|---|---|---|---|---|---|---|---|---|---|
| | 1 | 2 | 3 | 4 | 5 | 6 | 7 | 8 | 9 | 10 | 11 | 12 |
| Análise do mercado | ■ | ■ | | | | | | | | | | |
| Desenvolvimento da mensagem | | | ■ | ■ | | | | | | | | |
| Escolha da mídia | | | | ■ | ■ | | | | | | | |
| Lançamento da publicidade | | | | | | ■ | ■ | ■ | ■ | | | |
| Análise dos resultados | | | | | | | | | | ■ | ■ | |
| Reavaliação da estratégia | | | | | | | | | | | | ■ |

Outra importante decisão no planejamento dos processos é a estimativa do capital necessário e a decisão do destino dos recursos. Deve-se considerar que cada destino dado aos recursos apresentará uma característica particular em relação ao tempo de retorno do investimento. *Orçamento* é o planejamento das despesas futuras.

## Ferramentas para Análise dos Processos

Para Leibniz um mecanismo não pode trabalhar de modo perpétuo sem que seja alimentado com energia. O mecanismo da mente só pode transformar conhecimento, mas nunca originá-lo, a menos que alimentado com dados decorrentes das observações. As ferramentas de análise possibilitam levantar dados que, transformados em conhecimento, permitem a adequada tomada de decisão.

- Gráfico de tempo (*run chart*)

É um gráfico que sumariza o conjunto de dados gerado por uma única variável numa sequência temporal. No gráfico os eventos são escalonados no eixo y contra o tempo, no eixo x (Figura 74).

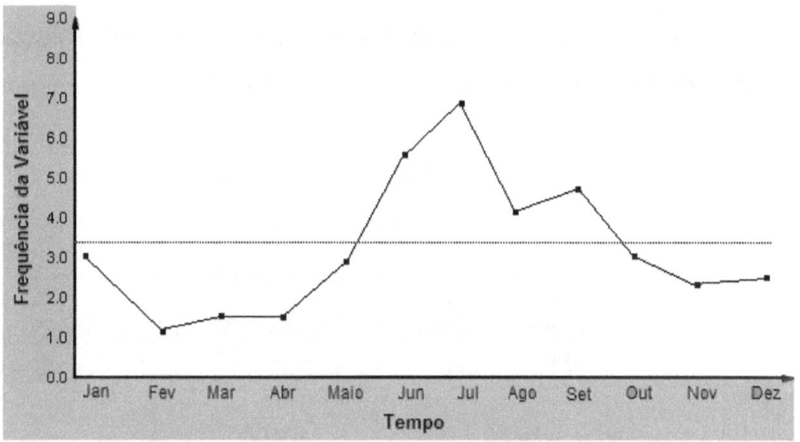


Figura 74 – Gráfico de tempo.

No exemplo, o gráfico foi planejado para evidenciar a relação entre a frequência de atrasos dos jogadores ao treino (y) e os meses do ano (x), num clube de futebol. A imagem mostra que a ocorrência de atrasos está acima da média entre os meses de maio a outubro. Com esta informação seria possível adotar ações para corrigir o problema. A análise da sequência de dados permite monitorar a desempenho da variável em relação ao tempo com o objetivo de detectar mudanças de tendências ou dar ensejo a hipóteses sobre as prováveis causas relacionadas ao fenômeno observado (por qual motivo o a frequência de atrasos se eleva no meio do ano? Baixas temperaturas?).

- Diagrama de afinidade (*affinity diagram*)

Torna possível reunir uma grande quantidade de dados, de diferentes matizes, e organizá-los com base nas relações naturais observadas entre estes (Figura 75 a e b).

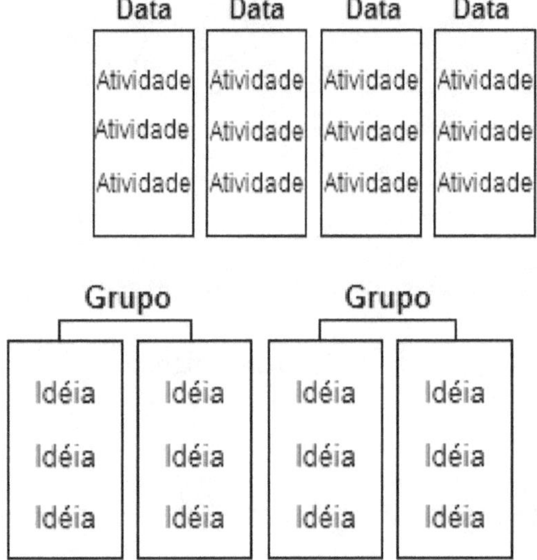


Figura 75 a – Organização de atividades por datas

Figura 75 b– Organização de idéias por grupos.

Usado para organizar atividades que coincidem nas mesmas datas (ponto comum) ou classificar idéias geradas por meio do *brainstorming* em grupos de utilidade.

- Diagrama de Pareto (*Pareto chart*)

É um gráfico de barras que ordena as ocorrências, da maior para a de menor frequência (Figura 76).

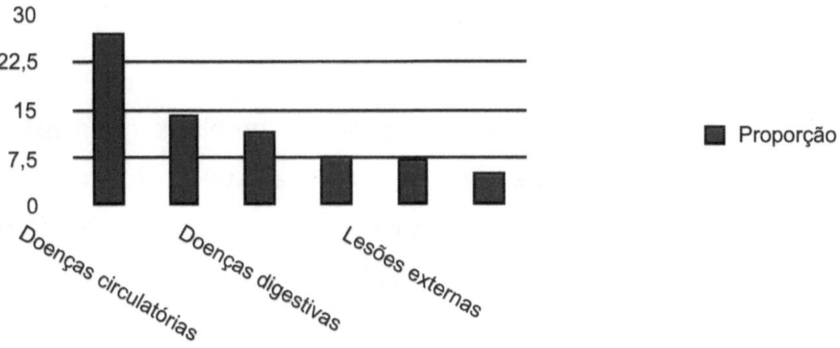


Figura 76 – Diagrama de Pareto.

Pode ser usado para identificar e concentrar esforços para melhorar as áreas de grande impacto;

- Diagrama de causa e efeito (diagrama de Ishikawa)

Também conhecido como "espinha de peixe", é a representação gráfica das variáveis que influenciam determinado fenômeno (Figura 77).

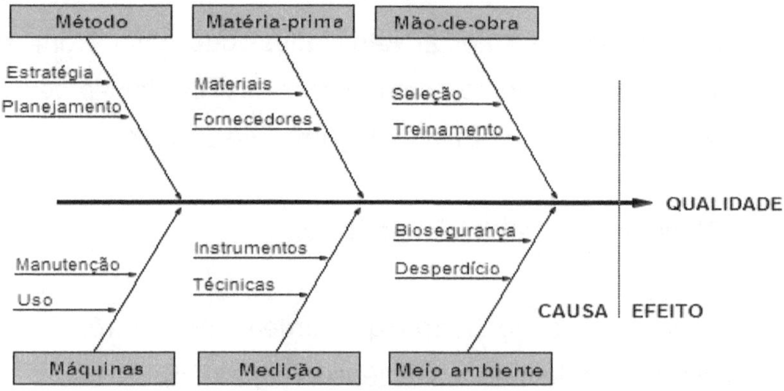



Figura 77 – Diagrama causa/efeito.

Usado para identificar as causas de um problema. Sua estrutura procura focar em seis classes nas quais os problemas podem estar ocorrendo (6 M): método, matéria-prima, mão-de-obra, máquinas, medição e meio ambiente;

- Gráfico de dispersão (*scatter plot*)

    Trata-se de um tipo de diagrama bidimensional construído sobre coordenadas cartesianas que permite visualizar a relação entre duas variáveis (Figura 78);

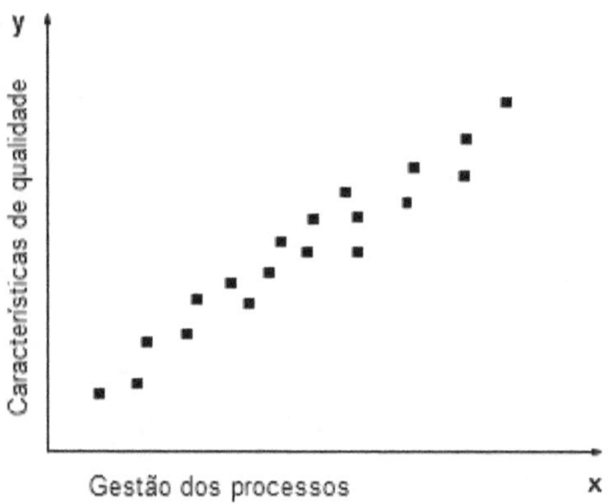


Figura 78 – Gráfico de dispersão.

O exemplo sugere que a qualidade de determinado serviço se eleva ao passo em que um sistema de gestão é implementado na organização.

- Tempestade mental (*brainstorming*)

Técnica de grupo usada para gerar soluções criativas para resolver problemas. Aplicada quando se deseja mudar padrões estabelecidos de pensamento ou para desenvolver alternativas ao modo de abordar determinado problema (Figura 79).

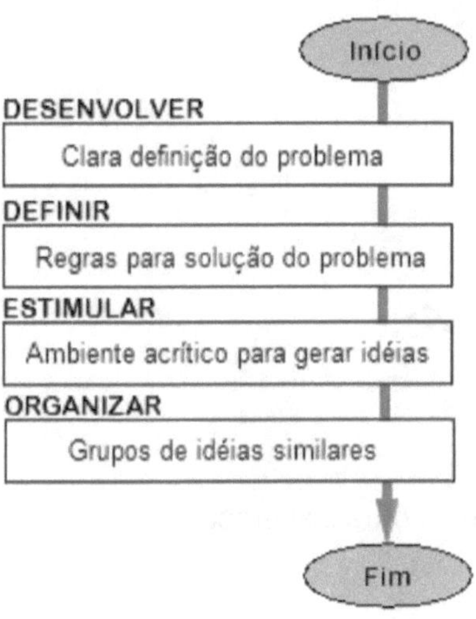



Figura 79 – Processo para o desenvolvimento da técnica do brainstorm.

A técnica abrange várias fases, a iniciar com a definição do problema e das regras para o desenvolvimento de idéias na reunião de *brainstorm*, a atenção em propiciar um ambiente de liberdade de criação, sem críticas às idéias geradas, finalizando com o registro e organização das idéias geradas em grupos de utilidade para a solução do problema proposto.

- Mapeamento de processos (*process mapping*) – descrição da sequência de fases necessárias para atingir determinado objetivo da organização, identificação dos responsáveis pelas fases bem como dos instrumentos para mensurar os resultados (Figura 80).

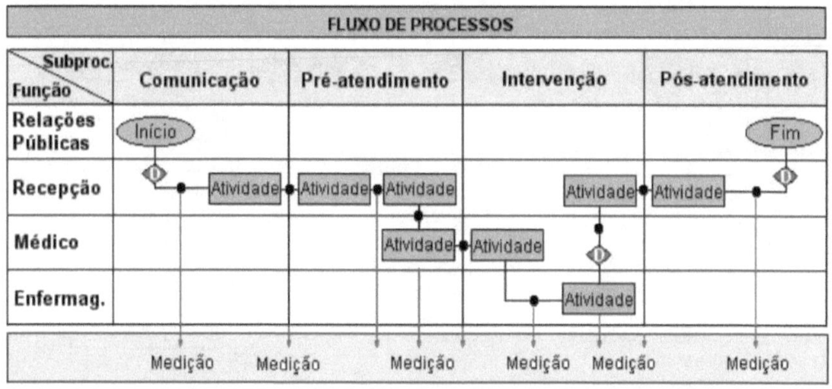


Figura 80 – Fluxograma utilizado para mapear processos.

O fluxograma permite visualizar de modo claro a dinâmica dos processos e identificar os pontos de desconformidades. Usado para entender e/ou melhorar processos de trabalho;

- Campo de análise de forças (*force field analysis*)

Técnica para visualização e análise das forças que atuam pró e contra no momento da tomada de determinada decisão (Figura 81).

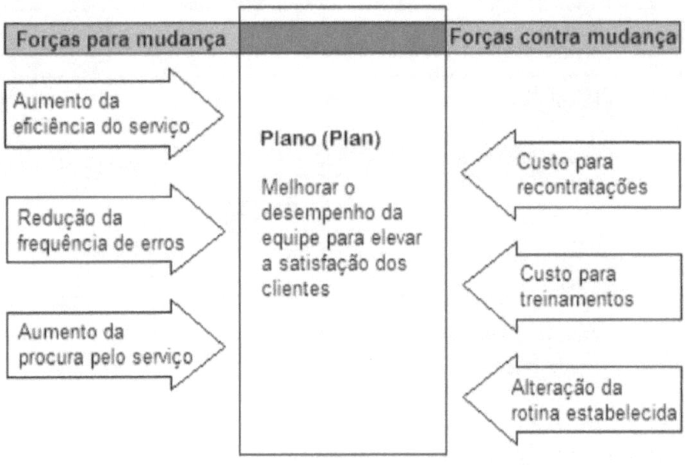



Figura 81 – Campo de análise de forças.

A identificação das forças consoantes e dissonantes em relação ao objetivo permite tomar decisões com menor margem de erro, bem como adotar medidas de gestão de risco.

A prática de campo e administrativa baseada no levantamento e análise de dados torna possível uma maior aproximação da realidade sobre o fenômeno estudado quando comparado com a interpretação baseada em impressões pessoais. Somente por meio dos métodos preconizados pela ciência é possível alcançar níveis superiores de qualidade.

## Qualidade de Nível Global para Organizações Esportivas

Num cenário globalizado a qualidade oferecida deve ter um padrão internacional. Uma organização esportiva de classe mundial atende um nicho de mercado segmentado, porém que se apresenta em escala global. Para este fim, deve reproduzir de modo local, níveis de desempenho mundial em termos de qualidade, tecnologia, recursos humanos e concorrência de alto nível [114].

A gestão da qualidade é essencial para a sobrevivência das organizações, bem como para viabilizar o controle de atividades, informações e documentos.

Num ambiente global e competitivo, a qualidade não é uma obrigação, tão pouco um diferencial, mas sim uma injunção decorrente da concorrência, caracterizando-se como mais uma etapa político-econômica do capitalismo.

Da consciência de que a melhoria da qualidade é boa para os negócios e necessária para a competição eficaz, emerge a mudança no modo de pensar. Noções sobre qualidade, baseadas em padrões rígidos de gerenciamento são substituídas pelo imperativo de deixar a indicação de qualidade por conta do cliente. Entretanto, cabe esclarecer que *qualidade* dos serviços não deve ser confundida com *satisfação* do cliente. A primeira se baseia em avaliações cognitivas de longo prazo sobre o desempenho de um serviço, é considerada como um atributo nos processos de escolha dos consumidores. A segunda é uma reação emocional de curto prazo, passageira, relacionada a uma experiência específica de serviço (Figura 82) [114].

Figura 82– Satisfação e qualidade são conceitos distintos. Enquanto a primeira é um atributo nos processos de escolha dos consumidores, o segundo diz respeito a uma reação emocional passageira relacionada a uma determinada experiência.

Qualidade na organização refere-se a um processo contínuo de atividades planejadas, baseado na revisão de desempenhos e no estabelecimento de metas específicas com o objetivo de melhorar as características da organização esportiva O processo de qualidade pode ser decomposto em:

- Qualidade administrativa - refere-se à preparação do atendimento ao segmento, adequação da estrutura, controle de processos, treinamento da equipe e assistência pós-atendimento;

- Qualidade técnica - refere-se à simplificação, domínio e controle da técnica por meio da prática baseada em evidências.

A combinação de bons resultados (qualidade), satisfação do cliente e da atitude positiva da equipe evidência a relevância do elemento humano. Fica clara a necessidade da organização em promover um ambiente psicológico capaz de satisfazer as necessidades e ao mesmo tempo promover vínculo afetivo entre clientes e profissionais envolvidos.

## CONSTITUIÇÃO DE EQUIPES DE ALTO DESEMPENHO

A coerência das decisões estratégicas e a eficiência das organizações estão relacionadas à constituição de equipes de alto desempenho, pois uma organização não consegue ser melhor que as pessoas que nela atuam. Num ambiente intelectual deficiente, a visão global do mercado é limitada, a percepção seletiva das oportunidades é distorcida; em consequência, a escolha da estratégia em geral será equivocada. A organização não existe dissociada das pessoas que a compõem, seu sucesso ou fracasso é o sucesso ou fracasso do coletivo.

A concepção moderna considera como um investimento importante para o desempenho dos serviços, aquele relacionado ao aprimoramento das pessoas. Refere-se ao desenvolvimento intelectual por meio da formação, do treinamento, da educação continuada e da participação na elaboração de projetos; do estímulo às sugestões e discussão de novas idéias voltadas a resolução de problemas e da potencialização da qualidade dos serviços. Deste modo, quatro ações são importantes para a constituição e manutenção de uma equipe eficiente: seleção, formação, liderança e motivação [114].

**Seleção**

O processo de seleção é a primeira ação para a constituição de equipes de alto desempenho, não obstante. Este processo deve ser entendido como um investimento, pois reduz a rotatividade de funcionários, a frequência de processos trabalhistas, o custo de treinamento e a frequência de acidentes de trabalho. A seleção da equipe não trata apenas de recrutar mão de obra (barata), mas escolher parceiros quais estarão envolvidos no desenvolvimento da organização.

Considerando que as habilidades humanas para a realização de determinadas funções de modo eficiente varia, é possível deduzir a importância em se locar as pessoas certas para posições específicas. Existe no meio empreendedor uma brincadeira que diz que se pode treinar um peru para subir em uma árvore, entretanto seria preferível um esquilo para esta função. Pessoas podem ser treinadas para muitas coisas, como, por exemplo, para as rotinas diárias e àquelas relacionadas ao comportamento emocional; entretanto para outras existem limites, a inteligência lógico-analítica tem base genética, habilidade que não se adquire por treino [114].

A *Seleção de Pessoas* é um subsistema da área de *Gestão de Pessoas* (*Gestão de Recursos Humanos),* uma função que se ocupa de recrutar, desenvolver e reter colaboradores numa organização. *Seleção* é o processo pelo qual uma organização escolhe, de uma lista de candidatos recrutados, a pessoa que apresenta as características mais adequadas, pré-definidas para a função ofertada, considerando o segmento que se deseja atuar.

As técnicas para o processo seletivo podem variar, entretanto o objetivo de todas é a escolha do candidato mais adequado às necessidades da organização. A complexidade do processo depende do grau de exigência do cargo, entretanto algumas fases são fundamentais:

- Qualidades preliminares - identificar as qualidades que as pessoas devem possuir para  trabalhar no campo do esporte. Em geral se refere ao histórico de boa conduta ética, comportamento positivo, natureza amigável, proatividade e entusiasmo em servir. Pessoas com afinidade às características dos serviços terão maior motivação para o aprendizado durante as fases de treinamento, o que por certo contribuirá para a qualidade da organização;

- Exigências para o cargo - definir as tarefas relacionadas à função e descrever cada operação desta. Sem a clareza da rotina de atividades, será difícil selecionar pessoas com habilidades para realizá-las;

- Competências do candidato – nesta fase se define os critérios de contratação para o cargo específico.Tais critérios dependem do mercado em que a organização atua, das características dos serviços prestados e dos objetivos da instituição. De modo geral incluem: sexo, idade, estado civil e estado de saúde; como características particulares: educação (formação), cultura, empatia; competências: grau de formação, experiência, profissionalismo; e intenções: perspectivas, necessidades, desejos.

Quando as exigências para o cargo superam as competências do candidato, significa que este não atingiu as condições ideais para ser escolhido. Quando exigências e competências são compatíveis, é indicativo da opção pelo candidato. Também existe a possibilidade das competências do candidato superarem as exigências para o cargo; nesta situação, a qualidade do trabalho provavelmente será superior à esperada, entretanto este profissional também poderá ter uma expectativa de crescimento superior às possibilidades do cargo, o que pode acabar por desmotivá-lo. Deste modo, pode ser um equívoco selecionar indivíduos com grandes aspirações ou capacitação para cargos simples (Figura 83).

Figura 83 – A alocação adequada de um funcionário depende do equilíbrio entre as exigências do cargo e as competências do indivíduo. Nem sempre uma maior capacitação individual determinará maior eficiência, pois a desmotivação poderá ser uma variável para funções mais simples.

A combinação de várias técnicas pode ser utilizada no processo de seleção: entrevistas, referências, provas de capacidade técnica, personalidade, cognitivos e testes psicométricos. O ideal é que a seleção seja realizada por um profissional da área de gestão de pessoas.

Depois da fase de seleção, o candidato deve passar por um treinamento inicial para compreender qual o propósito do negócio (missão), as regras do serviço e as habilidades requeridas; bem como participar de programas contínuos de desenvolvimento, um processo denominado formação de pessoas.

## Formação de Pessoas

*Formar* significa "instruir", "educar", "assemelhar". No caso em questão, a formação pode ser classificada como "profissional" (aquela relacionada às pessoas que já exercem determinada atividade profissional, com a intenção de aprimorar suas capacidades). Todo modelo de formação deve proporcionar ao ser humano a oportunidade de se tornar aquilo que pode ser, a partir de suas próprias potencialidades, inatas ou adquiridas. Dois aspectos deste processo são importantes para a qualificação da equipe: treinamento e desenvolvimento [114].

*Treinamento* é um processo de curto prazo aplicado de modo sistemático e organizado, por meio do qual as pessoas adquirem informação e desenvolvem atitudes e habilidades em função de objetivos definidos. Em geral é voltado ao exercício de funções imediatas, pode ser ministrado no ambiente interno da organização por um membro mais experiente da equipe [114].

O processo de *Desenvolvimento* está ligado de modo íntimo a educação. Assim, desenvolver pessoas não é apenas dar informação para o ajustamento à função, mas oferecer oportunidade para que aprendam novas atitudes, idéias e conceitos com a intenção de modificar hábitos e comportamentos. É voltado ao exercício e aprimoramento de competências futuras, ministrado por um especialista *ad hoc* (Figura 84).

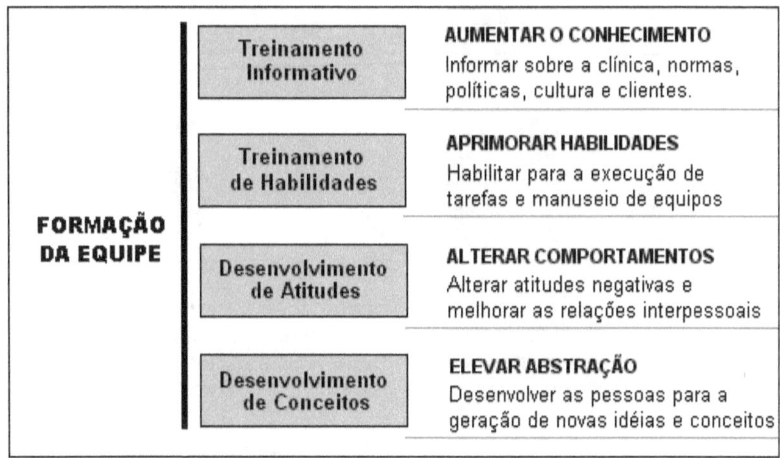


Figura 84 – A formação da equipe envolve treinamentos e desenvolvimentos específicos das pessoas.

Um colaborador que representa a organização só vai conseguir desempenhar bem sua função se compreender o que ele significa dentro da equipe. Uma pessoa só atinge a excelência profissional quando tem oportunidade de plena formação. De modo inconsciente, hábitos inadequados podem se instalar no processo de atendimento. O processo de formação deve desenvolver os aspectos de: comunicação, educação, apresentação, paciência e informação sobre os processos organizacionais. Isto para que todos os clientes do dia sejam atendidos segundo um mesmo padrão, pois o décimo atendimento do dia para a equipe, continua sendo a primeira experiência na clínica para o cliente (Figura 85).

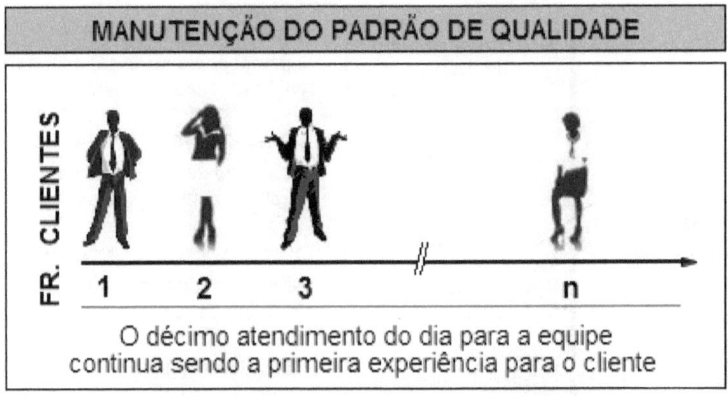


Figura 85 – O processo de formação envolve vários aspectos necessários para prestar o melhor atendimento ao cliente, para que todos recebam a mesma experiência de consumo.

Entre os vários tipos de treinamento, para pequenas organizações, o sistema *formal* complementado pelo *on-the-job* é bastante eficiente, além de apresentar baixo custo. O treinamento formal consiste na instrução ministrada por um especialista da área (cursos, conferências, congressos, seminários, *workshop*), com suporte de material didático (apostilas). O sistema *on-the-job* caracteriza-se pelo treinamento durante a execução do próprio trabalho, em geral sob a supervisão de um funcionário mais experiente.

É função da liderança, por meio da implementação de programas de treinamento e desenvolvimento, auxiliar os membros da equipe a se tornarem bem-sucedidos, pois o investimento em pessoas determina a qualidade dos serviços prestados. É preciso que os membros da equipe estejam preparados para compreender que eles fazem parte do produto/serviço. A sinergia entre a liderança e a equipe depende do desempenho do capital intelectual, e este tem relação com o processo de formação das pessoas. O processo de educação associado a uma política de resultados, na qual a ascensão dos membros da equipe ocorre por mérito, fundamenta a atuação de um líder competitivo. Este é um trabalho que requer tempo e recursos financeiros, além do apoio aos educandos. Sob estes princípios, a ineficiência deve ser identificada e a responsabilidade atribuída à parte que a cabe, líder ou funcionário [114].

**Liderança**

Não importa o tamanho da organização, sempre haverá a necessidade da tomada de decisões, planejamento estratégico e orientação de conduta. Deste modo, a figura do líder está presente nas grandes e pequenas organizações, como aquele que, além de chefiar e representar um grupo atribui um novo significado para o trabalho da equipe.

Assumindo que uma equipe se constitui de pessoas, e estas apresentam comportamentos, valores e temperamento distintos; cabe a função do líder fazer com que tais características sejam complementares para formar uma equipe homogênea, por meio de ações de mediação e incentivo em torno de metas comuns [114].

A teoria administrativa é estruturada sobre conceitos de liderança, pois esta função é uma variável significativa a se considerar para alcançar eficiência nas organizações. Nos tempos de Taylor e Fayol a liderança (chefia) era baseada nos conceitos de hierarquia, subordinação e poder. Entretanto, a gestão de pessoas vem assumindo, de modo progressivo, espaço nas organizações. Na essência, liderança é uma forma de exercício de poder que promove além dos interesses pessoais (do líder), também aqueles do grupo, por meio de situações percebidas como mutuamente benéficas.

O estilo de liderança influi sobre os valores da equipe, bem como sobre a abertura para exposição de idéias, sugestões e criação (flexibilidade). Por este meio se pode modificar a racionalidade da tomada de decisões (autocrática, participativa ou livre) e na política de relacionamentos com e entre a equipe. A visão resultante do modelo de liderança adotado pode modificar o desenho estratégico da organização, refletindo na sua eficiência (Figura 86).

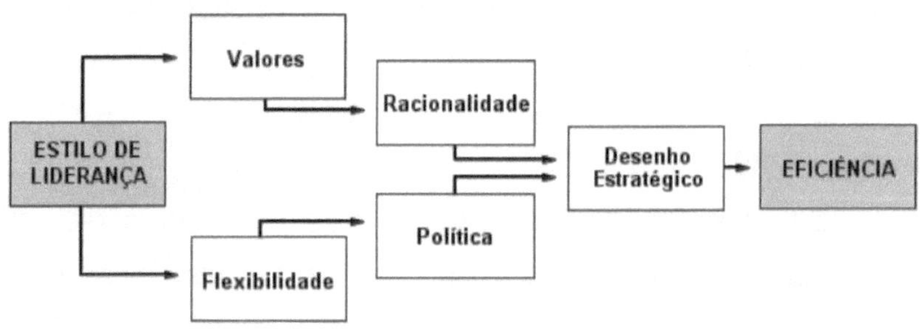


Figura 86 – Influência do estilo de liderança sobre a eficiência da organização.

Diversos modelos de liderança são descritos na literatura especializada, sem uma definição clara da supremacia de um sobre o outro. Nesta obra, são apresentados três, baseados em estudos que consideraram as dimensões orientadas para duas variáveis: pessoas e produção [114]:

- Liderança autocrática – neste estilo, o líder se utiliza o poder da função para controlar e dominar as pessoas com a intenção de obter a produção ou o desempenho dos serviços. Duas variações podem ocorrer: a) quando carismático e esclarecido o líder pode inspirar e motivar seus seguidores na busca de objetivos e na superação de desafios, estabelecendo uma missão comum; b) quando inseguro e pouco esclarecido, focará a eficácia operacional na organização das condições de trabalho, com grau mínimo de interferência do elemento humano, atribuindo eventuais fracassos a fatores externos ou culpando a equipe. A reação dos subordinados também pode variar: a) alguns se sujeitam à dominação considerando corretas as ordens e executando o serviço com eficiência, b) outros cumprem as determinações, mesmo discordando; c) existem também os que executam as atribuições apenas para cumprir sua incumbência, adotando atitude de indiferença;

- Liderança livre – o líder renuncia a grande parte do controle e permite a outros membros da equipe a tomada de decisões. Investe o mínimo necessário para a execução do trabalho, com desempenho dos serviços e com as pessoas. Neste estilo inexiste um sistema de recompensas, pois o líder espera e oferece pouco. Muitas vezes a baixa produtividade é atribuída a fatores externos. Dependendo das características individuais, os subordinados reagem de formas variadas: podem reagir e tornar-se pró-ativos nos seus setores, assumir uma postura de passividade ou deixar a organização;

- Liderança participativa - procura alcançar resultados por meio de uma gestão mais proativa e flexível, buscando o envolvimento e comprometimento das pessoas. Utiliza como ferramenta o estabelecimento de um sistema de recompensas para assegurar a motivação da equipe. Este modelo implica num processo de negociação aberta, baseada no diálogo, confiança, respeito e compartilhamento de responsabilidades. Também envolve a flexibilidade para ouvir críticas e sugestões com o intuito de aprender para o futuro, reconhecendo a autoria das contribuições individuais mais notáveis.

Se o estilo de liderança influencia o desempenho grupal, o ambiente social e organizacional; como se traduz o exercício da liderança em maiores níveis de eficiência de uma organização? Ocorre que os líderes devem possuir determinados valores quais impactam sobre o comportamento da equipe. A prestação de serviços de excelência em geral tem início nos exemplos do próprio líder, nas atitudes, em particular no que diz respeito à criação de um ambiente interno ético, motivador e de satisfação. Neste aspecto, algumas características devem ser inerentes à condição de líder [114]:

- Reputação ética e integridade pessoal ilibada;

- Autoridade para estabelecer hierarquia e delegar responsabilidades;

- Capacidade de autodesenvolvimento por meio da oitiva de críticas;

- Conhecimento dos processos para o desempenho do serviço;

- Capacidade de trabalho em equipe e de resolução de conflitos;

- Experiência e sensibilidade para identificar sinais de insatisfação;

- Pró-atividade nas ações de gestão e relacionamento;

- Capacidade de ouvir as sugestões e incentivar ações positivas.

Para que o exercício de liderança seja efetivo, as relações entre os diversos membros da equipe devem ser o menos assimétricas possível, não obstante das diferentes responsabilidades definidas pelo nível hierárquico. Todos devem ser tratados com respeito e como iguais, pois completa a mesma equipe, constituindo, cada qual, uma unidade para o eficiente desempenho do serviço. O líder, portanto, consegue despertar virtudes pessoais nos membros da equipe, de modo a formar uma coalizão dos seus liderados pela qual todos se empenham em encontrar soluções para os problemas da organização.

Não delegar tarefas ou delegar aquelas que competem a si, subestimar ou cercear a criatividade dos membros da equipe ou atuar com frequência de modo repressivo, acaba por criar um ambiente hostil. Equipes baseadas na confiança apresentam melhor desempenho. A cultura de confiança pode ser desenvolvida por meio de um processo estruturado de descentralização do poder de decisão e responsabilidades. Esta é um meio eficaz de formação de pessoas e educação continuada (Quadro 16).

Quadro 16 – Características da liderança democrática e participativa.

| EXERCÍCIO DA LIDERANÇA DEMOCRÁTICA E PARTICIPATIVA |
| --- |
| ■ Ouvir as considerações e opiniões da equipe para conhecer seus anseios;<br>■ Manter-se acessível para responder às demandas da equipe;<br>■ Deixar claro as responsabilidades de cada indivíduo dentro da oranização;<br>■ Acompanhar e avaliar o trabalho da equipe para oferecer a devida assistência;<br>■ Corrigir os processos para permitir que metas possam ser alcançadas;<br>■ Auxiliar no desenvolvimento de um plano de melhoras;<br>■ Substituir as críticas pela sugestão e educação continuada. |

O líder não deve se isolar do ambiente da organização. Em vários momentos do dia-a-dia, deve procurar estar em contato com sua equipe, percebendo virtudes e necessidades de melhoria nos vários aspectos da organização.

Um dos fatores de maior importância para o sucesso da equipe é a competência da liderança, pois o que a distingue de um grupo de pessoas reunidas são seus propósitos e seus resultados. Quando a liderança tem pouca clareza quanto aos seus objetivos ou estes não são compartilhados, se eleva o risco de ocorrer o sub-desempenho da equipe (Figura 87).

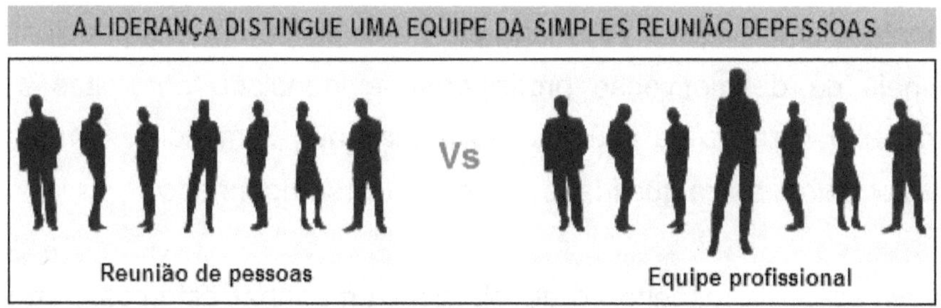


Figura 87 – A presença da liderança com propósitos definidos é o fator que distingue a equipe da reunião informal de pessoas.

Para crescer com eficiência a organização deve alinhar as estratégias de criação de valor para os colaboradores, com os princípios que regem o relacionamento entre as pessoas e o estilo de liderança. A equipe pode ser integrada por meio de normas de conduta estabelecidas na cultura da organização ou em função da atuação do líder. Uma liderança forte pode compensar de modo parcial uma cultura fraca, mantendo as pessoas unidas pela força dos seus ideais e desejos; de modo similar, uma cultura sedimentada pode sustentar períodos de liderança fraca.

**Motivação**

Manter as pessoas motivadas representa outro desafio para a qualidade dos serviços. Um indivíduo desmotivado pode representar um fator de risco para a organização quando, além de reduzir seu desempenho, promove um movimento de contracultura, influenciando outros funcionários suscetíveis. O absteneísmo (recusa voluntária em participar) é um dos principais sinais da desmotivação profissional, evidenciado por faltas ao trabalho, atrasos ou acúmulo de tarefas não cumpridas, também associado à baixa qualidade do serviço desempenhado.

*Motivação* diz respeito ao desejo para empenhar esforços com a intenção de atingir determinado objetivo, condicionado pela necessidade individual. Por meio da decomposição desta definição se pode observar que tal comportamento tem relação com três variáveis:

- Esforço – intensidade e persistência do comportamento;

- Objetivo – direção do comportamento;

- Necessidade – satisfação obtida por meio do comportamento.

A motivação, que leva à ação, decorre da interação entre o indivíduo (conjunto de fatores psicológicos herdados e vivenciados) e o ambiente (estímulo externo para sua ocorrência).

Neste contexto, é preciso que seja gerado um nível de intensidade de esforço adequado, direcionado no sentido do objetivo determinado pela liderança, consoante com as necessidades individuais dos membros da equipe (depende da cognição e dos paradigmas que cada pessoa formou durante sua vida). Neste sentido, a organização deve dar ao indivíduo o que ele precisa ganhar e não o que ela está disposta a oferecer (Figura 88).

Figura 88 – Para que o processo de motivação seja eficiente na geração de ações é necessário que a organização ofereça às pessoas aquilo que elas necessitam, não o que a empresa deseja ofertar. Deste modo a interação entre ambiente organizacional e indivíduo decorre da maior flexibilidade da primeira.

Para que a equipe permaneça coesa em torno da *missão* da organização, o líder deve desenvolver maneiras de motivação. Este desejo não pode ser imposto, tão pouco é transferido entre pessoas (depende de fatores intrínsecos), mas pode ser estimulado por meio de ferramentas relacionadas ao capital, às necessidades das pessoas e a justiça social, tais como [114]:

- Remuneração – se refere ao pagamento (recompensa, gratificação) pelos serviços prestados. A remuneração por salário fixo é um dos símbolos mais fortes para o indivíduo. Representa sua ligação com a instituição por estar associada à segurança, haja vista não sofrer variações, tão pouco estar vinculada à produtividade. Neste aspecto, o dinheiro é um fator importante para conquistar pessoas capacitadas e maximizar resultados. A teoria do salário-eficiência sustenta que a remuneração elevada atrai empregados mais qualificados e habilidosos, induz a um maior grau de lealdade e esforço; deste modo, reduz a rotatividade, em consequência os custos de contratação, recrutamento e treinamento para a organização. Entretanto, apenas um bom salário não é suficiente para manter as pessoas motivadas, pois nem sempre satisfaz todas as necessidades do indivíduo;

- Benefícios – de acordo com a *Consolidação das Leis do Trabalho* (CLT), tudo que for pago ao empregado e que possa ser expresso em moeda é considerado salário, exceto o que for ressalvado pela lei. Deste modo a concessão de benefícios é limitada apenas aos casos permitidos na Lei nº 5.452/43, tais como:

a) Participação nos lucros ou resultados - um plano de participação não será considerado salário, desde que a implantação se dê mediante acordo com o sindicato dos empregados e o pagamento ocorra em intervalos semestrais ou anuais;

b) Ajuda de custo - ajuda de custo paga a empregados com atividades externas não integrará o salário caso ocorra prestação de contas documentada, de modo a comprovar os gastos efetivamente realizados;

c) Diária de viagens - diferente da ajuda de custo, na diária de viagens não se exige do empregado a prestação de contas nem a devolução da diferença daquilo que não foi pago. Entretanto, para não integrar o salário, o valor da diária ou o valor pago no mês a título de diárias não deve ultrapassar 50% do valor salarial;

d) Uniformes – vestuário e equipamentos de proteção individual (EPI) para uso dos empregados na realização das tarefas não integram o salário;

e) Concessão de bolsas de estudos – pagamento de mensalidades, anuidades, material escolar e outras despesas relacionadas à educação dos empregados não integram o salário;

f) Pagamento de assistência à saúde – assistência médica, hospitalar, odontológica, integral ou parcial para os empregados não são considerados salário;

g) Pagamento de seguro – seguro de vida ou contra acidentes pessoais, a favor do empregado, são excluídos do piso salarial;

h) Planos de previdência privada - não configuram salário os planos de aposentadoria.

Existem várias opções de benefícios que podem ser concedidos aos empregados como meio de estimulo, sem que tais vantagens sejam incorporadas aos salários dos beneficiados.

- Incentivos – o incentivo pode ser utilizado pela organização com o objetivo de melhorar o desempenho de determinada função. Diz respeito aquilo que estimula certo comportamento, deste modo relacionado à necessidade de cada indivíduo (ambição, carência): premiação por meta alcançada (viagem, jantar, comissão), reconhecimento público (quadro de funcionário do mês, elogio em reunião, carta pessoal), dimensionamento (distribuir funções para evitar sobrecarga individual), relacionamento (visita pessoal do líder aos funcionários). O bom desempenho deve sempre ser incentivado por meio de reforço positivo (elogio no acerto), isto quer dizer que a supervisão mais branda do desempenho da equipe, por meio da orientação, é mais eficiente do que a repreensão (reforço negativo) em face de erros involuntários;

- Ambiente – certos fatores tem o potencial de insatisfazer os indivíduos. Quando determinadas condições estão ausentes, como: salário, reconhecimento e aquelas relacionadas ao ambiente (ergonomia, equipamentos), as pessoas podem se sentir insatisfeitas. Sobre os fatores relacionados ao ambiente, denominados como *Fatores de Higiene* ou *Manutenção* considera-se que o ambiente adaptado ao indivíduo é pre-suposto para a adequada rotina de trabalho. Neste sentido podem ser incluídas políticas de administração flexíveis como: possibilidade do funcionário deixar o local de trabalho frente a uma emergência familiar ou estabelecer um calendário negociável de férias.

Para dar sentido ao trabalho, a motivação deve despertar o sentimento de realização (execução de atividades) e pertencimento (crença subjetiva numa origem comum que une distintos indivíduos, no caso pertencer a uma equipe), culminando com o objetivo principal do indivíduo, a aquisição de personalidade própria. O *respeito* será o valor de sedimentação do processo, pois a equipe irá tratar os clientes do mesmo modo que é tratada, deste modo, valores humanos e éticos devem pautar as relações interpessoais. Um indivíduo desmotivado pode indicar um problema de seleção ou pessoal, uma equipe desmotivada em geral sugere ineficiência no estilo de liderança (Figura 89).

DIAGNÓSTICO DE PROBLEMAS DE DESMOTIVAÇÃO

Indivíduo

Equipe

Problema na seleção
ou do indivíduo

Problema no estilo
de liderança

Figura 89 – Quando um membro da equipe externa sinais de desmotivação, o provável problema ocorreu no processo de seleção ou é concernente ao indivíduo; entretanto, se muitos indivíduos estão desmotivados, atenção deve ser dada ao estilo de liderança.

Alguns autores acreditam na hipótese de que ninguém motiva ninguém e cabe a cada pessoa se automotivar. Esta é uma interpretação cômoda, pois desloca a responsabilidade para a equipe. Assumindo o raciocínio que um líder antiético e mal-humorado pode desmotivar, então o inverso deve ser aceito como verdadeiro. O líder, como referência, influencia no comportamento da equipe, sua função é aflorar em seus colaboradores os motivos que eles têm para agir, isto em geral, é particular, pois as pessoas não são iguais, têm motivos diferentes, esta é uma missão diária [114].

A formação de pessoas corretamente selecionadas propicia condições para a liderança descentralizar as decisões e envolver a equipe nas tomadas de decisões e sugestões para o aprimoramento do serviço. Este ambiente oferece condições para a elevação da motivação, da produtividade e da qualidade, deste modo constitui um fator de competitividade.

Outra vantagem do sistema de motivação é a possibilidade de transformação do gasto financeiro decorrente do piso salarial da equipe (custo fixo) para gasto de capital (sem desembolso). Tome como exemplo a possibilidade de uma organização oferecer aos seus funcionários um plano de saúde, extensivo a seus familiares e indicações credenciadas. A ação de elevar benefícios torna possível reduzir salários ao nível de mercado e manter a motivação. Demais vantagens: convênios podem ser substituídos pelos funcionários beneficiados (redução da burocracia), horários de pouca frequência de clientes poderão ser utilizados, risco de inadimplência será reduzido (desconto em folha).

## QUANTIFICAÇÃO DA MOTIVAÇÃO

Motivação, como um aspecto do indivíduo, é um elemento subjetivo, deste modo, de difícil avaliação por parte da liderança. Com a intenção de conferir maior objetividade a esta variável do comportamento da equipe, a *Teoria das Expectativas é proposta* para avaliar a *Força Motivacional* das pessoas. Esta Teoria compõe o campo da psicologia cognitiva; tem como base paradigmática a modelagem do comportamento humano em face ao risco no que tange as tomadas de decisões [114].

*Motivação* é o processo que governa a escolha dos comportamentos voluntários alternativos, situação em que uma pessoa pode decidir por fazer A, B ou C. Para que uma pessoa esteja motivada a fazer algo é preciso que ela, simultaneamente:

- Acredite que tem capacidade e condições de executar a função ou realizar a tarefa (Expectativa);

- Acredite que realizando tal função, receberá a compensação esperada (Instrumentalização);

- Atribua valor à compensação advinda de fazer determinada tarefa (Valência);

Para quantificar um fenômeno, a metodologia científica determina a necessidade de operacionalizar os conceitos a um modo mensurável. A motivação (conceito) é, então, o produto dos três componentes: expectativa (E), instrumentalidade (I) e valência (V) (constructos). Neste sentido, é necessário definir os termos, pois são os elementos que compõem a fórmula da força motivacional.

**Fórmula da Força Motivacional**

Sob o enfoque matemático, a *Força Motivacional* é o produto dos três componentes da motivação, expressa pela seguinte fórmula (Quadro):

Fórmula para o cálculo da Força Motivacional (FM).

$$FM = E \cdot I \cdot V$$

- *Expectativa de Alcançar o Resultado* (E) – as pessoas avaliam a probabilidade de obter certo resultado comparando os esforços necessários com suas próprias capacidades. Quando entendem que a probabilidade ligada à alternativa A é muito baixa, irá decidir entre as opções B e C. Se perceber que é impossível atingir C, não fará qualquer esforço para isso;

- *Instrumentalidade* (I) – é a percepção individual das compensações relacionadas aos resultados. Por exemplo, estar convencido de que se atingir a meta B será promovida. A relação entre desempenho e compensação é denominada de *Instrumentalidade*;

- *Valência* (V) - diferentes compensações associadas às alternativas A, B e C terão diferentes valores (valências) para uma pessoa. Deste modo, valência é a intensidade da preferência individual. Um novo emprego, por exemplo, poderá ter como valores positivos um maior salário e uma maior visibilidade; como valores negativos uma carga maior de trabalho e a mudança para outra cidade.

Definidos os constructos (conceitos) que compõem a fórmula da Força Motivacional, é necessário torná-los mensuráveis. Quando estes assumem a forma de variáveis (variáveis são as características quantificáveis do fenômeno) se torna possível o desenvolvimento do cálculo da equação.

**Definição das Variáveis**

A definição das variáveis utilizadas para medir o fenômeno requer a construção de um instrumento de coleta de dados. O formulário é a ferramenta adequada a este fim. Este, aplicado aos funcionários, deve conter quesitos adequados ao levantamento de informações sobre os atributos descritivos e valorativos do trabalho (exigências sociais, justiça no trabalho, esforço corporal, competência intelectual, humanização, realização pessoal e familiar, sobrevivência) (Quadro 17).

| FORMULÁRIO PARA LEVANTAMENTO DE DADOS | | | | | |
|---|---|---|---|---|---|
| **VARIÁVEIS** | **ESCALA** | | | | |
| **Variável Expectativa** | 1 | 2 | 3 | 4 | 5 |
| É oferecida assistência técnica para a execução da tarefa? | | | | | |
| São disponibilizados equipamentos de segurança? | | | | | |
| Existe igualdade de condições com outros colegas? | | | | | |
| O ambiente de trabalho é salubre (iluminação, ventilação, ergonomia)? | | | | | |
| Há disponibilidade dos equipamentos necessários? | | | | | |
| Há disponibilidade dos materiais necessários? | | | | | |
| Existe confiança da liderança no desempenho do funcionario? | | | | | |
| O esforço físico exigido é compatível com a capacidade pessoal? | | | | | |
| A capacidade intelectual requerida é compatível com a pessoal? | | | | | |
| **Soma =** | **Média =** | | | | |
| **Variável Instrumentalidade** | 1 | 2 | 3 | 4 | 5 |
| Existe eficiência e reconhecimento da liderança? | | | | | |
| Existe reconhecimento dos indivíduos pelos líderes e colegas? | | | | | |
| Existe um plano de carreira relacionado à remuneração da equipe por mérito? | | | | | |
| Existe promoção por mérito? | | | | | |
| Existe um programa de benefícios para valorizar o trabalho na organização? | | | | | |
| Existe um programa de incentivos para melhoria de setores específicos? | | | | | |
| **Soma =** | **Média =** | | | | |
| **Variável Valência** | 1 | 2 | 3 | 4 | 5 |
| O valor monetário da função está adequado à média do mercado? | | | | | |
| A função reverte em benefício para a sociedade? | | | | | |
| A função reverte em benefício para a família (p. ex. assitência à saúde)? | | | | | |
| Existem benefícios pessoais para quem trabalha na organização? | | | | | |
| Existe sentimento de orgulho em pertencer à organização? | | | | | |
| A função proporciona o desenvolvimento de novas habilidades? | | | | | |
| A função proporciona novos aprendizados técnicos? | | | | | |
| A participação na organização situa em destaque a equipe? | | | | | |
| Existe formação de opinião positiva da equipe sobre a organização? | | | | | |

Quadro 17 – Sugestões de quesitos para desenvolver o formulário de levantamento de dados para quantificar as variáveis da fórmula da Força Motivacional.

Para o desenvolvimento da equação, todos os termos têm que ser maiores que zero (nenhum fator pode estar ausente), por esse motivo, é construída uma escala quantitativa de 1 a 5 na qual o valor é atribuído pelo funcionário à percepção sobre cada quesito (campo soma). A partir da soma da pontuação correspondente aos quesitos de cada variável são calculadas as *médias* (obtida da soma de todos os valores divididos pelo número de quesitos) e registradas nos campos correspondentes (campo média) [114].

A comparação das médias das três variáveis (expectativa, instrumentalidade e valência) permite identificar qual dessas gera maior impacto positivo ou negativo na motivação da equipe. O produto, conforme definido pela fórmula, determina a força motivacional, um indicador da motivação que estabelece uma base racional sobre a avaliação do esforço investido por uma pessoa para alcançar determinada meta.

## ENGENHARIA DE RELACIONAMENTOS

No contexto organizacional as relações interpessoais se desenvolvem em decorrência dos processos de interação entre indivíduos, estes correspondem às situações de trabalho compartilhadas por duas ou mais pessoas, bem como interações e sentimentos como: comunicação, cooperação, respeito e amizade [114].

A abordagem da administração sobre psicologia organizacional surgiu no tempo da Primeira Guerra, quando o quadro das forças armadas norte-americanas sentia os efeitos da carência da mão-de-obra capaz de suprir suas necessidades. Por essa razão, esforços foram empenhados para recrutar indivíduos capacitados, utilizando o trabalho de psicólogos que desenvolveram testes de avaliação para varias aptidões e para os diversos graus de inteligência das pessoas. O material elaborado se mostrou de grande utilidade para a seleção de pessoas comprometidas.

*Comprometimento* é um indicador de desempenho de uma organização. Trata-se do desejo de pertencer à equipe, de exercer as atividades e acreditar nos objetivos e valores da empresa. O vínculo de um indivíduo com a organização pode ser definido em três níveis:

- Comprometimento afetivo – o indivíduo permanece na organização porque quer;

- Comprometimento instrumental – o indivíduo permanece na organização porque precisa;

- Comprometimento normativo – o indivíduo permanece na organização porque é obrigado.

A métrica do comprometimento pode ser obtida por meio de um questionário aplicado a cada indivíduo com questões abordando a percepção sobre si e sobre outros membros da equipe. A média entre as duas variáveis representará o grau de comprometimento. Avaliações periódicas acompanhadas da correspondente negociação junto de cada indivíduo que se compromete a atingir melhores resultados ao longo do tempo favorece a implantação de uma cultura de cooperação com foco centrado em objetivos comuns (Figura 90).

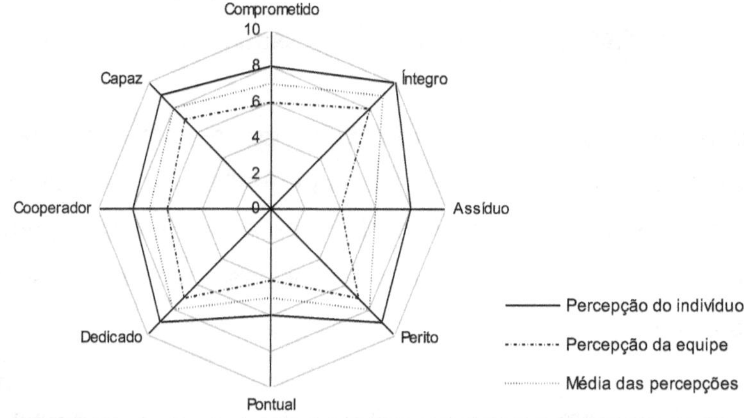


Figura 90 – Gráfico de 360° ilustrando a auto avaliação do membro de determinada equipe, a avaliação que a equipe faz da sua pessoa e a média das avaliações.

No exemplo hipotético, o gráfico 360° representa a percepção do indivíduo e da equipe quanto às características representativas do comprometimento junto à organização. Observe que a noção que o indivíduo tem de si é superlativa em relação àquela que a equipe percebe. Tomando por base que as pessoas reagem às condições do ambiente conforme elas o percebem, então o nível de comprometimento da equipe pode ser gerenciado com a intenção de elevar a qualidade do desempenho dos serviços. Evidenciar a relação de cada indivíduo com o ambiente de trabalho é um dado importante para conscientizar as pessoas sobre a realidade.

Uma resposta positiva pode ser gerada quando as pessoas acreditam que a organização é responsável pela introdução e consideração de políticas consoantes com seus interesses. Neste sentido, as comunicações internas são particularmente importantes para criar e manter uma cultura organizacional baseada em valores específicos dos serviço. Níveis superiores de desempenho podem ser almejados por aquelas organizações que já adequaram à fase de constituição da equipe (seleção, formação, liderança e motivação). Estes são relacionados às ações de: conectividade e manutenção.

**Desenvolvimento de Conectividade**

O desempenho de equipes eficientes está relacionado de modo direto ao número de conexões entre seus integrantes. Quanto mais conectados uns aos outros, mais rápido se atingirá a excelência no desempenho dos serviços [114].

*Conectividade* se define como a relação interpessoal, por meio da qual os indivíduos de uma equipe se vinculam uns aos outros em busca de uma meta comum. Deste modo, se estabelece no âmbito interpessoal e não no plano pessoal, sendo mais importante que as capacidades individuais.

A conectividade é algo mais complexo que a comunicação. Equivale ao sistema nervoso central das equipes de alto desempenho. Uma rede de relações pela qual transitam informações relacionadas à eficiência da organização [114].

A engenharia de relacionamentos tem sua importância reforçada quando se observa estudos comparativos entre equipes de baixo e alto desempenho. Nas primeiras, o sistema de conectividade assume a forma de estrela. Ocorre a conexão do chefe com cada funcionário, sem existir contato relevante entre estes. No segundo tipo a conectividade se dá entre todos os integrantes do serviço. A evidência revela que em uma equipe com alto nível de rendimento o número de conexões e o nível de comunicação entre os integrantes da equipe é elevado (Figura 91).

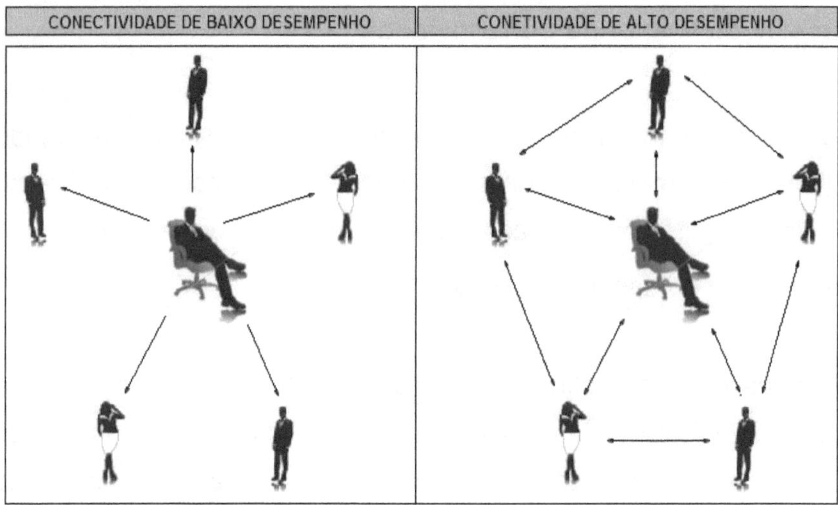


Figura 91 – Estudos sobre engenharia de relacionamentos sugerem que equipes com maior número de conexões entre seus membros apresentam níveis de desempenho mais elevados quando comparados à equipes com menor número. Este fenômeno se traduz em novos modelos de trabalho no qual a tomada de decisões é compartilhada.

A base da conectividade reside na atitude individual, entretanto seu desenvolvimento decorre de um trabalho coletivo baseado no processo de negociação entre os indivíduos (Quadro 18).

Quadro 18 – Competências necessárias para a eficiência nos relacionamentos em cada fase de uma negociação:

| COMPETÊNCIAS DE RELACIONAMENTO | |
|---|---|
| Demonstrar respeito | ▪ Gerar clima de confiança e respeito em relação ao semelhante<br>▪ Expressar abertura mediante a posição do outro<br>▪ Mostra horizontalidade na realção (sem hierarquia)<br>▪ Validar o ponto de vista alheio com uma resposta afirmativa<br>▪ Prezar a dignidade do interlocutor |
| Ouvir a posição alheia | ▪ Manter a atenção ativa no interlocutor<br>▪ Perceber quais inquietudes estão implicitas na fala alheia<br>▪ Levantar informações relevantes por meio da iniciativa do questionamento<br>▪ Identificar ações sem julgar intenções |
| Refletir | ▪ Identificar e respeitar o silêncio reflexivo |
| Expor a posição pessoal | ▪ Falar apenas depois de ouvir o outro<br>▪ Identificar e expressar a própria inquietude<br>▪ Fundamentar o juízo sobre a questão<br>▪ Focalizar possíveis soluções do problema com atitude crítica, mas positiva |
| Avaliar | ▪ Gerar indicadores mensuráveis<br>▪ Estabelecer critérios de avaliação<br>▪ Realizar e documentar a mensuração<br>▪ Avaliar os resultados com rigor metodológico |
| Negociar | ▪ Falar a verdade (autenticidade)<br>▪ Centra-se nos recursos mais que nas carências<br>▪ Oferecer, prometer e conceder<br>▪ Requerer, reclamar e solicitar<br>▪ Dar e requerer juízos fundamentados e respeitosos |
| Concluir | ▪ Propor um novo modo de executar a ação |
| **Indicadores de Efetividade no Relacionamento** | |
| Conectividade | ▪ Respeito |
| Positividade | ▪ Satisfação do outro |
| Impecabilidade | ▪ Expressão de confiança |

As ações para o desenvolvimento da equipe tenderão sempre a um efeito positivo sobre as crenças, atitudes e competências individuais. Traduz-se numa estratégia mais eficiente que o desenvolvimento individual, qual tem menor poder mobilizador sobre o grupo. Neste sentido, muitas organizações adotam modelos de interação com clientes utilizando roteiros previamente estruturados (scripts cognitivos). Por meio destes, determinam condutas, comportamentos e diálogos a serem adotados pelos servidores. *Script cognitivo* é definido como uma estrutura esquematizada de eventos que descreve uma seqüência de atividades apropriadas para uma situação particular. No contexto do marketing de serviços, seria uma representação mental de uma interação durante a produção do serviço, incluindo os comportamentos esperados para o consumidor e para o servidor. Neste aspecto, o *script* é o roteiro para um comportamento desejado.

Comportamentos ritualizados, configurados em papéis previamente conhecidos são capazes de influir de modo positivo no desempenho dos servidores quando estão de acordo com expectativas dos clientes. Entretanto, nestes modelos, a administração rejeita a idéia de que o cliente é um ator social, econômico e cultural complexo, reduzindo-o a uma variável que deve ser controlada pela organização. Deste modo, a *teoria dos scripts* segue os preceitos do pensamento estrutural-funcionalista. Embora facilitem os processos cognitivos, incorrem no risco de restringir o diálogo. Ocorre que na prestação de serviços as interações precisam ser mais fortes, em particular naqueles relacionados às profissões da saúde, isto porque nesta área as interações podem apresentar diferentes graus de contato entre clientes e profissionais, bem como existe *feedback* instantâneo, de modo a produzir mudanças nas relações à medida que a interação progride.

**Retenção de Valores**

Depois de preparada, a equipe representa um investimento valioso para a organização, independente do seu tamanho. A identificação de pessoas de valor pode ser realizada por meio da observação de algumas características (Figura 92):

- Pessoas que apresentam alto nível de desempenho nas suas funções e aderem aos valores da organização representam recursos humanos de grande valor para a instituição;

- Pessoas de alto desempenho, mas sem adesão aos valores da organização dificilmente permanecerão como funcionários da organização;

- Pessoas de baixo desempenho, não obstante compactuem com os valores da organização necessitam de reorientação sob supervisão da liderança, incluindo treinamentos;

- Pessoas de baixo desempenho e sem adesão aos valores da organização não correspondem a um perfil que merece receber investimento ou mesmo ser mantido na organização.

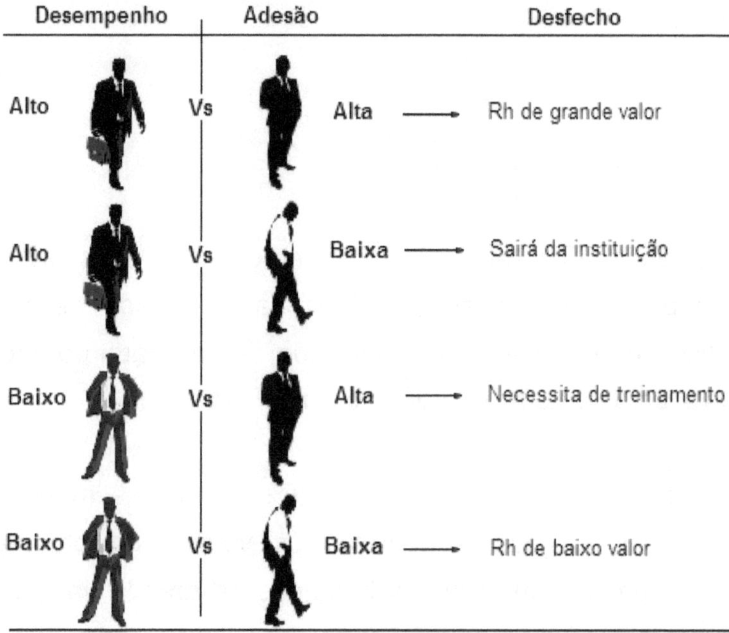


Figura 92 – Quatro desfechos podem ocorrer na relação entre desempenho na prestação dos serviços e adesão aos valores da organização.

Num ambiente competitivo a oportunidade de conquistar um funcionário já preparado pode representar vantagem competitiva entre concorrentes. Como agir para reter tais recursos humanos?

Pesquisas sugerem que as pessoas trocam de emprego por duas razões principais: a oportunidade de ascender na carreira ou devido ao mau relacionamento no ambiente de trabalho. Deste modo, é necessário haver um genuíno interesse por parte do empreendedor no desenvolvimento das pessoas que compõem sua equipe, externado por atitudes como [114]:

- Comunicação – desenvolver um processo estruturado e frequente de comunicação com a equipe para discutir os planos da clínica e as responsabilidades necessárias de cada membro para alcançar os objetivos estabelecidos. Esta ação faz com que as pessoas se sintam parte do processo ao mesmo tempo em que aprendem;

- Discussão – apresentar os resultados dos planejamentos e discutir os pontos falhos, bem como solicitar sugestões para a solução destes. Esta ação permite explorar a criatividade e o conhecimento das pessoas para resolver pontos críticos de cada setor;

- Informação – oferecer retorno honesto à equipe sobre o seu desempenho. Para desenvolver pessoas é preciso deixar claro quais seus pontos fortes e fracos;

- Reconhecimento – os objetivos alcançados devem ser compartilhados com a equipe.

Quando, mesmo considerando as ações de manutenção da equipe, houver perda de algum membro, mesmo que para a concorrência, se deve assumir a postura de satisfação pela ascensão deste, pois a empresa tem participação nesta conquista pessoal.

## Clima Organizacional

A organização do trabalho exerce sobre o homem uma ação específica cujo impacto se dá na sua psíque. Por exemplo, o trabalho repetitivo pode gerar insatisfação, já as tarefas perigosas tendem a originar o medo específico. Contra a insatisfação, os funcionários procuram elaborar estratégias defensivas, de modo que o sofrimento não é imediatamente reconhecido e só pode ser revelado por meio da identificação da sua sintomatologia. Entre os fatores relacionados ao desenvolvimento de sentimentos positivos, estão: liderança democrática, diálogo, respeito, responsabilidade, assertividade e empatia. Os fatores que desencadeiam sentimentos negativos podem ser: inveja, isolamento, desrespeito, desigualdades e competitividade [114].

No ambiente interno de uma organização o *clima organizacional* diz respeito ao conjunto de propriedades mensuráveis, percebidas direta ou indiretamente pelas pessoas que frequentam ou trabalham no ambiente, e que influencia a sua motivação e comportamento. Diversas abordagens procuram identificar as variáveis do processo (Figura 93):

- Abordagem estrutural – aceita que um conjunto de características objetivas da organização (ambiente, som, odor, iluminação) exerce influência sobre as atitudes, valores e percepções das pessoas;

- Abordagem perceptual – para esta, os indivíduos assumem o papel de protagonistas no processo de construção do clima organizacional por meio do modo como percebem o ambiente (cultura, expectativa);

- Abordagem interativa – o cerne é a interação entre os indivíduos e estes com o ambiente da organização (coparticipação);

- Abordagem cultural – o clima organizacional seria resultado da cultura da organização que molda os processos sociais e individuais de percepção (educação).

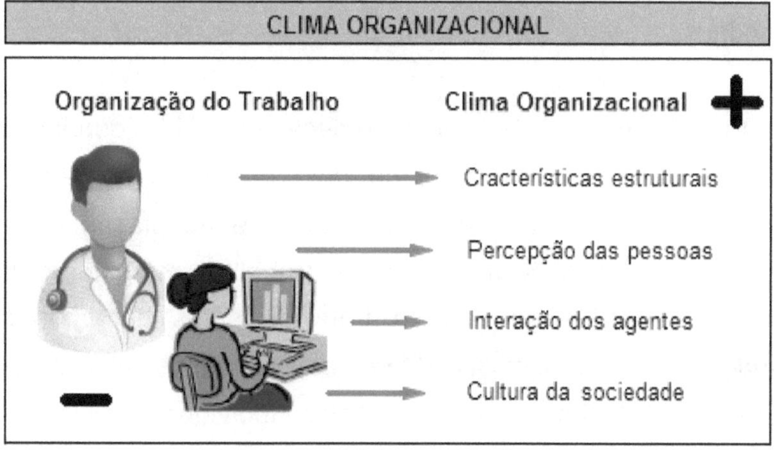


Figura 93 – O impacto psicológico negativo decorrente da organização do trabalho pode ser compensado pelas variáveis positivas geradas pelo clima organizacional.

As organizações estão inseridas no ambiente com o qual interagem, recebendo influências e influenciando, portanto o clima organizacional atua ora como causa, ora como efeito nos resultados de produtividade. As pessoas que interagem nas organizações são agentes que contribuem para esse intercâmbio constante, seus valores determinam a cultura e o clima da instituição. São as pessoas que vão implementar as estratégias, sem o comprometimento delas as organizações deixam de existir e ter sentido [114].

Entretanto, em todo ambiente de trabalho existem pessoas que convivem com maior ou menor facilidade. Isto porque as relações interpessoais envolvem processos psíquicos que se situam na origem do desenvolvimento cognitivo e afetivo do ser humano. Tais processos, em geral inconscientes, exercem influência na qualidade da comunicação que se estabelece entre dois ou mais indivíduos.

A cultura da organização, então, começa com o líder que implanta idéias e valores como visão ou uma estratégia comercial. O objetivo principal é a integração interna e adaptação externa. Entretanto, estabelecer uma rotina de trabalho em equipe é difícil sob a perspectiva de que se trata de seres humanos com formações e perspectivas diferentes, conceitos e limites de tolerância distintos, perfil psicológico individual moldado por fatores sócio-ambientais próprios [114].

Identificar padrões de comportamentos dos profissionais é relevante para as ações de integração e harmonização da equipe, bem como para o melhor aproveitamento das competências de cada indivíduo. Discutir valores, refletir sobre os aspectos éticos das relações entre a organização e os indivíduos, fomentar um ambiente de confiança que possibilite a comunicação de dupla via e manter as pessoas saudáveis são aspectos fundamentais para gerar um clima organizacional favorável, de modo que trazem reflexos positivos na lucratividade da organização.

Se os conflitos podem ocorrer entre os membros de uma equipe pelo simples convívio do dia a dia corporativo, então uma melhor comunicação tende a reduzir a incidência negativa deste fenômeno. O marketing interno (endomarketing) é o conjunto de estratégias voltadas ao fortalecimento do comprometimento dos colaboradores com os objetivos da organização, no caso a satisfação dos clientes. Associado à liderança eficiente e à comunicação clara dos objetivos da equipe, os processos de organização do ambiente interno completam o trabalho do empreendedor na geração do clima organizacional desejado.

## ORGANIZAÇÃO DO AMBIENTE INTERNO

Dentre as ferramentas utilizadas para controlar a qualidade de uma instituição está o *Programa 5s*. Trata-se de um conjunto de conceitos simples que ao serem praticados contribuem para modificar de modo positivo o ambiente de trabalho. Isto se deve aos fundamentos para evitar o desperdício, trabalhar com saúde e segurança, viver melhor num ambiente limpo e organizado e satisfazer as necessidades dos clientes [114].

### Gestão da Qualidade por Meio do Programa 5s

A prática do 5s surgiu no Japão nos anos 50, depois da Segunda Guerra Mundial, quando o país vivia a denominada "crise de competitividade". Com fábricas sujas e desorganizadas era necessário uma reestruturação para que a produção industrial japonesa se tornasse compatível com os padrões do mercado mundial.

A denominação "5s" remete às iniciais de cinco palavras japoneses. Estes sofreram adaptações em diferentes locais. No Japão denomina-se "Kaizen" (aprimoramento contínuo), equivale na Espanha à "Teoria da Escova" e na Inglaterra ao conceito "Housekeeping". No Brasil, os termos foram traduzidos de modo a adaptar sua aplicação às situações diversas, não apenas ao meio empresarial conforme sua intenção original.

O programa pode ser aplicado às organizações esportivas e por focar os requisitos básicos para o controle da qualidade, proporcionando benefícios como: organização, limpeza, asseio, ética e autodisciplina; elementos essenciais para a produtividade.

Não obstante eficiente, o programa implantado de modo isolado não assegura um sistema da qualidade. São necessários treinamentos e conscientização da equipe, bem como disponibilidade de condições de trabalho adequadas para que isto ocorra. A essência para o sucesso do programa está na mudança cultural das pessoas envolvidas e a aceitação de que cada membro da equipe é responsável para melhorar o ambiente físico, de relacionamento e a eficiência dos processos da instituição (Quadro 19).

Quadro 19 – Significado dos termos do programa 5s.

| PROGRAMA 5s | | | |
| --- | --- | --- | --- |
| **Fase** | **Significado** | **Conceito** | **Aplicação** |
| *Seiri* | Senso de utilização (Evitar o desnecessário) | Noção da utilidade dos recursos disponíveis | • Separar o útil<br>• Eliminar o inútil<br>• Controlar estoque |
| *Seiton* | Senso de organização (Providenciar arrumação) | Noção de arrumação para que todos possam localizar os itens de modo fácil | • Identificar<br>• Organizar<br>• Sinalizar |
| *Seisou* | Senso de zelo (Manter limpo) | Noção de limpeza do ambiente e comportamento para evitar sujar | • Evitar sujar e poluir<br>• Separar e retirar o lixo<br>• Reutilizar e reciclar |
| *Seiketsu* | Senso de saúde (Manter a higiene) | Noção de higiene e manutenção do ambiente favorável à saúde | • Respeito ético-moral<br>• Paramentação adequada<br>• Humanizar as relações |
| *Shitsuke* | Senso de autodisciplina (Disciplina) | Noção de comportamento voltado à melhoria do ambiente físico e dos relacionamentos | • Autogestão<br>• Pró-atividade<br>• Cooperação |

Os objetivos do processo 5s podem ser classificados como gerais e específicos. Na primeira classe se enquadra: a elevação da qualidade de bens e serviços, o aprimoramento do ambiente de trabalho, a melhora da imagem da organização, o aumento da produtividade, a mudança comportamental da equipe, a redução do desperdício e frequência de acidentes, a redução do retrabalho e de custos operacionais. Na segunda classe: a otimização do tempo, elevação do bem estar da equipe, melhora dos relacionamentos, diminuição do cansaço físico e desgaste emocional, comunicação visual agradável e estratégica (Figura 94).

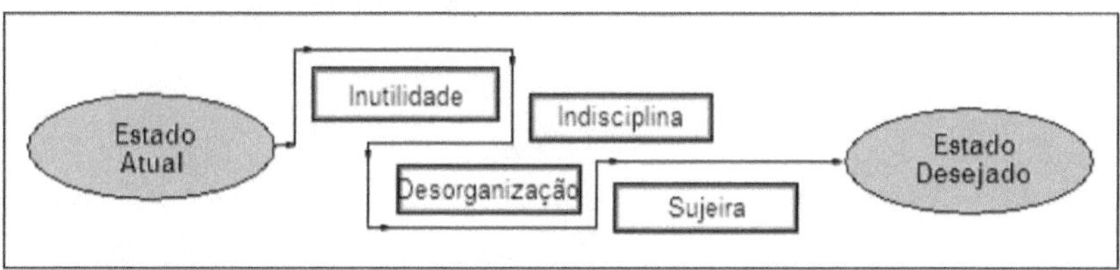

Figura 94 – A mudança do estado atual da organização para o desejado requer a superação de vários obstáculos.

O processo de implantação do programa 5s requer o treinamento da equipe com paciência e persistência, pois a autodisciplina depende da consciência que permite perceber diferentes níveis de qualidade num determinado serviço.

A organização lógica das rotinas diárias favorece a implantação do programa. Neste aspecto, a realização das tarefas deve seguir uma ordem, de modo a economizar tempo e tronar os processos mais eficientes. Tem prioridade aquelas quais irão liberar as ações das outras pessoas. Em seguida, devem ser executadas as que liberam o serviço do próprio indivíduo. Por fim, a atenção será voltada para requerimentos determinados pelo acaso. Em síntese, primeiro as tarefas essenciais, depois as importantes, por fim as casuais [114].

Quando identificado por meio das técnicas de avaliação que determinado membro da equipe tem o conhecimento sobre os processos e as rotinas, porém não as cumpre, é como se não soubesse. Deste modo, o dano será sobre todos, pois a eficiência decorre do trabalho conjunto. Para a correção se deve lembrar que a tolerância é uma ferramenta eficaz, quando utilizada na medida certa.

## Avaliação do Programa 5s

Só é possível gerenciar com eficiência aquilo que pode ser medido. A mensuração do comprometimento da equipe ao programa 5s pode ser realizada por meio de uma planilha com a descrição dos indicadores de cada fase, às quais se atribui notas e a datação da medida. Uma conduta que auxilia a conscientização individual sobre possíveis desconformidades é a inclusão da anuência (rubrica) do responsável pelo indicador avaliado (Quadro 20).

Quadro 20 – Sugestão de planilha para avaliação do programa 5s.

| AVALIAÇÃO DO PROGRAMA 5s | | | | |
|---|---|---|---|---|
| Fase | Item | Nota | Data | Rubrica |
| Seiri | Documentos da organização inativos estão no arquivo morto? | | | |
| | Mantidos só equipamentos necessários na área trabalho? | | | |
| | Materiais duplicados estão guardados no estoque? | | | |
| | Estoques são mantidos de modo adequado á necessidade? | | | |
| Seiton | Os documentos estão organizados? | | | |
| | Equipamentos estão guardados e organizados? | | | |
| | Dispositivos de emergência estão bem localizados? | | | |
| | Os quadros de avisos estão atualzados? | | | |
| | Os documentos de controle estão atualizados? | | | |
| | Produtos de limpeza são guardados nos locais adequados? | | | |
| | Armários e prateleiras estão organizados? | | | |
| Seisou | Os equipamentos estão limpos? | | | |
| | Mesas estão limpas? | | | |
| | Ambientes estão limpos? | | | |
| | Corredores estão limpos? | | | |
| | Vidros das janelas estão limpos? | | | |
| | Manutenção equipamentos está em dia? | | | |
| | Armários e prateleiras estão organizados e limpos? | | | |
| Seiketsu | A equipe é estimulada a cultivar hábitos saudáveis? | | | |
| | O ambiente de trabalho é bem iluminado? | | | |
| | O ambiene de trabalho é ventilado? | | | |
| | O ambient de trabalho é climatizado? | | | |
| | A equipe está uniformizada e paramentada? | | | |
| | Com estão as condições de higiene pessoal da equipe? | | | |
| | Existe respeito entre os membros da equipe? | | | |
| | Existem atividades impróprias no ambiente de trabalho? | | | |
| Shitsuke | As normas da organização estão sendo seguidas? | | | |
| | Existe colaboração entre os membros da equipe? | | | |
| | Os horários de trabalho são respeitados? | | | |
| | Existem programas de sugestões? | | | |
| Nota: 1- ruim, 2- médio, 3- bom | | | | |

O processo 5s pode ser extensivo para além do ambiente de trabalho, aos cuidados prestados às pessoas e na vida pessoal. O cultivo de sentimentos nobres (seiri), a organização do tempo (seiton), a atitude de ser honesto e prestativo (seisou), ser ético e promover um ambiente saudável nas relações interpessoais (seiketsu) e a transformação de atitudes positivas em hábitos e o desenvolvimento de autocontrole (shitsuke) são exemplos desta possibilidade. A organização interna se estabelece como uma variável indispensável para o sucesso de uma empresa.

## Compliance - Adesão às Normas de Organização

O conceito de *compliance* (do inglês *to comply*, obedecer a uma norma ou regra) é definido como o conjunto de disciplinas que assegura o cumprimento das normas legais e regulamentares relativas às atividades da instituição. A importância da *compliance* aumenta na relação direta à complexidade do negócio. Dispor de protocolos que assegurem o cumprimento correto das ações é, portanto, desejável e necessário.

O modo de se evitar desvios que possam prejudicar a eficiência da organização consiste em difundir junto a cada membro da equipe a convicção de que é preciso estar consoante com as normas. O gestor designado como *compliance officer* deve assegurar que o manual de conduta se torne efetivamente conhecido pela equipe e que as diretrizes estabelecidas sejam cumpridas. Para obter o comprometimento individual, relacionado ao estado de motivação das pessoas, um sistema de auto avaliação (*self assesment*) ajuda a detectar eventuais insatisfações e evitar a perda da eficiência da equipe.

**Medida de Desempenho da Organização**

Considerando que o desempenho de uma organização é algo perfeitamente quantificável, pois consiste de lucro, participação no mercado, retorno do investimento entre outras variáveis. Então a ciência estabelece um método de controle e desenvolvimento dos negócios que permite o reconhecimento de falhas nos processos organizacionais e pode ser relacionado às ações voltadas a resolução dos problemas, assim, quatro fases de ação administrativa devem ser trabalhadas (4As), com o objetivo de controlar as variáveis necessárias para atingir eficiência de um empreendimento [114]:

- Análise – nesta fase são utilizadas ferramentas metodológicas para a pesquisa de mercado com o objetivo de analisar as forças atuantes e identificar as oportunidades, ameaças e tendências. Consiste em avaliar fatores como: o desempenho técnico, eficiência administrativa, evolução da concorrência e informações sócio-econômicas da região;

- Adaptação – fase em que a organização utiliza o conhecimento produzido para adaptar a oferta de serviços às necessidades do cliente, focando no modo de relacionamento, de prestação do serviço, na adequação do ambiente, marca, preço, ponto e horários de atendimento;

- Ativação - nesta fase ocorre a escolha e controle dos meios de comunicação;

- Avaliação – fase voltada ao controle dos resultados para corrigir os processos e racionalizar futuros investimentos por meio do aumento da eficiência.

A medição de desempenho é o conjunto de medidas usadas para quantificar a eficiência (quão economicamente os recursos são utilizados) e a eficácia (o quanto das necessidades dos clientes são atendidas), tornando possível que as decisões sejam tomadas com base em informações (Figura 95).

Figura 95 – O processo de medição de desempenho da organização é composto pelo conjunto das medidas individuais de diversas variáveis.

As medidas individuais devem ser definidas com base em dois parâmetros: a) o que deve ser medido, b) como deve ser medido; porém, numa sociedade globalizada de valores e comportamentos em contínua e rápida transformação. A obsolência da informação está associado à perda gradativa de seu valor. Em princípio, um documento se mantém original, o que muda é sua validade quando comparada a conteúdos de documentos mais recentes, quais transmitem um novo estágio do conhecimento. Deste modo a informação mais antiga é substituída, contestada, ultrapassada ou absorvida pela informação mais recente. Neste cenário, a tecnologia assume posição de instrumento básico para o planejamento operacional, tático e estratégico das organizações.

**Considerações Finais**

Menos relevante é o tamanho da organização num mundo de mudanças intensas que obriga a todas à constantes reestruturações. O sucesso neste cenário exige o uso de ferramentas com base na gestão do conhecimento, seja sob o aspecto da Tecnologia da Informação (TI) que possibilita interatividade em tempo real, ou das ciências sociais que abordam as competências intelectuais e comportamentais. Sob estes prismas as organizações devem criar modelos que permitam às pessoas compartilhar informações e experiências.

A *Inteligência Empresarial* (*Business Intelligence*) trata do monitoramento contínuo dos indicadores do ambiente interno e externo da organização com o objetivo de levantar dados para fundamentar o conhecimento que baseia a tomada de decisões estratégicas. Converter dados em conhecimento é o objetivo da Inteligência Empresarial.

*Dados* são resultados das medições de variáveis, em geral sem tratamento estatístico e analítico, que identificam algum objeto ou processo; podem consistir de números, palavras ou imagens. Quando processados e organizados se transformam em *informações*. Estas representam o estado quantitativo ou qualitativo do *conhecimento* sobre aquilo que se analisa, servindo de base para a tomada de decisões (Figura 96).

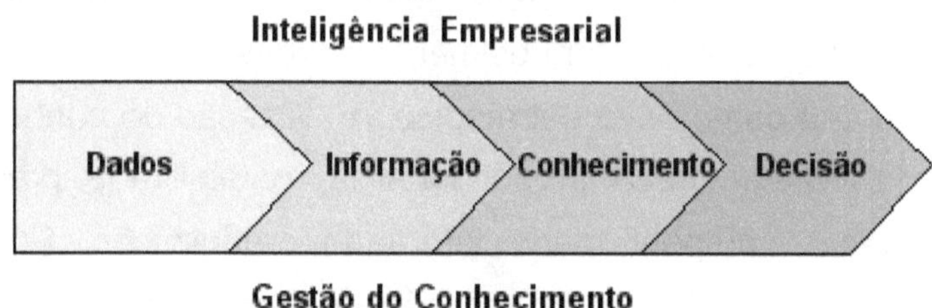


Figura 96 – A gestão do conhecimento é à base da inteligência das organizações.

Um sistema de inteligência é eficaz se o conhecimento resultante for aplicado na tomada de decisões. Existe uma hierarquia no nível de decisões e no conhecimento associado:

- Nível operacional – relacionado à execução de procedimentos de rotina. Toma por base a análise e comparação de dados organizados em tabelas e gráficos;

- Nível tático – relacionado aos planos e ações setoriais. Toma por base as informações resultantes da análise e interpretação dos dados, individualizados para situações particulares;

- Nível estratégico – relacionado ao planejamento e definição de políticas gerais. Toma por base o conhecimento (informação que permitem estimar a probabilidade de cenários futuros).

Organizações não são auto-sustentáveis se não puderem relacionar o valor do conhecimento a seus processos diários e considerá-lo como ativo estratégico. A utilização do conhecimento como estratégia deve proporcionar a rentabilidade presente e promover a competitividade futura da organização. Entretanto, implementar atividades de inteligência numa organização não é tarefa fácil devido à complexidade do processo de gestão do conhecimento (GC).

Se por muito tempo as empresas familiares transferiam o conhecimento aos seus descendentes por meio da experiência obtida na prática de funções específicas. A partir da década de 90 a gestão do conhecimento atingiu maior relevância devido ao desenvolvimento da rede mundial de computadores. Atualmente a GC é definida como a utilização dos ativos intangíveis da organização, relacionados às estratégias, a pessoas, processos, patentes, práticas e documentos, a fim de gerar valor e sustentabilidade.

Gestão do conhecimento (*knowledge management*) tem por objetivo levantar e organizar os ativos de informação num cenário em que as organizações têm passado por transformações devido à idéia de livre comércio decorrente do processo de globalização e do surgimento das Tecnologias da Informação e Comunicação (TIC's). Com o emprego das TICs, a informação passou a ser obtida sem as limitações geográficas e temporais, possibilitando maior flexibilidade e agilidade de ação das organizações. Sob o critério estratégico, as informações podem ser classificadas em:

- Seletivas – são as informações sobre a organização, disponibilizadas ao público e à concorrência por meio de publicidades e propagandas;

- Legais – são as informações obrigatórias e periódicas com cessão determinada por lei (recibos, notas fiscais, declaração de impostos);

- Confidenciais – são informações relacionadas à produção do conhecimento sensível (estratégias da organização) ou ao sigilo profissional (dados de atletas);

Não há novidade quando se fala em conhecimento nas organizações, o que mudou foi o modo de entendê-lo como um potencial estratégico para aqueles que souberem utilizá-lo. A disponibilidade da informação não assegura vantagem competitiva se esta não for gerida de modo adequado. Neste sentido, Duas ferramentas sustentam a base da gestão do conhecimento: a *metodologia científica* e a *tecnologia da informação,* pois determinam as bases para grande parte das inovações.

As técnicas de gestão foram desenvolvida de acordo com as necessidades emergentes das organizações que surgiram com a revolução industrial, deste modo, os conceitos foram estruturados sobre a tríade: escala, eficiência e controle. Com a revolução tecnológica e o processo de globalização, novas exigências passaram a ser requeridas, mudando o foco para a inovação e rápida adaptação. Deste modo, se de início as organizações precisavam ser estruturadas para assegurar eficiência, previsibilidade e redução da frequência de erros, passam agora de *operadoras* para *inovadoras* [114].

A gestão da inovação para o início do século XXI equivale ao impacto da gestão da qualidade para a década de 90. A idéia de inovar não está relacionada apenas à criar produtos revolucionários e de alta tecnologia. Seu sentido é mais amplo, diz respeito ao modo como a organização gerencia seu ambiente, seus processos, talentos e colaboradores. Não importa o tamanho da organização, desenvolver inovações sempre é possível, por meio de criatividade e reorganização dos processos [114].

Inovações tem a capacidade de agregar valor aos produtos e serviços, diferenciando a organização no ambiente competitivo. Trata-se de uma estratégia eficaz em mercados *commoditizados* (aqueles cujos produtos ou serviços são praticamente equivalentes); pois permitem às organizações acessarem novos mercados, aumentar as receitas, efetivar novas parcerias, adquirir conhecimentos e aumentar valor da marca [114].

*Inovação* pode ser definida como qualquer serviço percebido como novo pelo consumidor, sendo a *difusão*, o processo pelo qual esse se espalha entre os consumidores. Para apresentar uma inovação ao mercado, o primeiro passo é estimar qual o tipo de mudança exigida por parte do consumidor. Isto porque, toda inovação, para gerar valor, necessita apresentar mudanças do produto ou serviço e esta também exigirá mudanças de comportamento do consumidor. As inovações podem ser de diversas ordens [114]:

- Inovação do produto/serviço – consiste em modificar os atributos do produto de modo que seja percebido como diferente pelos consumidores. Por exemplo, a trama do tecido nos trajes esportivos aquáticos para gerar menor atrito com a água;

- Inovação do processo – trata das mudanças no processo de produção do produto ou desempenho dos serviços com o objetivo de aumentar a produtividade ou reduzir custos. Também podem trazer aumento da qualidade na prestação dos serviços por meio de modificações da técnica. Por exemplo, aumento de performance de atletas por meio do treinamento baseado em dados;

- Inovação organizacional – refere-se às ações que implicam em alterações na área de negócios, estrutura interna ou relações externas. Pode estar relacionado a modificações no ambiente como aquelas que favorecem a acessibilidade ou ao modo de relacionamento com parceiros. Por exemplo, modificar a relação do time com os torcedores utilizando tecnologias para conhecer as necessidades e preferências destes;

- Inovação do modelo de negócios – abrange as mudanças no modelo de negócios, ou seja, na forma como o produto ou serviço é oferecido ao mercado. Por exemplo, um evento esportivo (futebol) pode ser envolvido em um dia de diversão para a família no estádio, ampliando o público e o mix de produtos e serviços oferecidos durante o período.

Algumas inovações podem resultar em mudanças para a organização, mas não necessariamente para o público de modo direto. Estas inovações, em geral, são características de funcionalidade, como por exemplo, a implantação de processos informatizados, instrumentos, técnicas ou materiais. Outras geram impacto para a organização e para o público. Em geral, estão relacionadas às características de uso e consumo. Independente dos resultados, a inovação não deve perder o foco no objetivo final do desempenho do serviço [114].

É importante não confundir inovação com a melhoria contínua. Para que uma inovação seja caracterizada como tal, é necessário que cause um impacto significativo na estrutura de preços ou na participação de mercado. As melhorias contínuas normalmente não são capazes de criar vantagens competitivas de médio e longo prazo, apenas mantém a competitividade dos produtos e serviços em termos de custo.

Segundo a *Teoria para Soluções de Problemas Inventivos* proposta pelo engenheiro russo Genrich Altshuller em 1940, a inovação deve resolver uma contradição técnica. Isto muitas vezes necessita da quebra de paradigmas. Thomas Kuhn propôs nos anos 60 o termo "paradigma" significando um modelo de interpretação que determinado grupo considera válido. Devido às rápidas transformações tecnológicas e de costumes, no século XXI as mudanças de paradigma se tornaram constantes, fenômeno percebido por meio do processo de destruição criativa. Neste cenário, quatro fatores são necessários para que se promova a construção de novos paradigmas:

a) Ter consciência de que o progresso demanda atitudes pró-ativas;
b) Aceitar que as mudanças provocam ansiedade;
c) Compreender que os momentos de crise podem ser produtivos;
d) Perceber que o desejo de mudanças é a base para a construção de novas idéias.

A consciência de que o ambiente de rápidas transformações exige do gestor a criação de um ambiente organizacional favorável ao desenvolvimento de inovações, significa compreender que não basta repetir aquilo que já vem sendo feito, mesmo que a qualidade seja superior. Neste cenário é preciso rever os paradigmas vigentes e inovar de modo a avançar no modo de prestar serviços [114].

Organizações que não adotam a cultura de inovação constante tendem a continuar fazendo o que sempre fizeram e correm o risco de perderem competitividade e ficar obsoletas, pois em mercados competitivos é insuficiente buscar as melhores práticas, é preciso pensar em novas práticas [114].

**Capítulo 08**

# SEGURANÇA DA INFORMAÇÃO E RESPONSABILIDADE CIVIL

ONDE OCORREM GRANDES NEGÓCIOS EXISTEM GRANDES AMEAÇAS

A transição dos esportes profissionais do ambiente essencialmente analógico para o digital é uma realidade. Na prova de ciclismo Tour de France, até alguns anos os atletas recebiam atualizações sobre suas posições por meio de um número escrito em uma pequena lousa apresentada pela equipe de apoio postada numa motocicleta. Atualmente o rastreamento dos atletas ocorre em tempo real, por meio eletrônico, e as informações são retransmitidas para dispositivos instalados nas bicicletas (Figura 97).

Figura 97 - Tour de France. carro de apoio (Jaguar F-Pace) levando a bordo um médico, um mecânico e o diretor da equipe, além de equipamentos suplementares e de manutenção, bebidas e roupas.

Com o aumento do uso da tecnologia as equipes esportivas podem coletar grandes quantidades de dados sobre treinamento e desempenho, além de armazenar informações confidenciais sobre gestão e contratos, quais são ativos valiosos para concorrentes, apostadores, investidores e criminosos, emergindo um ambiente inseguro e vulnerável ao vazamentos de informações sensíveis.

Dados armazenados sempre estarão associados, em algum nível, ao risco de segurança. O risco inicia no momento em que os sinais são capturados (sensores) e os dados são gravados ou armazenados em algum dispositivo ou base de dados. Se a transmissão for por meio de dispositivos sem fio (wireless) ou conectados por Bluetooth (rede sem fio de âmbito pessoal), o risco de segurança é inerente, em particular se os dados não estiverem criptografados [49].

Considerando que os dados relacionados ao interesses pessoais, desempenho e saúde dos atletas são privados por natureza, bem como que o trânsito de dados por meio das redes sem fio pode incorrer em real vulnerabilidade à privacidade do indivíduo. Então surgem questões relacionadas à proteção à individualidade como, onde os dados pessoais devem ser armazenados? Quem pode visualizar os registros de desempenho de um atleta? Para quem a informação deve ser divulgada sem o consentimento do atleta? Quem será responsável por manter os dados no caso de surgir algum problema? Quem deve ser responsabilizado por falha no processo de segurança?

Embora, até o presente, não haja pleno consenso sobre a responsabilidade pela privacidade dos dados, algumas referências indicam que os usuários esperam que as organizações protejam seus dados de modo proativo, e que o governo regulamente como as organizações podem fazer uso destes ativos.

Se o armazenamento de dados e informações impõe riscos e dúvidas sobre sua gestão, é coerente assumir que as organizações devem possuir algum grau de responsabilidade na proteção das informações, logo necessitam prover processos e mecanismos de proteção, pois investidores e patrocinadores provavelmente não estarão dispostos a investir em instituições sem controle.

Acontece que grande parte das organizações não possui planejamento de segurança e proteção dos dados, bem como os governos não possuem recursos ou agilidade suficiente para reagir a ciberataques de modo eficiente. Fato que leva muitos usuários a evitar o compartilhamento de informações.

Em 2015 o site russo "Football Leakes" divulgou detalhes de um contrato publicitário do jogador de futebol Neymar, inclusive com valores, além dos dados pessoais do atleta (Figura 98) [41].

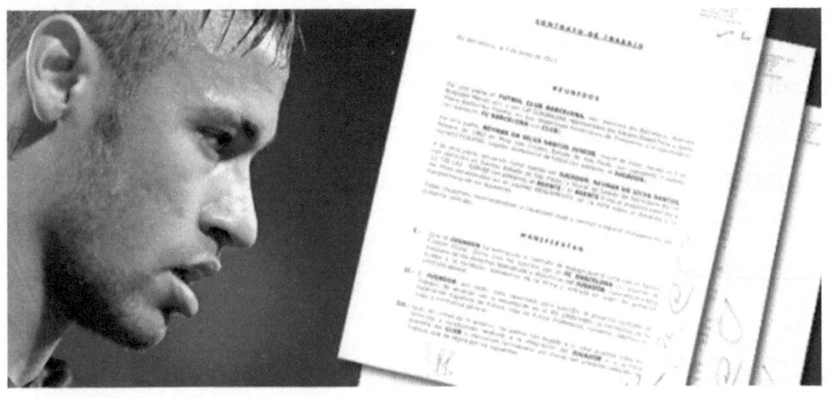

Figura 98 - Contrato do jogador Neymar divulgado pelo site russo Football Leaks.

Quando os dados se tornam um ativo que influencia decisões importantes e as violações  tornam-se mais frequentes e graves num ambiente virtual progressivamente hostil, então a responsabilidade sobre sua gestão precisa ser delimitada. Esta é uma preocupação que deve ser enfrentada com o esforço conjunto de governos, empresas e usuários.

Neste sentido, a segurança da informação abrange um conjunto de práticas, recursos, sistemas, habilidades e mecanismos usados para proteger todos e quaisquer tipos de dados (HD, pen-drive, internet) e sistemas contra o ataque de criminosos, o acesso indevido de usuários e o uso impróprio das informações da organização. Essas técnicas também visam prevenir o sequestro ou a perda de dados [121].

Cibersegurança (segurança cibernética ou cibersegurança) é a prática de proteger informações e dados que chegam ao usuário da organização, provenientes de fontes externas e apenas por meio de protocolos de internet [121].

A Política de Segurança da Informação (PSI) é o documento que deve ser elaborado pela equipe técnica, juntamente com a direção da organização, com o objetivo de estabelecer regras, normas e diretrizes para as organizações esportivas [41].

**Segurança da Informação no Esporte**

Segundo o 4º Relatório de Segurança Digital, o número de ataques cibernéticos (120,7 milhões) praticamente dobrou no Brasil no ano de 2018 (676 mil ataques), posicionando o país como o quarto entre os que mais sofrem ataque (depois de EUA, China e Rússia). Mais de 50% utilizaram técnicas de *phishing* (o usuário é convidado a clicar em um link) que ele julga ser idôneo [120].

Estima-se que a frequência de ataques continue aumentando, justificada pela maior frequência de aparelhos conectados e dados em trânsito. De acordo com o Fórum Econômico Mundial, até 2023, estima-se que hackers deverão extorquir aproximados US$ 8 trilhões de organizações e governos. Justifica-se a importância de se criar uma cultura organizacional voltada para a segurança da informação [119].

Os riscos associados ao dinheiro e a vantagem competitiva potencial envolvida criam um ativo de valor para criminosos atacarem instituições esportivas, em particular num país situado como a oitava economia do mundo e ainda de pouca cultura de proteção de dados. Violações de dados já acontecem faz algum tempo. Em 2016 o ex-diretor de *scouting* (sistema de avaliação de desempenho de atletas) do St. Louis Cardinals (equipe profissional **de beisebol da** *Major League Baseball* - EUA) Chris Correa, declarou-se culpado de acusações sobre pirataria da informática, admitindo ter acessado o banco de dados pertencente a uma equipe rival – o Houston Astros – sem autorização. O executivo foi sentenciado a um mês de prisão e US$ 279.000 em restituição [16].

Onde ocorrem grandes negócios existem ameaças que procuram por vulnerabilidades nos processos de segurança da informação. O cenário torna-se mais interessante quando se atenta para o fato de que esporte e *fitness* estão entre as áreas líderes no desenvolvimento de equipamentos conectados (internet das coisas - IoT). Esses equipamentos geram dados que trafegam na rede em tempo real. Quando os dados do desempenho de um atleta trafegam sem uma forma segura de transmissão, ficam expostos aos hackers, que podem, obter informações sobre pontos fortes e fracos (capacidades, desempenho, metas), além de indicadores biológicos (frequência cardíaca, pressão arterial, nível de oxigênio) [10].

Outra dimensão que assumiu relevância no contexto da segurança da informação foram os processos de governança das organizações esportivas e dos megaeventos, em particular no pós-11 de setembro, quais passaram a considerar riscos e estratégias de segurança específicos, incluindo ameaças terroristas, governabilidade, questões sociológicas e culturais (Figura 99) [47].

Figura 99 - A tecnologia tornou-se uma ferramenta ideal para analisar os tempos, coletar dados, transmitir áudio e vídeo por longas distâncias, aumentando a precisão e a confiabilidade dos resultados. De acordo com o Comitê Olímpico Internacional, 20% do orçamento total da edição Rio 2016 foi alocado para implementar ferramentas de Tecnologia da Informação (TI).

Existem três motivos que facilitam o acesso mal-intencionado às informações e dados das instituições: desconhecimento do perigo, negligência em tratar as informações e imperícia na gestão dos assuntos relativos à segurança [34]. Se tome como exemplo o caso do ataque digital contra as autoridades brasileiras, em particular ao então Ministro e ex-juiz Sérgio Moro e ao Procurador da República Deltan Dallagnol no ano de 2019. Usando uma técnica, relativamente simples, denominada *"spoofing"* os criminosos assumiram o número dos celulares de juízes, ministros e procuradores para furtar mensagens armazenadas nos servidores do aplicativo Telegram. A vulnerabilidade está no protocolo da rede global de telefonia, criado em 1975, denominado SS7, qual permite roaming automático entre mais de 800 operadora no mundo, mas também permite "fingir" (*spoof*) que determinado número está associado a outro aparelho, de modo que o hacker pode interceptar ligações e receber as mensagens destinados ao proprietário do aparelho, assumindo sua identidade em aplicativos. A falha de segurança é conhecida há mais de 10 anos e não tem solução sem alterar o software da rede de telefonia do mundo todo. Entretanto essa mudança encontra resistência das agências de inteligência, quais também utilizam desta vulnerabilidade para seus interesses [51, 52].

A combinação de dados valiosos, controles internos fracos, sites e contas de mídia social mal protegidos pode ser deletéria em qualquer setor. O histórico de ciberataques no campo do esporte também é rico em ocorrências, motivados por diversos interesses [81]:

- Natação Australiana (2016) - o website foi derrubado por hackers chineses com um ataque DDoS - ataque de negação de serviço (*Denial of Service* - é uma tentativa de tornar os recursos de um sistema indisponíveis para os utilizadores), devido a uma contenda entre um nadador australiano e outro chinês;

- Base de dados Srtava (2018) - embora não se caracterize como um ciber ataque, o caso do aplicativo de monitoramento de atividades físicas Strava revelava inadvertidamente, por meio de um mapa de calor, rotas de exercícios de tropas militares quando se observava locais de treinamento em zonas de guerra (os militares usavam o aplicativo para monitorar suas atividades físicas);

- Comitê Olímpico Internacional (2018) - um grupo ligado à Rússia, denominado "Fancy Bears" publicou um conjunto de e-mails pertencentes a funcionários do Comitê Olímpico Internacional e do Comitê Olímpico dos Estados Unidos, correspondências entre os investigadores antidoping que analisaram um esquema de doping sistemático em larga escala realizado por atletas russos (Figura 100).

Figura 100 - O grupo de hackers Fancy Bears acessou os dados médicos dos atletas, arquivados nas bases de dados  da Agência Mundial Antidopagem (Wada). Os hackers publicaram detalhes sobre quais atletas foram autorizados a tomar substâncias proibidas por razões médicas. O grupo afirmou que "continuará expondo os atletas que violam os princípios do *fair play* ao tomar substâncias antidoping".

As implicações e questões sociais relacionadas aos cenários apresentados podem ser categorizadas em três áreas principais: segurança, privacidade e questões legais. Além dessas, podem haver questões econômicas e políticas [3].

A segurança da informação tem como objetivo a proteção desta por meio de um conjunto de orientações, normas, procedimentos e políticas com a intenção de preservá-la contra danos, perdas, furtos e mau uso, quais podem afetar o desenvolvimento do negócio [12]. Este conjunto de processos deve estar inserido nas ações de Governança.

## GOVERNANÇA DA INFORMAÇÃO

Segundo Tonny Martins (2019), presidente da IBM, o principal tema em tecnologia na atualidade é a lei de proteção de dados, qual detém duas pautas principais: privacidade e segurança, seja pessoal, empresarial ou governamental [79]. Para quantificar a relevância do tema, o Facebook, no ano de 2019, investiu mais de 5 bilhões de dólares em medidas de segurança de dados [24].

A defesa é uma parte essencial de muitos esportes, mas também está se tornando essencial para organizações esportivas que precisam proteger seus dados e sistemas contra uma variedade de ameaças cibernéticas. Entre as principais medidas preventivas contra violações deve estar o projeto de um sistema de governança de dados, com a implementação de políticas e treinamentos aos colaboradores sobre sobre as melhores práticas de segurança da informação para assegurar que todos tomem as devidas precauções no manuseio de seus computadores e na proteção do acesso aos sistemas da equipe [66].

## Objetivos e Fundamentos da Segurança da Informação

As técnicas e condutas de segurança digital devem considerar não apenas os dados, mas também os meios de armazenamento, os sistemas de coordenação e o comportamento dos usuários. O objetivo é a proteção dos dados e das informações armazenadas virtualmente por meio das seguintes ações [120]:

- Prevenir e combater ataques virtuais;

- Identificar e reparar vulnerabilidades nos sistemas de TI;

- Definir regras à equipe para a gestão dos dados e das informações;

- Controlar o acesso de usuários aos dados institucionais e pessoais dos atletas.

Importante compreender que nenhuma organização é capaz de assegurar um nível pleno de controle das ameaças à segurança da informação. Entre os motivos, a constante inovação no desenvolvimento de *hardwares* e softwares, bem com às falhas humanas de segurança. Entretanto, para aproximar-se dessa meta, uma série de fundamentos foram pacificados:

- Confidencialidade - esse princípio define que as informações só devem ser acessadas e atualizadas por pessoas com autorização e credenciamento para essa ação;

- Confiabilidade - atesta a credibilidade da informação, assegurando ao usuário a boa qualidade dos dados de trabalho;

- Integridade - assegura que as informações não sofrerão nenhum tipo de modificação (durante o tráfego, processamento ou armazenamento) sem que um colaborador credenciado autorize a ação. Permite que os destinatários recebam as informações assim como elas foram enviadas;

- Disponibilidade - pressupõe que as informações estarão disponíveis aos usuários no momento em que eles precisarem delas;

- Autenticidade - significa saber, por meio de registros apropriados (logs), quem fez atualizações, acessos e exclusões de informações, de modo que exista a confirmação da sua autoria e originalidade.

Estes fundamentos procuram abranger aspectos amplos da política de segurança dos dados, como a possibilidade de as próprias equipes esportivas alterarem, de modo intencional, seus dados ou atletas adulterarem suas métricas para influenciar patrocinadores e futuras contratações. Também existe a possibilidade da sabotagem dos dados de outros atletas para obter vantagem competitiva [49]. Neste sentido, passou a ser relevante às organizações auditar regularmente os sistemas computacionais, em busca da identificação de possíveis violações.

**Tipos de Ataques**

As organizações são planejadas para dar certo e serem funcionais a seus clientes, pois foram criadas sob a lógica de um mundo amigável em que ataques virtuais não existiam; logo, pouco tempo é dedicado ao que pode dar errado (como um ataque hacker bem-sucedido). Deste modo, mais do que investir em novos softwares antivírus, é necessário mudar o modelo de pensar as organizações [76].

No modelo convencional das organizações, quando um processo ou software está sendo desenvolvido, este é pensado em como deve ser utilizada para o bem. Entretanto o hacker pensa em todas as maneiras de mal utilização, assim, tem muito mais vantagens na luta contra o defensor de um sistema. Além disso, os softwares estão progressivamente mais complexos, com centenas de milhares de linhas de código. É perfeitamente possível que uma dessas linhas não esteja bem escrita [76].

Em uma analogia, é como se a organização fosse um castelo que precisa ser defendido com as segurança de que todos os portões estão fechados. O invasor só precisa descobrir um portão aberto. É o que se denomina de guerra assimétrica (guerra em que os oponentes apresentam diversas diferenças, tais como: nível de organização, objetivos, recursos financeiros, comportamento-obediência a regras) [76].

Os problemas de segurança podem ser classificados em dois grupos gerais: segurança do sistema e segurança da informação [3]. Os ataques aos sistemas e repositórios de dados e informações podem ser passivos e ativos [121]:

- Ataque passivo - grava trocas de informações ou atividades do computador sem a percepção do usuários, em geral com a intenção de uso em fraude, adulteração, bloqueio e reprodução da informação;

- Ataque ativo - infecta o sistema com *malwares* (software malicioso), derruba o servidor, realiza outros ataques a partir do computador-alvo ou intenta desabilitar o equipamento.

Considerando o valor da informação sobre uma equipe ou atleta de alto rendimento como um ativo da instituição, os ataques que podem ocorrer em qualquer sistema, particularmente aqueles que usam redes de sensores sem fio são:

- Interrupção - faz com que dados e informações tornem-se inacessíveis aos usuários;

- Interceptação - afeta a confidencialidade dos dados. O atacante pode acessar uma informação válida e reenviá-la ao destinatário original depois de certo tempo, alcançado seu propósito;

- Modificação de dados - interfere na integridade das informações. O invasor pode modificar ou excluir parte ou toda a informação interceptada e enviá-las de volta ao receptor original para alcançar algum objetivo ilegal;

- Fabricação - prejudica a autenticidade dos dados. Trata-se da produção de dados fictícios;

- Personificação - ocorre no caso de o invasor acessar as informações de identidade em um dos usuários da rede sem fio, usando para enganar outros.

Grande parte das vulnerabilidades dos sistemas vem do fato de que a Microsoft, que desenhou a base da computação atual com o Windows, há 30 anos, não pensou nessas fragilidades. Também, que a internet foi criada no fim dos anos 60 para universidades colaborarem entre si. As hipóteses sobre como a internet seria mal utilizada não eram uma prioridade. pois seus criadores viviam num mundo universitário americano, em comunidades quais era possível deixar a porta de casa aberta sem receio de furtos [76]. Como consequência, os especialistas em segurança atuais precisam analisar milhões de linhas de códigos, 20 ou 30 anos depois de eles terem sido desenhados [76].

## Ameaças à Segurança da Informação

Ameaças são eventos ou atitudes indesejáveis que potencialmente removem, desabilitam ou destroem um recurso. As ameaças em geral não podem ser controladas e normalmente aproveita da falhas de segurança da organização.

Vírus e *malwares* são *softwares* mal-intencionados. Apesar de todo vírus de computador ser um tipo de *malware*, nem todo *malware* é considerado um vírus. Os primeiros não conseguem se replicar nos dispositivos e dependem da ação dos usuários. *Malware*, por sua vez, é um termo que caracteriza todos os tipos de *softwares* maliciosos que podem prejudicar uma máquina. Entre as principais características que individualizam esses agentes:

- Arquivo - ameaça que contamina exclusivamente arquivos executáveis do sistema operacional (aqueles com extensão .exe ou .com). São ativados quando o usuário abre o item infectado. Por esse motivo é importante baixar e abrir apenas arquivos de fontes confiáveis, em particular se enviados por e-mail;

- Cavalo de Troia (Trojan) - o objetivo dessa ameaça é permanecer em constante execução, sem ser notada pelo usuário permitindo ao criminoso acesso permanente ao computador da vítima, monitorando suas atividades. Dados bancários, senhas, arquivos e outras informações confidenciais podem ser acessados;

- Adware - tendem a parecer programas confiáveis, entretanto, depois de instalados, verificam a conexão com a internet para acionar outros *malwares*. Também permitem a apresentação de propagandas indesejáveis nos navegadores do usuário, além de facilitarem a prática do phishing;

- Phishing - prática em que o invasor envia mensagens por e-mail se passando por uma instituição legítima e confiável (bancos, empresas de telefonia ou cobranças) induzindo a vítima a fornecer informações pessoais. Muitas vezes a tática associada a essa técnica é denominada BEC (*Business Email Compromise*), com o objetivo de fazer com que os gestores das organizações acreditem estar em contato com outros gestores. Uma característica da técnica de *phishing* é a ausência de rastros dos criminosos, pois as mensagens não apresentam *links* ou anexos.

- Backdoor - a técnica de infecção em geral ocorre por  meio de caixas de e-mail ou páginas da web. Esses vírus abrem uma "porta de trás" para que criminosos acessem o computador da vítima. A ameaça inicia sua ação depois de o arquivo infectado ser executado;

- Boot - trata-se de um dos vírus mais destrutivos. Afeta os programas responsáveis pela inicialização do disco rígido (HD) do computador, arquivos fundamentais para a execução das funções do sistema operacional (SO). O dano gerado pode impedir que os usuários acessem os próprios arquivos;

- Ransomware - um software que bloqueia o acesso do usuário a todos os seus dados, com a intenção de exigir o pagamento de um resgate (muitas vezes em criptomoedas), para restituir o acesso ao sistema. Especialistas recomendam que antes de efetuar pagamentos, a organização atacada comunique a polícia ou procure assessoria de equipes especializadas em crimes cibernéticos.

Em cibersegurança vigora a lógica de que se a dificuldade e o custo para *hackear* são menores que os ganhos, então o ataque provavelmente irá ocorrer. Investidas contra organizações de grande porte em geral estão relacionadas à casos de espionagem, logo são operações sofisticadas, organizadas, com muito capital envolvido.

Ataques bem sucedidos tornam-se possíveis pelo fato de as vítimas não seguirem protocolos de segurança digital ao tratar informações sensíveis (aquelas de interesse financeiro ou estratégico). É importante que as organizações treinem seus colaboradores para responder de modo rápido e eficiente aos ataques, de modo a limitar os danos [66]. Estima-se que 70-90% dos ciberataques são facilitados por pessoas da própria organização, normalmente sem querer. Por exemplo, um funcionário que escreve sua senha num papel e a deixa visível em algum local oferece a oportunidade de acesso aos criminosos [76]. É comum haver dificuldade de controle desses processos, pois muitas das vulnerabilidades de sistemas detectadas por quem está na base nem chegam ao nível da alta gestão, que tem poder para tomar as decisões corretas para aumentar a segurança de um sistema. O motivo, as pessoas não conversam entre si dentro das organizações [76].

**Segurança da Informação Relacionada aos Colaboradores**

Em agosto de 2016, a Agência Mundial Antidoping (*World Anti-Doping Agency - WADA*) notificou o recebimento de e-mails de *phishing* pelos usuários de seu banco de dados, como se fossem comunicações oficiais da WADA, solicitando detalhes dos seus login. As mensagens maliciosas foram atribuídas ao grupo de ciberespionagem russo *Fancy Bear*. Por meio ataque, foram divulgadas informações médicas privadas e provas de doping de 41 atletas olímpicos, incluindo as norte americanas: Serena e Venus Williams (tenistas), a ginasta Simone Biles e a jogadora de basquete Elena Delle Donne. Embora os atletas mencionados tenham apresentado resultados positivos para o uso de substâncias proibidas, estes receberam excessão da Agência. Meses antes, devido às evidências de doping, a WADA havia recomendado que os atletas russos fossem impedidos de participar das Olimpíadas e Paraolimpíadas Rio de 2016. Especialistas acreditam que o hack foi um ato de retaliação.

O ataque à WADA utilizou um método de engenharia social que explora as vulnerabilidades humanas (e-mails que parecem reais enviados para alvos conhecidos), e não falhas do código. O *spear phishing* é difícil de prevenir, pois tira vantagem de pessoas reais [49]. Um grande desafio no campo da segurança da informação é sensibilizar os colaboradores para a adoção de boas práticas contra ameaças, pois estima-se que 90% dos *malwares* (*malicious software*) desenvolvidos dependem de ao menos uma interação humana.

Segundo Kevin Mitnick, programador e hacker norte-americano de fama mundial por invadir companhias como a Pacifc Bell (2005), as pessoas são o elo mais fraco da segurança, "é mais fácil *hackear* um ser humano do que um computador, pois os computadores seguem instruções e não se desviam dessas, já as pessoas são movidas por emoções…"

A engenharia social é uma das técnicas utilizadas para explorar as fraquezas humanas com a intenção obter informações confidenciais. As fraquezas exploradas pelo engenheiro social, em geral estão relacionados à confiança entre as pessoas [36]. Entre as técnicas mais usuais de engenharia social estão [88]:

- Tailgating - consiste em acessar de modo indevido recintos restrito, explorando a relação de confiança de pessoas que têm acesso legítimo;

- Dumpster diving - técnica de procurar no lixo por informação privilegiadas (documentos), descartadas indevidamente;

- Shoulder surfing - obtenção de informações confidenciais por meio da observação discreta    de atividades executadas no computador da vítima;

- Impersonation - consiste em se passar por terceiros para obter vantagens, muitas vezes recorrendo à simulação de situações urgentes ou fazendo pressão emocional sobre a vítima.

Estudos empíricos que examinam como os hackers selecionam seus alvos mostram que ferramentas de busca são utilizadas para identificar potenciais vulnerabilidades. Também que o investimento em segurança da informação tem efeitos estatisticamente significantes na redução da probabilidade de ocorrência de problemas de segurança. As medidas de investimento consideradas referem-se a implantação de políticas de segurança, treinamento ou palestras informativas aos funcionários e mecanismos de defesa como antivírus, firewall e outros sistemas tecnológicos [28].

## Contramedidas de Segurança

Embora as contramedidas de segurança física sejam mais evidentes no combate à engenharia social, a educação do colaborador é fundamental. Colaboradores relacionados de modo direto à equipe ou organização, com acesso aos dados sigilosos de atletas, devem conhecer com clareza as regras de segurança da informação para evitar comportamentos que favoreçam o comprometimento destes. Quando um colaborador viola as regras, pode dar azo à uma falha no protocolo de proteção e comprometer todo o sistema.

Existem também profissionais que atuam indiretamente (gestores ou terceirizados) na execução atividades de um atleta ou equipe, e precisam acesso aos dados. Nesse caso, além das regras de segurança, a definição de níveis de acesso aos dados sigilosos contribui para reduzir a vulnerabilidade do sistema. Por meio desta o gestor do sistema define os quais níveis de acesso e manipulação dos dados para cada usuário.

Entre as regras para evitar violação de segurança sistema em relação aos colaboradores:

- Para reduzir as ameaças representadas por ex-funcionários, uma análise do histórico e do  perfil do candidato deve ser considerada antes da contratação;

- Senhas devem ser alteradas depois do desligamento dos funcionários que tiveram acesso a informações confidenciais;

- Verificação de segurança periódica nas contas eletrônicas oficiais (institucionais) de ex-colaboradores por tempo suficiente;

- Controle do fluxo de informações confidenciais da instituição, em particular, monitorando o grau de satisfação dos colaboradores em relação ao projeto.

As técnicas de segurança no nível administrativo devem ser aplicadas para verificar violações pela equipe ou pessoas responsáveis pela operação geral do sistema. A definição de uma hierarquia de níveis de acessos para usuários autorizados bem definida em associação com medidas de autenticação fortes, podem contribuir para esse fim.

**Protocolos de Segurança da Informação na Organização**

Segurança é o principal problema da rede mundial de computadores, isto porque a internet foi desenvolvida para interoperabilidade, e não para impenetrabilidade. Os motivos para ataques cibernéticos em organizações esportivas variam, desde espionagem e sabotagem até o furto de dados e informações.

Em 2017 o Sports Business Journal publicou como recomendação, que as organizações esportivas desenvolvam um plano de resposta a incidentes com rapidez e eficiência para tratar de violações. "A melhor ofensa é uma defesa forte, e planos de resposta eficazes a incidentes são fundamentais para que a organização possa efetivar uma reação às violações da segurança cibernética" [66, 81].

Cada elemento de uma organização pode representar um ponto de vulnerabilidade no tocante à proteção dos dados. De modo amplo, existem técnicas de segurança físicas e lógicas ou combinadas, abrangendo todos os aspectos da rede, seus aplicativos e da informação, com o objetivo de prevenir perda de dados e controlar o acesso à informação [3]:

• Segurança do ambiente físico

O simples acesso físico de um usuário à sala de servidores pode representar uma violação de segurança grave. Medidas para impedir essa situação devem incluir o controle do acesso aos dispositivos físicos (servidores, computadores, dispositivos móveis) para evitar situações de furto e acesso indevido. Esse nível também deve considerar ações no ambiente para minimizar riscos decorrentes de desastres naturais (incêndios, inundações, variações de temperatura, queda de energia). Para o ambiente é recomendado um sistema de refrigeração e instalações elétricas adequadas de modo a promover condições para o correto funcionamento dos equipamentos (*hardwares*). No caso de falta de energia elétrica, é importante ter *nobreaks* (fonte de energia Ininterrupta, na sigla em inglês. Trata-se de um dispositivo alimentado por bateria capaz de suprir o funcionamento do sistema tempo suficiente) [121].

• Segurança do servidor

Servidores são softwares ou máquinas centrais que fornecem serviços a uma rede de computadores. São equipados com processadores, bancos de memória, portas de comunicação e, com frequência, sistemas de armazenamento de dados (discos rígidos internos ou memórias SSD), capazes de executar um conjunto específico de programas ou protocolos para fornecer serviços à outros clientes.

No caso da rede mundial de computadores (internet), geralmente são usados dois tipos de servidores: servidor de arquivos e servidor de e-mails. O servidor web (servidor de arquivos) é responsável pelo armazenamento e oferta de páginas de um determinado site (*website*), requisitados pelos clientes por meio dos navegadores (*browsers*), via protocolo HTTP (mais comum). O servidor de e-mails é responsável pelo armazenamento, envio e recebimento de mensagens de correio eletrônico.

A segurança do servidor é tão importante quanto a segurança da rede, pois esses equipamentos armazenam grande parte das informações sigilosas das organizações. Entre as recomendações de segurança propostas por especialistas estão [106]:

- Particionar o disco rígido para separar dados de natureza distintas, para que, no caso de uma ocorrência inesperada, apenas os dados de uma partição sejam afetados, os demais, íntegros;

- Evitar a instalação de softwares que não serão utilizados para reduzir a vulnerabilidade. Uma verificação minuciosa deve identificar e desinstalar programas que não são de uso na organização;

- Verificar quais portas do servidor estão abertas;

- Utilizar o *secure shell* (SSH) no servidor. Trata-se de um protocolo seguro que usa a tecnologia de criptografia durante a comunicação com o servidor;

- Manter o sistema do servidor sempre atualizado;

- Verificar a expiração de senhas dos usuários, desconectando aqueles não autorizados. É importante identificar quais usuários internos e externos à organização têm acesso ao sistema. Acessos externos não autorizados devem ser cancelados com urgência. Acesso não autorizados por usuários internos requerem ações disciplinares dependendo da natureza desse;

- Impor o uso de senhas fortes por parte dos usuários. Uma senha deve ser única e intransferível, propriedade de apenas um usuário, sem conhecimento por parte do administrador. Mecanismos devem ser desenvolvidos para bloquear senhas fáceis (123456, data de aniversário, nome próprio);

- Monitorar atividades atípicas dos usuários e em horários não regulares;

- Fazer backup dos arquivos de Log para auditorias. Log é um arquivo de texto gerado por um software para descrever eventos sobre o seu funcionamento. Contém o horário de acesso, a identificação do usuário e uma informação sobre a modificação realizada.

- Segurança da rede

A rede mundial de computadores (internet) é estruturada de modo que os dados do usuário (atletas, instituições esportivas) podem ser enviados para os servidores centrais, determinando dois lados da comunicação por onde a informação transita. Logo, para propagação segura da informação, devem ser adotadas medidas de segurança tanto no lado do servidor como do cliente (usuário).

Nas redes sem fio (*wireless*) o *gateway* é o dispositivo encarregado de estabelecer a comunicação entre duas redes (rede do usuário e a internet), respeitando os protocolos específicos de cada uma, quais asseguram o correto exercício da comunicação entre os dois sistemas, de modo a evitar invasões. Medidas de segurança, como autenticação e *firewalls* podem ser aplicadas no nível do controlador (*gateway*) para monitorar o tráfego de dados (mecanismo para controle do tráfego de dados entre as máquinas de uma rede interna com as conexões externas).

Proteger o roteamento de dados é uma medida conveniente, pois, quando os dados são enviados para algum *host* (computador conectado a uma rede que oferecer informações e recursos aos usuários) remoto (por exemplo, atletas em campo), o roteamento (processo pelo qual tanto os hosts quanto os roteadores escolhem um caminho em que os dados irão trafegar) será necessário. Invasores podem promover destinos a receptores errados aos dados.

Nas suas configuração, algumas redes mostram o histórico de login. Uma boa conduta é periodicamente revisar esse documento para verificar a ocorrência de acessos não autorizados ou em horários não convencionais. Alguns sistemas possuem a opção de notificação automática quando acessos indevidos ocorrem.

- Segurança da informação

Bancos de dados e aplicativos de telemonitoramento e *scoult* geram e armazenam informações, não apenas de desempenho dos atletas, mas também pessoais, logo, segurança e privacidade são as principais preocupações. As ações de segurança podem adotar ações como:

- Senhas. Devem ser fortes e trocadas com frequência. Deve-se evitar utilizar a mesma senha para vários sistemas. Também não são boas práticas incluir nas senhas dados pessoais e números em sequência. A melhor norma recomenda utilizar senhas longas, com caracteres diferentes (@, !), letras maiúsculas, minúsculas e números aleatórios;

- Protocolo seguro. Os acessos às páginas da internet via navegador (Chrome, Internet Explorer, Firefox, Opera) deve usar o protocolo "https://www...: ao invés de "http://www...", deste modo o tráfego fica criptografado, gerando mais uma camada de segurança;

- Links maliciosos. Cuidado ao acionar (clicar) links suspeitos ou abrir arquivos desconhecidos. Muitos *malwares* podem infectar a conta do usuário por esta via e usá-la para se dispersar. Uma conduta adequada é confirmar a origem do envio desses antes de abri-los;

- Atualização de programas. *Softwares* desatualizados representam uma das principais portas de entrada para cibercriminosos invadirem servidores das organizações. Muitos programas maliciosos são desenvolvidos para versões mais antigas dos sistemas por serem mais simples explorar as vulnerabilidades, quais já foram corrigidas em versões recentes. É importante instalar as atualizações de segurança recomendadas pelo fabricante e incentivar os colaboradores a adotarem a mesma prática;

- Criptografia de dados. Dados criptografados tem sua natureza protegida durante o trânsito entre as redes (usuário e internet), preservando a confidencialidade destes contra ataques e espionagem. Compreende técnicas pelas quais as informações são convertidas para formas ilegíveis, de modo que, por meio da chave de acesso, apenas o receptor pode decodificá-las;

- Assinatura digital. método que usa a criptografia para assegurar a integridade e segurança dos documentos e transações eletrônicas. Como a grande parte dos arquivos das organizações migrou para meios virtuais, a integridade dos dados permite ao destinatário ter certeza de que esses não foram alterados ou adulterados;

- Autenticação. Como a criptografia, trata-se de uma medida de segurança de alto nível. É o ato de confirmar que algo ou alguém é autêntico. As técnicas para validar uma identidade em um computador variam: login e senha, certificados digitais, assinaturas eletrônicas, captcha (preenchimento de um campo digitando um código apresentado para validar uma solicitação de página da internet), *web of trust* (conceito usado para estabelecer a autenticidade entre a conexão de uma chave pública e um usuário), token (chave eletrônica que fornece um código de autenticação ao usuário), autenticação baseada em localização (detecção da presença do usuário em certo local).

• Segurança dos computadores

Os computadores pessoais estão entre os elementos mais vulneráveis aos ataques, pois são os principais meios de controle dos dados nas organizações (armazenamento, atualização, recuperação, exclusão). É importante que esses equipamentos estejam protegidos de modo adequado das ameaças por meio de *softwares* (programas de computador) como:

- Registros de logins - o uso de login e senha para limitar o acesso aos sistemas é um dos meios mais efetivos de proteção digital. Para dificultar a ação de criminosos que utilizam programas que testam diversas combinações de números, letras e outros caracteres, os usuários devem escolher senhas fortes. Também é importante que a equipe de TI monitore acessos de login e autenticações realizadas fora do horário comum;

- Antivirus -  programas desenvolvidos para prevenir, detectar e eliminar vírus de computador e outros tipos de softwares nocivos ao sistema operacional. Vírus podem infectar uma máquina por meio de *pendrives*, emails, sites de conteúdo duvidoso, download de arquivos e programas infectados. Apesar da evolução dos antivirus, nenhum é considerado totalmente seguro;

- Antimalwares - malware refere-se a qualquer tipo de software malicioso que tenta infectar um computador ou dispositivo móvel, em geral por meio da Internet e e-mail. Um computador lento geralmente é um sinal de que pode ter sido infectado;

- Antispywares - software com o objetivo de detectar e remover softwares espiões. S*pywares*  são programas espiões, cujo objetivo é coletar informações sobre uma ou mais atividades realizadas no computador do usuário. A principal diferença entre antispyware e antivírus é a classe de programas que removem;

- Antiransomwares - ransomware é um tipo de malware que sequestra o computador da vítima  para que o criminoso cobre um valor em dinheiro pelo resgate. Quando o computador está bloqueado, torna-se difícil a remoção do ransomware, pois o usuário não consegue sequer acessar seu sistema. Por este motivo a instalação preventiva de um software de proteção é válida;

- Segurança de e-mail - e-mail é uma ferramenta utilizada com frequência para a difusão de ameaças digitais. O *phishing* e o compartilhamento de anexos ou links são as principais técnicas de ataque. O uso de gerenciadores requer a adoção de práticas como: fornecer permissões de acesso apenas para dispositivos autorizados, proteger conteúdos e anexos do e-mail e adotar políticas claras para que os colaboradores entendam sobre boas práticas na gestão de e-mails;

- Backups - cópias de segurança são práticas que asseguram a recuperação de dados e informações no caso de perda, dano, furto ou indisponibilidade. Podem ser realizadas por meio de gravação de novos arquivos, armazenados em dispositivos físicos ou em nuvem.

É importante salientar que, quando ocorre uma invasão de sistema, é fundamental que as evidências relacionadas ao acesso indevido sejam registradas antes da desativação da conta não autorizada, tendo cuidado para não destruir provas relacionadas à autoria e responsabilidade do crime.

## RESPONSABILIDADE PARA COM OS DADOS

Crime em informática é definido como uso e acesso não autorizado de dados e recursos de rede, destruição de hardware e software, liberação não autorizada de informação, cópia não autorizada de software, negar ao usuário final acesso ao seu próprio hardware, software, dados ou recursos de rede, ou ainda usar o computador ou recursos de rede para obter informações ou propriedade tangível de modo ilegal [1].

Com a ascensão das novas tecnologias, proteger dados pessoais contra exposição indevida e assegurar a integridade da informação dos usuários tornou-se um processo complexo, regulamentado por normas locais, regionais e globais. Entre os exemplos de normas globais (regulamentos internacionais) aplicadas às organizações estão:

* ISO 27001 - é um padrão para sistema de gestão da segurança da informação (*SGSI*) publicado pelo *International Organization for Standardization*. A adoção de um SGSI deve ser considerada como uma decisão estratégica para uma organização;

* PCI-DSS -  trata-se de um padrão de mercado envolvendo a segurança no uso de cartões de crédito criado pela união privada de grandes operadoras. Embora um importante mecanismo, não é obrigação legal;

* GDPR - o Regulamento Geral Sobre a Proteção de Dados (sigla em inglês) é um rigoroso conjunto de regras para proteção de dados e identidade dos cidadãos da União Europeia. O regulamento é válido para todo serviço prestado a um cidadão de um dos países do bloco. Significa que qualquer organização de outro país que deseje manter relação online com clientes na União Europeia deverá estar adequada as GDPR. Entre as principais obrigações estão:

    - O serviço deverá permitir que o usuário saiba como os seus dados serão tratados, autorizando ou não o seu uso;

- O usuário tem direito de saber quais tipos de dados serão coletados e para qual finalidade;

- Deve haver meios para que o usuário solicite a exclusão de informações pessoais ou interrompa a coleta de dados;

- O usuário pode acessar, solicitar cópia ou migrar dados coletados para outros serviços;

- Uso de linguagem clara, concisa e transparente para que qualquer pessoa possa compreender comunicações sobre seus dados e o termo de privacidade;

- Em caso de incidentes que resultem em vazamento ou violação de dados que podem ferir direitos e a liberdade das pessoas, a organização deverá notificar autoridades em até 72 horas;

- A proteção dos dados deve ser considerada desde o início do projeto de um sistema, como parte imprescindível deste (aplicação da privacidade por design);

- É recomendável que a organização proteja informações sensíveis ocultando-as ou substituindo-as de algum modo, para que a identificação do usuário só seja possível com a adição de outros dados (recomendação de pseudonimização);

- As organizações terão, em certas circunstâncias, que trabalhar com um *Data Protection Officer* (DPO), que deverá supervisionar o tratamento de dados pessoais, bem com prestar esclarecimentos às autoridades sobre o assunto.


- HIPAA - a lei de portabilidade e responsabilidade de seguro saúde *(Health Insurance Portability and Accountability Act)* estabelece um conjunto de regras nacionais para proteção de informações de saúde. Embora abrangentes a norma é fundamentada em 3 itens que toda  organização deve seguir:

     - Assegurar a confidencialidade, integridade e disponibilidade das informações eletrônicas sobre a saúde dos usuários;

     - Identificar e proteger contra ameaças razoavelmente antecipadas à segurança ou integridade da informação;

     - Proteger contra usos ou divulgações razoavelmente antecipadas, inadmissíveis;


Atualmente a corrida tecnológica (em particular o desenvolvimento da quinta geração de internet móvel - 5G) vem sendo disputada entre dois países (China e EUA). Europa e America Latina não possuem empresas capazes neste nível. Entretanto os europeus se destacam na elaboração de  normas aplicadas no uso das novas tecnologias, como a GDPR. O Brasil busca acompanhar as tendências mundiais promulgando normas locais aplicadas às organizações que atuam em território nacional, destacam-se: Lei de Acesso à Informação, Marco Civil da Internet e a Lei Geral de Proteção de Dados (LGPD) :

- Lei de Acesso à Informação (Lei 12.527/11)

Refere o seu escopo que todas as informações produzidas ou sob guarda do poder público são públicas, portanto, acessíveis a todos os cidadãos, ressalvadas as informações pessoais e as hipóteses de sigilo legalmente estabelecidas.

Para assegurar a efetividade do acesso à informação pública, a legislação observa um conjunto de padrões estabelecidos com base nos melhores critérios e práticas internacionais. Dentre esses princípios, destacam-se:

- Divulgação máxima - o acesso é a regra, o sigilo, a exceção;

- Não exigência de motivação - o requerente não precisa dizer por quê e para que deseja a informação;

- Limitação de exceções - hipóteses de sigilo devem ser limitadas e legalmente estabelecidas;

- Gratuidade da informação - o fornecimento da informação deve ser gratuito, salvo custo de reprodução;

- Transparência ativa - a divulgação das informações de interesse coletivo  e geral deve ser proativa;

- Transparência passiva - criação de procedimentos e prazos que facilitam o acesso à informação.

Conforme observado a Lei de Acesso à Informação (LAI) tem como objetivo fomentar o desenvolvimento de uma cultura de transparência e controle social na administração pública. Ela regulamenta os procedimentos para o direito à informação garantido pela Constituição Federal. O poder público passa a ter o dever de divulgar certas informações em forma simples e compreensível, inclusive por meio de sites, além de disponibilizar plataformas online para que o cidadão possa realizar pedidos de informação. A LAI é uma lei que vale para todo o Brasil. Além disso, cada estado e cidade deve produzir uma legislação mais detalhada (decretos que regulamentam a LAI).

- Marco Civil da Internet (Lei 12.965/14)

Também conhecido como "Constituição da Internet Brasileira", rege normas, garantias, princípios, direitos e deveres para a utilização da internet no país por usuários, empresas e provedores de internet.

O Marco Civil das Internet (MCI) determina as diretrizes para atuação da União, dos Estados e Municípios em relação à internet e estabelece as regras para as organizações que atuam no território nacional, cujos produtos e serviços estão associados à internet. Trata-se de um importante avanço para a normatização do uso da rede mundial de computadores, por regular a ação de pessoas que fazem mau uso dos recursos da rede.

Por meio do MCI o Brasil tornou-se um dos pioneiros ao adotar o princípio da neutralidade, que assegura a mesma qualidade de acesso à rede mundial de computadores para todos os usuários, sem distinção. De outro modo, o consumidor que adquire um plano de internet tem o direito de pagar apenas pela velocidade, e não pelo tipo de conteúdo que acessa.

Em relação à privacidade, o Marco assegura a inviolabilidade e o sigilo da troca de informações entre os usuários, prevendo a quebra do sigilo, mediante intimação, para casos em que os dados coletados possam contribuir para elucidar situações ilícitas.

Também determina o sigilo sobre os dados dos usuários sob responsabilidade do provedor do serviço de internet (direito da confidencialidade), que deve guardá-los por no mínimo 1 (um) ano. As autoridades policiais, administrativas ou o Ministério Público também poderão solicitar, sob cautela, que os registros sejam guardados por prazo superior ao estabelecido na Lei.

- LGPD - A Lei Geral de Proteção de Dados (Lei 13.709/18)

Sancionada pelo Senado brasileiro em 2018 estabelece as regras que as organizações públicas e privadas (empresas, órgãos públicos, autarquias) terão que seguir para assegurar o controle sobre a coleta, uso e transferência de dados pessoais no Brasil, disciplinando o tratamento de qualquer informação que identifique uma pessoa.

Significa que toda organização pública ou privada tem por obrigação adotar políticas claras de segurança da informação, por meio de medidas técnicas e administrativas para proteger os dados pessoais de cidadãos ou consumidores contra acessos não autorizados e situações acidentais ou ilícitas de destruição, perda, alteração, comunicação ou difusão.

Os sistemas utilizados para o tratamento de dados pessoais devem ser estruturados de modo a atender aos requisitos de segurança e aos padrões de boas práticas definidos na Lei e demais normas regulamentares; entre as quais, obter o consentimento explícito do titular e assegurar a proteção dos dados de clientes na hora de coletar, armazenar e usar essas informações.

A solicitação deverá ser feita de modo claro para que o cidadão saiba exatamente o que vai ser coletado, para quais fins e se haverá compartilhamento. Quando houver envolvimento de menores de idade, os dados somente poderão ser tratados com o consentimento dos pais ou responsáveis legais [2].

Para os "dados sensíveis", aqueles que dizem respeito a informações como crenças religiosas, posicionamentos políticos, características físicas, condições de saúde e vida sexual, o processo deverá será mais restritivo. Nenhuma organização poderá usá-los para fins discriminatórios. Também será necessário garantir que eles serão devidamente protegidos.

Também deverão ser criadas condutas para informar aos consumidores no caso de vazamento de dados e, dependendo da situação, as organizações deverão contrataram um *Data Protection Officer* (profissional responsável por elaborar relatórios sobre o modo como a organização utiliza os dados, e enviá-los ao governo). Do lado do governo será criado o órgão fiscalizador (Autoridade Nacional de Proteção de Dados - ANPD).

Se comprovado descumprimento da lei poderão ser aplicadas sanções administrativas, como multa de até 2% (dois por cento) do faturamento da pessoa jurídica de direito privado, grupo ou conglomerado no Brasil no seu último exercício, limitada a R$ 50.000.000,00 (cinquenta milhões de Reais) por infração, bem como o bloqueio dos dados pessoais a que se refere a infração até a sua regularização.

As organizações poderão guardar dados para fins de pesquisa, quando anônimos, bem como para fins de formação de provas no caso de processos judiciais. Sobre questões de saúde a guarda dos dados pelas organizações está assegurada quando o prontuário clínico fizer parte de uma política pública (tomada de decisões sobre a gestão de uma epidemia, por exemplo).

Na área do esporte, um dos campos mais atuantes, por necessidade, na proteção de dados pessoais é o de antidoping. A Agência Mundial Anti-Doping (WADA, sigla em inglês) propôs a criação de uma Carta dos Direitos dos Atletas com 16 tópicos (em vigor a partir de 2021) com palavras-chave relacionadas à: esporte limpo, justo e livre de corrupção; igualdade de oportunidade, direito a educação, à participação e a proteção de dados.

**Antidoping e a Proteção de Dados**

Como parte da agenda 2021 a *World Anti-Domping Agency* (WADA) revisou seu parâmetro internacional sobre a Proteção da Privacidade e da Informação Pessoal (*ISPPPI – International Standard on the Protection of Privacy and Personal Information*) (BARRACCO, 2018). A iniciativa  decorre da entrada em vigor do *Regulamento Geral sobre a Proteção de Dados* publicado pela União Europeia (*GDPR*), requerendo então, adequação por parte da Agência devido à sua abrangência transnacional. A revisão contempla entre os prontos principais [11].

- Artigo 3.0 (Termos e Definições) - define conceitos usados na revisão, como "falha de segurança" (*security breach*) e "informação pessoal *sensível*" (*sensitive personal information*). Os conceitos dizem  respeito à qualquer acesso não autorizado ou ilegal à informações sobre pessoas relacionadas às atividades antidopagem, na forma física ou eletrônica, de posse de uma Organização Antidopagem Local (ADO) ou da própria WADA; assim como a interferência no sistema que possa comprometer a privacidade, segurança confidencialidade, disponibilidade ou integridade das informações;

- Artigo 4.0 (Normas para Manuseio de Informações Pessoais) - exige a manutenção de registros das atividades de cada ADO

(*Anti-Doping Organization*) e da própria WADA, para demonstrar sua conformidade (*compliance*) com o ISPPPI. Essa alteração leva a necessidade de revisão dos procedimentos internos de cada ADO e também considera que, quando a lei local for mais "restrita" do que a do ISPPPI, esta deve  prevalecer, por ser mais benéfica ao atleta;

* Artigo 06 (Processamento de Informações de Acordo com a Legislação ou Consentimento) -  determina que as informações pessoais devem ser processadas de acordo com as normas legais ou  mediante o consentimento dos participantes;

* Artigo 7 (Informações Apropriadas Devem Ser Fornecidas aos Participantes) - traz que a WADA e as ADOs devem oferecer transparência na disponibilização dos dados de atletas a terceiros, esclarecendo ao atleta para quem, por quanto tempo e com qual finalidade disponibilizou seus dados. Os atletas têm o *direito* de contatar uma pessoa identificada pela sua respectiva ADO quando tiver alguma dúvida, pergunta ou reclamação;

* Artigo 9 (Manutenção da Segurança das Informações Pessoais) - traz o conceito de segurança da informação das pessoas, qual está em posse das ADOs e da WADA. As agências de controle antidopagem devem manter registros sobre toda falha de segurança que ocorrer. Quando tais eventos ocorrerem, tem por obrigação avisar as pessoas implicadas pela falha. Logo as agências devem ter protocolos de controle aplicáveis aos contratos com terceiros (prestadores de serviço) relativos ao acesso aos dados e possíveis falhas de segurança;

- Artigo 11 (Direitos dos Participantes em Relação à Informações Pessoais) - esclarece os direitos relativos às informações pessoais sobre as atividades de controle antidopagem. Direitos que se agrupam no binômio "acesso à informação / direito de resposta"

Em linhas gerais, a revisão dos parâmetros internacionais da WADA teve por objetivo se adequar a agenda "Código 2021". Nesse processo, alterou o parâmetro internacional sobre a proteção da privacidade e da informação pessoal (ISPPPI) com base no Regulamento Geral sobre a Proteção de Dados da União Europeia (GDPR). Essa revisão se reflete no Brasil, antecipando os efeitos da  Lei Geral de Proteção de Dados, relacionada à Lei de Acesso à Informação e ao Marco Civil da Internet, criando novas obrigações para a Autoridade Brasileira de Controle de Dopagem (ABCD) em relação ao acesso à informação por parte de nossos atletas [11].

No ano de 2018 à Autoridade Brasileira de Controle de Dopagem (ABCD) estabeleceu um novo fluxo para o tratamento das informações procedentes de denúncias e assuntos de dopagem. Ficou convencionado que o fluxo terá um caráter de transparência e livre acesso, entretanto, com proteções específicas que asseguram a informação sigilosa e pessoal.

Como último elemento do processo de segurança da informação, complementando as medidas de treinamento pessoal para as melhores práticas, o seguimento dos protocolos de segurança e a observação às normal legais; a documentação produzida por processos de governança e auditorias, referentes às ações e intercorrências, fornece o registro histórico para o controle e correção de falhas, vulnerabilidades e não-conformidades, além de ser importante meio de prova para fins legais de responsabilidade legal.

## Documentação da Governança Tecnológica

As redes de computadores modernas permitem trabalhar com diferentes equipamentos (smartphones, computadores, tablets) com diferentes configurações. O uso de dispositivos pessoais no ambiente de trabalho aumenta os riscos à segurança da informação (inserção de vírus na rede corporativa, furto de informação, postagens indevidas, instalação de programas espiões).

O planejamento de segurança deve ser elaborado para defender todos os componentes do sistema de informações (hardware, software, rede), em particular os dados [124]. Logo, a estratégia de defesa de cada organização depende daquilo que precisa ser protegido e da análise de custo-benefício.

As estratégias devem ter como objetivo desestimular ataques (medidas de prevenção), detectar ataques em fase inicial (softwares de diagnóstico), limitar danos (plano de recuperação), correção (corrigir a causa do dano), conformidade (seguir as melhores práticas) e controles (geral e de aplicativos).

Entre os modelos que abordam a Governança de TI estão a norma *ISO/IEC 38.500* e os modelos da ISACA (*Information Systems Audit and Control Association*) como o *Cobit, Val IT* e *Risk IT*.

O modelo (framework) COBIT (*Control Objectives for Information and Related Technology*), criado pela ISACA em 1994, define as bases para a governança tecnológica propondo a aplicação de diversas práticas de controle da informação, desde o planejamento até o monitoramento de resultados, e a descrição dos processos [15].

As versões do COBIT têm avançado na incorporação de padrões internacionais técnicos, profissionais, regulatórios e específicos para processos de TI. A sua versão COBIT 5 é baseada em cinco domínios:

1. Identificação das necessidades da organização (o que precisa ser protegido);

2. Aplicação de uma solução completa (tecnologias para função e proteção);

3. Organização de uma estrutura simples e integrada (eficiência dos processos);

4. Comunicação e entendimentos integrados (conhecimento e seguimento às normas);

5. Separação entre governança e gestão (boas práticas e tomada de decisões).

Além dos domínios que guiam o bom uso da tecnologia da informação (TI) a auditoria permite verificar o nível de maturidade dos processos da organização, também em 5 níveis:

- Nível 0 (Inexistente) - o processo de governança não foi implantado;

- Nível 1 (Inicial) - o processo é realizado sem organização ou planejamento adequados;

- Nível 2 (Repetitível) - o processo é repetido de modo intuitivo (depende mais das pessoas do que de um método estabelecido;

- Nível 3 (Definido) - o processo é realizado, documentado e comunicado na organização;

- Nível 4 (Gerenciado) - existem métricas de desempenho para as atividades, o processo é monitorado e constantemente avaliado;

- Nível 5 (Otimizado) - as melhores práticas são adotadas e utilizadas para a melhoria contínua dos processos.

O relatório produzido pela auditoria deve gerar informações sobre o método estabelecido para o desempenho do processo governança da informação, como este é definido e estabelecido, quais os controles para a verificação do desempenho do método, como pode ser feita a auditoria deste, quais as ferramentas utilizadas, o é avaliado e por quais métricas.

Modelos de governança como o COBIT são recomendados para utilização no nível estratégico, facilitando a compreensão dos processos de TI e fornecendo um guia para a implantação dos processos de governança com a intenção de melhorar a gestão das organizações.

**Considerações Finais**

Definitivamente a informação é um ativo estratégico das organizações esportivas que necessita de gerenciamento e proteção. Os esforços de prevenção contra ataques à identidade virtual das  organizações e o corpo de legislações para identificar e responsabilizar as falhas de segurança são ferramentas importantes nesse sentido.

Entretanto, caracterizar um comportamento delituoso na internet, um ambiente sem fronteiras, não é tarefa simples. Como definir se uma lei nacional foi violada e por quem? O problema se inicia pela própria definição sobre o que é ilegal no escopo internacional. Se um determinado país (X) proíbe a publicação de um livro, os cidadãos deste estarão transgredindo a lei ao comprarem a literatura. Mas se o vendedor do livro estiver estabelecido em outro país, que permite a comercialização do produto, e sua oferta na rede mundial de computadores, estará essa editora transgredindo a lei do país (X)? [46].

Uma situação específica para se compreende a dimensão do problema diz respeito à vulnerabilidade na segurança dos equipamentos esportivos vestíveis (*wearables*) e da Internet das Coisas (IoT). Ocorre  importante disparidade entre as políticas adotadas para esses equipamentos quando comparadas com os padrões de segurança adotados para os computadores pessoais. Por exemplo, as políticas divulgadas pela IBM Fiberlink (Políticas de Gerenciamento de Dispositivos Móveis - MDM) ainda não abordam recomendações para dispositivos vestíveis, de modo que as empresas emergentes podem não adotar as melhores práticas de segurança nos seus processos de fabricação, permitindo que hackers usem técnicas para detectar tais equipamentos e acessar dados sensíveis dos atletas.

Se o raciocínio baseado em evidências é a estrutura científica para a inferência sobre a informação, os dados são os elementos básicos deste processo, atualmente a produção de grandes quantidades dados em tempo real (datificação) por meio do conceito de Internet das Coisas (IoT) e *big data* (grandes bases de dados) trouxe à ciência uma nova dimensão, qual excede a capacidade humana de análise, emergindo a computação científica (aprendizado de máquina). Entretanto, a aplicação dessas tecnologias no esporte também trouxe questões proporcionais à sua capacidade de inovação.

- A quem pertencem os dados gerados pelo monitoramento de atletas?

- Estatísticas históricas e metaconhecimento são propriedade dos esportistas ou de quem às gerou por meio de complexos processos científicos?

- Como os dados coletados devem ser armazenados? Em que novel de sigilo?

- Devem haver protocolos específicos para transmissão de dados coletados por meio de equipamentos  vestíveis?

- Quem responde pelo acesso não autorizado aos dados?

- Como limitar o uso dos dados biológicos e de desempenho para que não se explorem as vulnerabilidades do atleta?

- Quem tem o direito ao lucro pela venda da informação dos dados dos atletas?

- Uma organização esportiva pode usar os dados de um atleta em negociações contratuais ?

Os regulamentos sobre o uso de dados no esporte ainda não contemplam a resposta para várias destas questões, bem como ainda são frágeis as estruturas de governança para assegurar às organizações, transparência e proteção destes ativos [49].

Se a reflexão sobre as regulamentações e responsabilidades em relação ao uso e guarda da informação no campo do esporte for conduzida à dimensões mais avançadas, ainda há de se considerar as possíveis implicações futuras do uso da ciência e da tecnologia e como estas poderão afetar a natureza da competição. Um exemplo é a associação da engenharia genética com a tecnologia, ferramentas de atuação da medicina de precisão (ou biologia de precisão).

Neste campo, o progressivo entendimento sobre como os genes (genótipo) expressam as informações contidas no DNA, bem como interagem entre si e com o ambiente para modificar as características dos diferentes traços e comportamentos (fenótipo) do indivíduo, poderá transformar o esporte [74, 118].

A biologia de precisão investiga a individualidade do comportamento dos genes. Por exemplo, o modo que esses atuam sobre o metabolismo de uma droga (analgésico, anti-inflamatório) pode determinar a maior ou menor eficiência do efeito sobre o organismo do indivíduo. Do mesmo modo, alguns atletas podem ser mais aptos a determinados tipos de treinamentos (melhor resposta à certas técnicas e exercícios) em relação à outros. Logo o aconselhamento genético pode ser incluído no planejamento dos treinamentos individualizados baseados nas informações lastreadas por ciência e tecnologia.

Embora muitas dessas tecnologias remetam à ideia de futuro, marcadores genéticos relacionados à avaliação de níveis de respostas biológicas já são realidade (LORIA, 2015). Fundamenta a genética multifatorial que a expressão das características das fibras musculares de um atleta são determinadas pelo seu conjunto de genes, mas também influenciadas por variáveis do ambiente (treinamento, dieta); então, compreender como essas variáveis interagem entre si, pode ajudar treinadores e atletas a alcançar em menor tempo o máximo desempenho, bem como em projetos de prospecção de talentos, como fazem a Holanda e a Dinamarca (estudos dinamarqueses sugerem que atletas com alta proporção de fibras musculares de contração rápida tendem a se tornar melhores jogadores de futebol. Esses músculos podem ser desenvolvidos com treinamento específico, especialmente em indivíduos jovens [118].

Se a ciência e a tecnologia trazem oportunidades, equipes sem acesso aos níveis elevados de informação tendem a ser menos competitivas. Esta questão motiva a discussão de regulamentos como a publicação dos dados para acesso equitativo de todos os agentes do esporte [118].

No âmbito dos profissionais (gestores, técnicos, auxiliares) as transformações emergentes no cenário mundial (automação, inteligência artificial, trabalho mediado por plataformas digitais e aplicativos) levaram a 6ª Conferência de Regulação para o

Trabalho Decente da OIT (Organização Internacional do Trabalho) a debater o futuro. Provavelmente as novas oportunidades de trabalho ocorrerão de modo disforme em diferentes regiões e para distintos graus de educação e preparo das pessoas [23, 111]. Por exemplo, no mundo interconectado e globalizado a emergência da prestação de serviços à distância, um fenômeno inicialmente aplicado aos produtos, já se estende às atividades como análise de dados, que pode ser desempenhada no esporte por cientistas de dados locados remotamente, fenômeno descrito como "Imigração Virtual" [9, 116]. Neste sentido, entre as competências básicas assumidas pelos profissionais para o novo mercado estão:

- Cultura digital - habilidade para identificar as oportunidades que emergem do cenário digital;

- Gestão da informação - domínio das ferramentas digitais para levantamento da informação e compartilhamento de dados em tempo real;

- Comunicação digital - uso de ferramentas para compartilhamento de dados, documentos e informações do modo seguro;

- Identidade digital - representação adequada do profissional na rede mundial de computadores   por meio dos seus perfis em redes sociais;

- Trabalho em rede - participação em grupos de produção e compartilhamento de informações construídos nas redes digitais;

- Visão estratégica - competência para usar ferramentas digitais para aumentar a eficiência das tarefas diárias;

- Segurança de dados - conhecimento para proteger informações pessoais e de terceiros contra malwares e outras ameaças.

A revolução do Esporte 4.0 exige formação muito além da repetição da técnica tradicional. Cabe ao profissional fazer sua parte na busca pela qualificação exigida pelo novo cenário dominado pela produção de riqueza com base na informação.

Se o ano de 1950 marcou a relação entre a ética e as áreas da ciência e tecnologia quando o cientista britânico Alan Turing desenvolveu o teste para definir o grau de inteligência de uma máquina; o tempo atual marca a inflexão no modo de fazer e utilizar a ciência e a tecnologia, quando grande parte das decisões vem sendo tomadas por máquinas sobre grandes quantidades de dados em processos automatizados. Provavelmente trata-se de um futuro inevitável qual ainda carece da modulação dos princípios humanitários, ético-morais e legais em todos os seus aspectos (competitivo, trabalhista e de segurança da informação).

A relação entre a sociedade e a tecnologia é a chave para alavancar a capacidade de interpretação dos fenômenos naturais por meio da comunicação (linguagem), colaboração e troca de informação estabelecendo modos mais complexos de cooperar. Como gerar conhecimento estratégico é a principal questão; neste caso a metodologia científica assume o protagonismo, agrupando, classificando, testando hipóteses e calculando probabilidades [69].

# REFERÊNCIAS BIBLIOGRÁFICAS


1. AITP - Association of Information Technology Professionals. Disponível em: https://www.aitp.org. Acesso em 20/06/2018.

2. ALECRIM, E. O Que Você Deve Saber Sobre a Lei de Proteção de Dados Pessoais do Brasil. Tecnoblog. Disponível em: https://tecnoblog.net/250718/lei-geral-protecao-dados-brasil/. Acesso em 25/08/2019.

3. AMEEN, M. A.; LUI, J.; KWAK, K. Security and Privacy Issues in Wireless Sensor Networks for Healthcare Applications. J Med Syst. 36:93–101. 2012.

4. ANGELIS, R. M. C.; AVEZUM JÚNIOR, A.; CAVALCANTI, A. B.; CARVALHO, R. T. Anestesiologia Baseada em Evidências: O Que é e Como Praticar. Rev. Brás. Anestesiol. 54(4):582-94, 2004.

5. AOUN, J.E. Higher Education in the Age of Artificial Intelligence. The MIT Press. 2017.

6. ARTIOLI, . P. ; BERTOLINI, G. R. F. Kinesio Taping: Aplicação e Seus ResultadosSobre a Dor: Revisão Sistemática. Fisioter. Pesq. 21(1): 94:99, 2014.

7. AVEZUM, A. Cardiologia Baseada em Evidências e a Avaliação Crítica da Literatura Cardiológica: Princípios de Epidemiologia Clínica Aplicada à Cardiologia. Rev. Soc. Cardiol. Estado de são Paulo. 3:241-59, 1996.

8. AVEZUM, A.; CAVALCANTI, A. B.; FARSKY, P. S.; KNOBEL, M. Transferindo as Evidências da Pesquisa Clínica para a Prática Cardiológica. Rev. Assoc. Méd. Brás. 47(2):165-8, 2001.

9. BALDWIN, R. Entrevista (Landim, R.). In: Folha de São Paulo. Caderno. Mercado. A28. 07/04/2019.

10. BANHARA, L. A Internet das Coisas e a segurança da informação nos esportes. CIO. Disponível em: https://cio.com.br/a-internet-das-coisas-e-a-seguranca-da-informacao-nos-esportes/. Acesso em: 29/04/2019. 2016.

11. BARRACCO, R. P. Doping e Proteção de Dados. 2018. IBBD. Disponível em: http://ibdd.com.br/doping-e-protecao-de-dados/. Acesso em 24/08/2019.

12. BARBOSA, F. S. Fundamentos em Segurança e Hardening em Servidores Linux baseado na Norma ISO 27002. In: Anais do V ENUCOMP 2012, Parnaíba, PI, 12 a 14 de novembro de 2012: [recurso eletrônico]/ Organização [de] Thiago C. de Sousa e Rodrigo Augusto R. S. Baluz. -Parnaíba: FUESPI, 2012.

13. BARBOSA, R. Guerra Cibernética. O Estado de São Paulo. Espaço Aberto. A2. 11/06/2019.

14. BERNARDINHO. Transformando Suor em Ouro. Rio de Janeiro, RJ: Sextante. 2006.

15. BERNARDES, M. C; MOREIRA, E. S. Um Modelo para Inclusão de Governança a Segurança da Informação no Escopo da Governança Organizacional. Workshop. São Paulo, 2005.

16. BEAVER, K. The Role of the CISO and Information Security in Professional Sports. IBM - Security Intelligence, 2016. Disponível em: https://securityintelligence.com/role-ciso-information-security-professional-sports/. Acesso em: 29/04/2019.

17. BETTI, M. Educação Física Como Prática Científica e Prática Pedagógica: Reflexões à Luz da Filosofia da Ciência. Rev. Bras. Educ. Fís. Esp., 19(3):183-97, 2005.

18. BISHOP, D, BURNETT, A.; FARROW, D. Sports-Science Roundtable: Does Sports-Science Research Influence Practice. Int J Sports Physiol Perform. 1:161-8. 2006.

19. BISHOP, D. An Applied Research Model For The Sport Sciences. Sports Med. 38:253-63. 2008.

20. BOETTNER, B. Suit Up With a Robot to Walk and Run More Easily. Wyss Institute. Disponível em: https://wyss.harvard.edu/suit-up-with-a-robot-to-walk-and-run-more-easily/. Acesso em 15/08/2019.

21. BUTZEN, E.; HOHER, A. J.; ZAMBERLAN, A. O. Proposta de um Módulo de Data Mining para um Sistema de Scoult no Voleibol. Research Gate. Disponível em: https://www.researchgate.net/publication/237699694. Acesso em 24/04/2019.

22. CÁCERES, A. Moral de Robôs. O Estado de São Paulo. Literatura. E1. 23/06/2019.

23. CARVALHO, L. Trabalho Decente. Folha de São Paulo. Mercado. A26. 11/07/2019.

24. CLEGG, N. Ele Manda nas Redes. In: Vilici, E. Revista Veja. Entrevista. 21/08/2019.

25. CONSELHO FEDERAL DE MEDICINA. Resolução CFM2.227/2018. Define e Disciplina a Telemedicina como Forma de Prestação de Serviços Médicos Mediados por Tecnologias. 2018.

26. COLLUCCI, C. Só um Terço dos Ensaios Clínicos de Drogas Cardiológicas Inclui Mulheres. Folha e são Paulo. Saúl. B8. 02/06/2019.

27. COPPIN, B. Inteligência Artificial. Trad.: Valério, J. D. P.. Rio de Janeiro:LTC, 2012.

28. CORTEZ, . S.; KUBOTA, L. C. Contramedidas em Segurança da Informação e Vulnerabilidade Cibernética: Evidência Empírica de Empresas Brasileiras. R.Adm., São Paulo, 48(4):757-69, 2013.

29. COSTIN, C. Universidades e Robôs. São Paulo:Folha de São Paulo. Caderno Opinião. A2, 05/05/2018.

30. COSTIN, C. Desigualdade e Populismo. São Paulo:Folha de São Paulo. Caderno Opinião. A2, 26/07/2019.

31. COUTINHO, D. O que é Realidade Virtual? Entenda Melhor como Funciona a Tecnologia. TechMundo, 2015. Disponível em: https://www.techtudo.com.br/noticias/noticia/2015/09/o-que-e-realidade-virtual-entenda-melhor-como-funciona-a-tecnologia.html. Acesso em 04/08/2019.

32. COUTINHO, C. O Elogio da Ciência. Folha de São Paulo. Ilustríssima. p. 07. 03/06/2018.

33. COUTTS, A. J. In The Age of Technology, Occam's Razor Still Applies. Int J Sports Physiol Perform. 9:741. 2014.

34. DAWEL, G. A Segurança da Informação nas Empresas. Rio de Janeiro:Ciência Moderna Ltda., 2005.

35. EFRAIM, T.; VOLONINO, L. Tecnologia da Informação para Gestão. Trad. Aline Evers. 8 ed. Porto Alegre:Bookman, 2013.

36. ENGEBRETSON, P. Introdução ao Hacking e aos Testes de Invasão, São Paulo:Novatec, 2014.

37. FONTES, E. L. G. Segurança da Informação: O Usuário Faz a Diferença. São Paulo:Saraiva, 2006.

38. ETHEVALDO, S. Internet das Coisas Interligará Tudo. O Estado de São Paulo. Mundo Digital. B9, 2019.

39. FERNANDEZ, .; BORNN, .; CERVONE, D. Decomposing the Immeasurable Sport: A deep learning Expected Possession Value Framework for Soccer. 42 Sports Analytics Conference. MIT. 2019. Disponível em: http://www.sloansportsconference.com/wp-content/uploads/2019/02/Decomposing-the-Immeasurable-Sport.pdf. Acesso em 24/05/2019.

40. FERREIRA, A. L. A. O Efeito do Kinesio Taping Dor, Força e Ativação Muscular. Monografia. UFMG. 2013.

41. FONTES, E. Segurança da Informação nos esportes. Entrevista. Núcleo. Disponível em: http://nucleoconsult.com.br/blog/seguranca-da-informacao-nos-esportes/. Acesso em: 29/04/2019.

42. FRANÇA, G. V. O Risco da Medicina Baseada em Evidências. Disponível em URL: //:www.direitomedico.com.br. Acesso em 15/12/2004.

43. FRANCISCATTO, R.; CRISTO, F.; PERLIN, T. Redes de Computadores. Universidade Federal de Santa Maria. 2014.

44. FUSS, F. K.; The Impact of Technology on Sport — New Frontiers. Sports Technology. Disponível em: this article: https://doi.org/10.1080/19346182.2008.9648443. Acesso em: 28/05/2019.

45. GARRET, G. Entrevista. O Estado de São Paulo. Economia, B8. 2019.

46. GESTSCHKO, D. Problemas Importantes. O Estado de São Paulo. Economia. B8. 11/-6/2019.

47. GIULIANOTTI, R.; KLAUSER, F. Security Governance and Sport Mega-events: Toward an Interdisciplinary Research Agenda. J. F. Sport and Social Issue. 34(1):49-61, 2010.

48. GOVERNO FEDERAL. Secretaria Especial do Esporte. Ministério do Esporte Lança Cartilha de Governança em Entidades Esportivas.

02/04/2018. Disponível em: http://www.esporte.gov.br. Acesso em: 21/03/2019.

49. GREENWALD, M. Cybersecurity in Sports: Questions of Privacy and Ethics. Tuffs University. 2017.

50. GUANAES, N. Linda, Boris e Ramon. Folha de São Paulo. Mercado. A20. 04/06/2019.

51. GUROVITZ, H. Chineses Lideram Disputa pela Tecnologia 5G. O Estado de São Paulo. Internacional, A15 Internacional. 14/07/2019.

52. GUROVITZ, H. Telegram. Maior Vulnerabilidade Está na Rede de Telefonia O Estado de São Paulo. Internacional, A15 Internacional. 28/07/2019-a.

53. HARADA, R. Você Sabe o que é Infraestrutura em TI? Arkam System. disponível em: https://arkansystem.com.br/o-que-e-infraestrutura-de-ti/. Acesso em: 25/06/2019.

54. HELABS. Esporte e Tecnologia: A Combinação Perfeita para Grandes Resultados. Disponível em: https://helabs.com/blog/esporte-e-tecnologia-a-combinacao-perfeita-para-grandes-resultados/. Acesso em: 15/05/2019.

55. HERCULANO-HOUZEL, S. Quando a Realidade é Virtual? O Estado de São Paulo. 30/07/2019.

56. HOUZEL, S. H. Inteligência é Flexibilidade. Folha de São Paulo. Folha Corrida, B8. 13/08/2019.

57. KATZ, L. Inovações na Tecnologia esportiva: Implicações para o Futuro. Revista EF/CONFEF. n.3, 2002.

58. HOPKINS, W. G. Dimensions of Research. Sportscience. 2002. Disponível em: http://sportscience.sportsci.org/. Acesso em: 02/06/2019.

59. HOWE, D.; SILVA, . F. The cyborgification of paralympic sport. Movement & Sport Sciences. n. 97:7-25. 2017.

60. KOSTNER, R. Tecnologia no Esporte: Otimizando Resultados com Análise de Dados. CanalTech. Disponível em: https://canaltech.com.br/computacao-na-nuvem/tecnologia-no-esporte-otimizando-resultados-com-a-analise-de-dados-75293/. Acesso em: 23/05/2019.

61. KROGSBØLL, L. T,; Jørgensen, K. J.; Grønhøj, Larsen, C.; Gøtzsche, P. C. General Health Checks in Adults for Reducing Morbidity and Mortality From Disease. Cochrane Database Syst Rev. 2012.

62. INTERNATIONAL RELATIONS. Global Governance. Disponível em: http://internationalrelations.org/global-governance/. Acesso em 03/07/2019.

63. IRIART, J. A. B. Precision Medicine/Personalized Medicine: a Critical Analysis of Movements in the Transformation of Biomedicine in the Early 21st Century. Cad. Saúde Pública 35(3). Rio de Janeiro 2019.

64. ITRUST SPORT. Boa Governança Esportiva. 2018. Disponível em: https://www.itrustsport.com/pt/sports-governance/tackling-sports-corruption/good-sports-governance. Acesso em 30/07/2019.

65. KLAJNER, S. A Telemedicina é Vital. Revista Veja. Página Aberta. 14/08/2019.

66. LAVIGNE, C.; SERRATO, J. K. Hacking Scandals Highlight Vulnerabilities for Teams and Leagues. Sports Business Journal. 2017. Disponível em: https://www.sportsbusinessdaily.com/Journal/Issues/2017/05/08/Opinion/From-the-Field.aspx. Acesso em 18/08/2019.

67. LEMOS, R. Governos são Plataformas Tecnológicas. Folha de São Paulo. Folhainvest. p. 02. 18/06/2018.

68. LÉVY, P. *Cibercultura*. São Paulo: Editora 34, 1999.

69. LÉVY, P. Tecnologia Pode Tirar Humanas da Idade Média, Dz P{ierre Levy. Entrevista: HERNANDES, R. Folha de São Paulo. 10/09/2019.

70. LIMA, M. S.; SOARES, B. G. O.; BACALTCHUK, J. Psiquiatria Baseada em Evidências. Rev. Brás. Psiquiatr., 22(3):142-6, 2000.

71. LIMA, B. N. B.; COSTA, . N.; NACIFE, R.; MARTINS, . R. V.; GUIMARÃES, R. Probabilidades no Esporte. TRIM, 5:39-53, 2012.

72. LOIS, R. Árbitro do VAR na Copa, Brasileiro Apoia Uso da Tecnologia: "O futebol precisa". Globo.com. Disponível em: https://globoesporte.globo.com/futebol/copa-do-mundo/noticia/arbitro-do-var-na-copa-brasileiro-apoia-uso-da-tecnologia-o-futebol-precisa.ghtml. Acesso em 31/08/2019.

73. LOPES, A. A. Medicina Baseada em Evidências: A Arte de Aplicar o Conhecimento Científico na Prática Clínica. Rev. Ass. Med. Bras., 46(3): 285-8, 2000.

74. LORIA, K. Science is Creating Super-athletes — and Making Sports Unrecognizable to Previous Generations. Business Insider. Disponível em: https://www.businessinsider.com/how-science-and-technology-are-changing-sports-2015-8. Acesso em: 02/08/2019.

75. MACWORTH, A. K. On Seeing Robbots. Department of Computer Science. University of British Columbia. Vancouver, B.C. Canada. V6T 1W5. 1992

76. MADNICK, S. Stuart Madnick: "O Hacker Tem Mais Vantagens Num Ataque Virtual". Época. Entrevista (Leo Branco). 08/06/2019. Disponível em: https://epoca.globo.com/stuart-madnick-do-mit-hacker-tem-mais-vantagens-num-ataque-virtual-23725987. Acesso em 22/08/2019.

77. MARIOS, T.; SMART, N. A.; DALTON, S. The Effect of Tele-Monitoring on Exercise Training Adherence, Functional Capacity, Quality

of Life and Glycemic Control in Patients With Type II Diabetes. Journal of Sports Science and Medicine. 11:51-56. 2012.

78. MATHEW, J.; JEFFERIE. L. Heart Failure in the Child and Young Adult, Telemonitoring. Science Direct. 2018. Disponível em: https://www.sciencedirect.com/topics/nursing-and-health-professions/telemonitoring2018. Acesso em 31/08/2019

79. MARTINS, T. Prosa. Folha de São Paulo. Caderno Opinião. A@. 2019.

80. McCRORY, P. Warm Up. Br J. Sports Med. 35:79–80, 2001. Disponível em: https://biztechmagazine.com/article/2018/11/sports-face-against-cybersecurity-threats. Acesso em 21/08/2019.

81. McLAGHLIN, M. . Sports Face Off Against Cybersecurity Threats. BizTech. 2018. Disponível em: https://biztechmagazine.com/article/2018/11/sports-face-against-cybersecurity-threats. Acesso em 22/08/2019.

82. MING, C. Mudança Traz Mudança. O Estado de São Paulo. Caderno Economia. B2. 11/04/2019.

83. MEIRA, S. Transformação e Rupturas Digitais. Estado de São Paulo. Caderno Economia. B10. 10/04/2019.

84. MEIRA, S. Dinheiro, Pra que Dinheiro? Estado de São Paulo. Caderno Economia. B10. 31/07/2019-a.

85. MENEZES, P. B. Matemática Discreta para Computação e Informática. 4 ed.. Porto Alegre:Bookman, 2013.

86. MILANOVIC, B. Crescimento, Estado de Bem-estar e a Democracia Seguirão Ameaçados. Estado de São Paulo.Mundo. A12, 30/07/2019 .

87. MINISTÉRIO DO ESPORTE (ME). Cartilha de Governança Corporativa em Entidades Esportivas. Resp. técnico"MEZZADRI, F. M. et al. Brasilia:ME. 2018.

88. MITNICK, K.; SIMON, W. L.; The Art of Intrusion: The Real Stories Behind the Exploits of Hackers, Intruders & Deceivers. Wiley Books. 2005.

89. MRKONJIC. Basic_Indicators_for_Better_Governance_in_International_Sport. Disponível em: www.transparency.ch/de/PDF_files/Newsletter/ 201306_Newsletter_Publikation_Chappelet_und_Mrkonjic__2013__Basic _Indicators_for_Better_Governance_in_International_Sport.pdf. Acesso em: 30/06/2019.

90. MOORE, Z. E. Critical Thinking and the Evidence-Based Practice of Sport Psychology. Journal of Clinical Sport Psychology. 1:9-22, 2007.

91. MORGAN, S. Computer Science in Sport - Research and Practice: A Book Review. International Journal of Computer Science in Sport. 15(1), 2016.

92. NEGRA, R.; JEMILI, I.; BELGHIH. Wireless Body Area Networks: Applications and Technologies. Elsevier. Procedia Computer Science 83:1274–81, 2016.

93. OCDE. Diretrizes da OCDE sobre Governança Corporativa de Empresas Estatais, Edição 2015. Disponível em: http://www.oecd.org/ publications/diretrizes-da-ocde-sobre-governanca-corporativa-de-empresas-estatais-edicao-2015-9789264181106-pt.htm. Acesso em: 10/05/2019.

94. OLSOFKA, M. Why is Data Analytics so Important in Sports? Stamford University. Disponível em: https://www.samford.edu/sports-analytics/fans/2018/Why-is-Data-Analytics-So-Important-in-Sports. Acesso em: 24/05/2019.

95. PANTAZIS, D. A.; DELIGIANNIS, E. K. Trends in e-Health Monitoring Implementation in Sports. Sport- und Präventivmedizin. 34:41, august, 2011.

96. PARÉ, G.; MIROU, J; SICOTTE, C. Systematic Review of Home Telemonitoring for Chronic Diseases: The Evidence Base. J. Am. Med. Inform. Assoc. 14(3):269-77, 2007.

97. PASSOS, P. L. Poder Digital. São Paulo:Folha de São Paulo. Caderno Mercado. A22. 04/05/2018.

98. PASTORE, J. Novas Tecnologias Podem Provocar Saída de Multinacionais do Brasil. São Paulo:Folha de São Paulo. Caderno Mercado. A17. 01/05/2018.

99. PASTORE, A. C. O Admirável Mundo Novo da Educação. O Estado de São Paulo. Economia. B6. 31/05/2019.

100. PETRONIO, R. À Beira do Abismo. Aliás, Ciência. O Estado de São Paulo. E1. 21/07/2019.

101. POPPER, K. R. Conjectures and Refutations: The Growth of Scientific knowledge (4th ed.). London: Routledge & Kegan Paul. 1972.

102. PREMIO JOVEM CIENTISTA (PJC). Tecnologia da Informação para os Esportes. Caderno de Conteúdo (Inovação e Tecnologia os Esportes). Kit Pedagógico XXVI PJC. Capítulo 4, 2012.

103. PREMIO JOVEM CIENTISTA (PJC).Aplicação e Desenvolvimento de Materiais Esportivos. Caderno de Conteúdo (Inovação e Tecnologia os Esportes). Kit Pedagógico XXVI PJC. Capítulo 3, 2012-a.

104. RAY, P. P.; Internet of Things for Sports (IoTSport): An Architectural Framework for Sports and Recreational Activity. IEEE. 2015.

105. READE, I.; RODGERS, W.; HALL, N. Knowledge Transfer: How Do High Performance Coaches Access the Knowledge of Sport Scientists. Int J Sports Sci Coach. 3:319-34. 2008.

106. REIS, Flavio A; JULIO Eduardo P; VERBENA, Marcos F. Hardening. 2011. Disponível em: http://www.devmedia.com.br/websys.4/webreader.asp?cat=62&revista=inframagazine_1#a-3403. Acesso em: Mar/2019.

107. ROSANDICH, T, J. Information Technology for Sports Management. The Sport Journal. 2008.

108. SACKETT, D. L.; RICHARDSON, W. S.; ROSENBERG, W.; HAYNES, R. B. Evidence-based Medicine. How to Practice and Teach EBM. New York:Churchill Livingstone, 1997, 250 p.

109. SHANNON, G. et al. Gender equality in Science, Medicine, and Global Health: Where Are We at and Why Does it Matter? The Lancet. 10.171(393):560-69. 2019.

110. SAWYER, T. H.; BODEY, K. J.; JUDEGE, L. W. Sport Governance and Policy Development. An Ethical Approach to Managing Sport in the 21st Century. Sagamore Publishing, L.L.C. Champaign, Illinois. 2008.

111. SCHELLER, F. Empresas Já Substituem Executivos Analógicos. O Estado de São Paulo. Economias. B11. 25/08/2019.

112. SHWARTZMAN, H. Corrida Maluca. Folha de São Paulo. Opinião. A2. 2019.

113. SIGGS. Projects Selected as Success Story. Disponível em: https://www.siggs.eu/blog/siggs-project-selected-%E2%80%9Csuccess-story%E2%80%9D. Acesso em 30/06/2019.

114. SILBERSCHATZ, Abraham; KORTH, Henry F.; SUDARSHAN, S.. SISTEMA DE BANCO DE DADOS. 3. ed. São Paulo: Makron Books, 1999.

115. SILVA. A. A. Crescimento e Desenvolvimento Craniofacial. São Paulo:Santos, 2004.

116. SILVA, A. S. Prática Clínica Baseada em Evidências. São Paulo:Gen, 2009.

117. SILVA, A. S; Malacarne, G. B.. Empreendedorismo. Amazon. 2014

118. SIMÕES, M. Doentes Perfeitamente Saudáveis. Cálculo: Matemática para Todos. 31, 2013.

119. SIMONI, E. Relatório de Segurança Digital no Brasil. dfndr. 2018.

120. STEFANINI. Tudo sobre segurança da informação! Confira nosso guia completo do assunto. Disponível em: https://stefanini.com/pt-br/trends/artigos/guia-sobre-seguranca-da-informacao. Acesso em 16/04/2019.

121. STEWART, B.; SMITH, A. The Special Features of Sport. Annals of Leisure Online. 2013. Disponível em: https://www.tandfonline.com/doi/pdf/10.1080/11745398.1999.10600874?needAccess=true. Acesso em: 21/05/2019.

122. SUSIN, C.; ROSING, C. K. Praticando Odontologia Baseada em Evidências. Canoas:ULBRA, 1999. 176 p.

123. TENNER, E. Why Things Bite Back: Technology and the Revenge of Unintended Consequences. Vintage. 1997.

124. TURBAN, E.; VOLONINO, L. Tecnologia da Informação para Gestão. Trad. Aline Evers. 8. ed., Porto Alegre:Bookman, 2013.

125. TRUYENS, J.; BOSSCHER, V. An Analysis of Countries Organizational Resources, Capacities, and Resources Configurations in Athletics. Journal of Sport Management. 30:566-85, 2016.

126. TZU, S. A Arte da Guerra. São Paulo:Record, 2006.

127. UFPR. Inteligência Esportiva. disponível em: http://www.inteligenciaesportiva.ufpr.br/site/index.php/sobre/. Acesso em 23/04/2019.

128. VAINORAS, A.; MAZORAS, V.; KORSAKAS, S.; GARGASAS, L.; SIUPSINSKAS, L. MISKINIS, V. Cardiological Telemonitoring in Rehabilitation and Sports Medicine. Stud Health Technol Inform. 105:121-30, 2004.

129. VAN DER ELST, K. The Future Challenges of Sport Governance. Huffpost. 2017. Disponível em: https://www.huffpost.com/entry/the-future-challenges-of-sport-governance_b_586cfe28e4b04d7df167d873. Acesso em: 23/06/2019.

130. VIANA, M. Como Ganhar Dinheiro com Jogos? Folha de São Paulo. Folha Corrida. B8. 12/06/2019.

131. VIANA, M. O Computador que Não Funcionava. Folha de São Paulo. Folha Corrida. B8. 11/07/2019.

132. VIANA, M. Bill Gates Fugiu de Pegadinha de Buffet. Folha de São Paulo. Folha Corrida. B8. 24/07/2019 - c.

133. VIVEIROS, L.; MOREIRA, A.; BISHOP, .; AOKI, M. S. Ciência do Esporte no Brasil: Reflexões Sobre o Desenvolvimento das Pesquisas, o Cenário Atual e as Perspectivas Futuras. Rev. Bras. Educ. Fís. Esporte, 29(1):163-75. 2015.

134. YU, K.; BERKOVSKY, S.; CONWAY, D.; TAIB, R.; ZHOU, J.; CHEN. F. Human And Machine Learning, Human–Computer Interaction. Springer International Publishing. 2018.

135. WANNMACHER, L.; Fuchs, F. D. Conduta Terapêutica Baseada Em Evidências. Rev. Ass. Méd. Brasil. 46(3):237-41, 2000.

136. WIKIPEDIA. Método Científico. Acesso em: https://pt.wikipedia.org/wiki/M%C3%A9todo_cient%C3%ADfico. 2018.